Gerhard Paul

Max Braun

Eine politische Biographie

1987

Werner J. Röhrig Verlag
St. Ingbert

CIP-Kurztitelaufnahme der Deutschen Bibliothek

Paul, Gerhard:
Max Braun: e. polit. Biographie / Gerhard Paul.
– Sankt Ingbert: Röhrig, 1987.
ISBN 3-924555-15-X

Eichendorffstr. 37, D-6670 St. Ingbert
Umschlag: Jürgen Kreher
Herstellung: MVR-Druck, Eric Freudenhammer, Köln

ISBN 3-924555-15-X

Inhalt:

Vorwort

Wer sich heute im Saarland nach Max Braun erkundigt, dem wird, wenn er Glück hat, der eine oder die andere aus der älteren Generation von einer Strohpuppe erzählen, die Ende Januar 1935 vielerorts am Galgen baumelte — daran ein Pappschild mit diesem Namen drauf. Die nationalistischen Fanatiker hatten den verhaßten „vaterlandslosen Gesellen" im Siegesrausch nach der Saarabstimmung symbolisch gelyncht. Das spricht gewiß nicht gegen Max Braun. Und dennoch ist er in der Öffentlichkeit nahezu vergessen. Nur eine Seitenstraße von Saarbrücken trägt seinen Namen.

Auch innerhalb der deutschen Sozialdemokratie war Max Braun nicht jedermanns Freund. Er war viel zu sehr Querdenker, um bei blassen Parteivorständen beliebt zu sein. Schon seine äußere Erscheinung war für viele, vom proletarischen Puritanismus der frühen Arbeiterbewegung geprägten Partei- und Gewerkschaftsfunktionäre eine Provokation. Die vorliegende Biographie festigt das Braun-Bild, das sich bis heute in den Anekdoten der saarländischen Sozialdemokratie gehalten hat. Max Braun hatte die Allüren eines Grand-Seigneurs — eine Mischung aus bürgerlicher Eleganz und intellektueller Bohème. Den Freuden des Lebens war er zugetan, lachte viel, sang gerne und gut. „Er hätte auch Opernsänger werden können", sagt seine Nichte. Doch er wurde Sozialist und Journalist, beides mit einem gewissen Glanz. Als Redner und Schreiber war er gleichermaßen begabt.

Max Braun wurde 1892 in Neuss geboren und kam 1923 als Redakteur der sozialdemokratischen „Volksstimme" an die Saar. Nachdem er 1929 einstimmig zum Vorsitzenden der sozialdemokratischen Partei des Saargebiets gewählt worden war, haben die Gegner dem „Hergelaufenen" immer wieder vorgehalten, er sei nicht bodenständig. Er konterte geschickt, indem er die Mentalität der Saarbevölkerung aus dem linksrheinisch-katholischen Milieu erklärte, dem auch er entstamme. Völlig abwegig ist diese Erklärung nicht. Die katholische Sozialisation des Mathias Josef Braun, so lautete der Taufname, entsprach keineswegs dem eher protestantisch, vielfach auch preußisch gefärbten Typus des reichsdeutschen Sozialdemokraten. Seine politische „Frankophilie" hat ihre Wurzeln auf dem linken Ufer des Rheins, waren doch die linksrheinischen Gebiete im Verlauf ihrer wechselvollen Geschichte stärker vom Virus eines radikal-demokratischen Jakobinertums angesteckt worden als andere deutsche Landstriche.

Über die eigene nationale Identität war Max Braun nie im Zweifel: Er fühlte und dachte als Deutscher, war nicht ohne Stolz auf sein deutsches Vaterland. Gleichwohl haßte er jeden nationalen Chauvinismus samt seinen öffentlichen Vertretern. In der „Volksstimme" bezeichnete er Hindenburg als „Junker und Militaristen", als „Gamaschenknopf mit dem Brett vor der Stirn" und kommentierte seine Wahl zum Reichspräsidenten im Jahr 1925 mit den Worten: „Wenn sich eine Nation jemals blamieren kann, dann hat sich die unsere . . . unsterblich blamiert. Hoffen wir nur, daß diese Lächerlichkeit nicht tödlich ist." Durch den Entrüstungsschrei der Deutschnationalen verschreckt, blamierte sich daraufhin auch noch der reichsdeutsche SPD-Vorstand, indem er ein Schiedsgerichtsverfahren zur Untersuchung der „nationalen Zuverlässigkeit" Max Brauns einleitete.

Brauns Haltung zur Frage der Rückgliederung des Saargebiets, die er 1929 auf dem Magdeburger SPD-Parteitag vortrug, war sowohl von der Utopie eines geeinten, demokratischen Europas wie von seinen frankophilen Neigungen geprägt. Als einer der ersten hatte er begriffen, daß eine friedliche Neuordnung Europas nur über die deutsch-französische Verständigung zu erreichen war. Ihm war klar, daß eine solche Verständigung die Lösung der Saarfrage zur unabdingbaren Voraussetzung hatte, und daß die Saarfrage einzig auf der Grundlage des von dem Versailler Vertrag verletzten Selbstbestimmungsrechts der Völker gelöst werden konnte.

Niemals hat er vor 1933 bezweifelt, daß sich das Saargebiet in freier Abstimmung für Deutschland entscheiden würde, denn er verstand die Saar als den deutschen „Brückenpfeiler der deutsch-französischen Verständigungsbrücke". Es ist schon verblüffend, heute festzustellen, in welch hohem Maße die Richtigkeit der politischen Analysen Max Brauns durch die tatsächlichen Entwicklungen der Nachkriegszeit bestätigt wurde. Doch in der Völkerbundzeit war solch kosmopolitische Weitsicht auch vielen seiner provinziellen Parteigenossen suspekt, denen die „Erbfeindideologie" schon in der Kindheit eingebleut worden war.

Den radikaldemokratischen Ansichten Brauns entsprach eine ausgeprägte Militanz gegen alles Antidemokratische. Diese Militanz wuchs mit der faschistischen Bedrohung. Spätestens 1933 war bei Max Braun die Einsicht, daß Hitler Krieg bedeutet, zur visionären Gewißheit geworden: „Der Hitler, der jemals die Saar bekäme, bliebe an der Saargrenze nicht stehen, sondern mit dem Schlüssel der Ludwigskirche würde er den Versuch machen, in das Straßburger und Metzer Münster einzudringen!"

Max Braun tat alles, um dies zu verhindern. Im Saargebiet war er die treibende Kraft der antifaschistischen „Einheitsfront“ zwischen Sozialdemokraten, Kommunisten und gewissen katholischen Kreisen. Doch der Kampf der „Einheitsfront“ war aussichtslos. Durch den rechten Gesinnungsterror eingeschüchtert und durch die linken Status Quo-Parolen aus den schönen Rückgliederungsträumen gerissen, setzten sich viele Stammwähler und Mitglieder von der „Einheitsfront“ ab. Den meisten anderen blieb nach der Niederlage nur der Weg in die Emigration. Nach der Saarabstimmung kämpfte Max Braun weiter gegen das Hitlerregime, zunächst in Frankreich, dann in England. Auch im französischen Exil war er bemüht, die deutschen Emigranten in einem Volksfrontbündnis zu organisieren. Der Versuch scheiterte 1937 an der Stalinhörigkeit der deutschen Kommunisten.

Max Braun konnte von dieser Entwicklung kaum überrascht sein, denn er hatte schon früher gesehen, daß das im Osten aufgegangene sozialistische Licht nur noch ein Irrlicht war: „Es ist ausgebrannt. Die Epigonen stehen um seine Asche und blasen in die Funken“, notierte er 1930. Dennoch hat er die Einheit der Arbeiterbewegung in der verzweifelten Hoffnung beschworen, Barbarei und Krieg von Europa abwenden zu können. Im wahrsten Sinne der Worte Heines hat er aus Sorge um Deutschland manch schlaflose Nacht verbracht. In seiner letzten Rede vor dem Aufbruch ins Exil sagte er: „Wir haben das Unsrige getan, selbstlos von starkem Verantwortungsbewußtsein getragen, das Volk und die Welt zu warnen. Die Saarländer glaubten für Deutschland zu kämpfen, aber sie haben dem Henker ihres Vaterlandes die Macht gegeben . . . Die große Einsicht wird erst kommen, wenn alles in Trümmern liegt.“

Diese Biographie Max Brauns kommt zur rechten Zeit, weil es heute den Anschein hat, als ginge vielen — selbst unter den Historikern — die „große Einsicht“ schon wieder verloren.

Oskar Lafontaine

Geleitwort

Der Name Max Braun ist aufs engste mit der jüngeren Geschichte des Saarlandes verbunden, besonders mit seiner Geschichte des Widerstandes gegen nationalistisches Unrechtsdenken, das Millionen Unschuldiger in den Abgrund gerissen und Hunderttausende aufrechter Frauen und Männer für die Bewahrung menschlicher Grundrechte dem Tode überantwortet hat.

Wir, der Vorsitzende der sozialdemokratischen Partei von 1945 — 1955 im Saarland und Weggefährte Brauns, und der vom politischen Vorbild seines Vaters — und mehr noch von der Persönlichkeit Max Braun's — geprägte Saarländer aus Diefflen, begrüßen es, daß Gerhard Paul mit seiner gewissenhaft recherchierten Biographie die Erinnerung an einen Mann wachhält, der sich mit größter Hingabe für eine grundlegende Neuorientierung deutscher und europäischer Politik eingesetzt hat.

Max Braun war seiner Zeit weit voraus. Umgeben von einer Schar Getreuer hatte er sich mit seiner ganzen Kraft dem Nationalsozialismus entgegengestellt, nicht zuletzt auch um dem gesellschaftlichen Fortschritt zu dienen. Aber die letzte freie deutsche Insel, das Saarland, war nicht mehr zu halten, das europäische Verhängnis nicht mehr abzuwenden.

Dennoch hat Max Braun nicht aufgegeben. Sein freiheitliches Denken, geschärft durch die bitteren Jahre des Exils, ist nicht erloschen. Seine Ideale der Völkerfreundschaft und der sozialen Gerechtigkeit wurden 1945 durch ältere und jüngere Sozialdemokraten an der Saar aufgenommen und bis in unsere Zeit hineingetragen; sie haben sich stärker als alles andere erwiesen.

Die an der Saar von Max Braun begründete Tradition deutsch-französischer Freundschaft und auf europäische Zusammenarbeit orientierte sozialdemokratische Politik wird heute von wachsender Zustimmung getragen. Der Kampf gegen die Ausbeutung der Menschen — erweitert um den Kampf gegen die Ausbeutung der Natur —, der Kampf gegen weltweiten Rüstungswahn, hat mit Oskar Lafontaine eine neue, unüberhörbare Stimme gefunden.

Dem Buch von Gerhard Paul über Max Braun wünschen wir eine weite Verbreitung und viele Leser.

Heinz Grandmontagne — Richard Kirn

Einleitung

„Lieber republikanisch sterben, als faschistisch verderben" — dieser Satz charakterisiert wie kaum ein anderer die politische Biographie des zu Unrecht vergessenen Sozialdemokraten Max Braun. Just zu dem Zeitpunkt, als die faschistische Epoche beendet und ein republikanischer Neubeginn in Sicht war, starb Max Braun im Londoner Exil. Seine Biographie ist ein Lehrstück vom tragischen Scheitern der Vernunft in der Politik. Sie ist eine Biographie zwischen den Stühlen.

Max Braun war einer der umstrittensten und meistgehaßten Saarpolitiker der Völkerbundszeit. Sein bohèmehaftes Verhalten paßte und paßt nicht in das Klischee des Vorsitzenden einer Arbeiterpartei in der proletarischen Provinz der 20er Jahre. Seine Europapolitik bildete den Kontrapunkt zum Nationalismus im saarländischen Abtrennungs- und Grenzland, der dem Faschismus den Weg bereitete. Und er sah im nationalen Minderwertigkeitskomplex der Linken das Scheitern der Arbeiterbewegung 1933 vorprogrammiert. Max Braun ging nach 1933 an der Saar, im französischen und englischen Exil eigene Wege und unterwarf sich nicht dem Führungsanspruch der Exil-Sozialdemokratie. Er war der Mitinitiator der ersten kommunistisch-sozialdemokratischen Einheitsfront in Europa gegen die faschistische Bedrohung. Seine eigene Partei hat ihm dieses Experiment und seine Unbotmäßigkeit gegenüber der alten Parteiführung nie verziehen. Die sozialdemokratische Parteiliteratur hat ihn lange Zeit, völlig im Unterschied zur DDR-Geschichtsschreibung, verdrängt und verschwiegen. Weder in Peter Grasmanns Buch „Sozialdemokraten gegen Hitler" (1) noch in Susanne Millers & Heinrich Potthoffs „Kleiner Geschichte der SPD" (2) wird Max Braun genannt, obwohl er einer der eifrigsten und engagiertesten Hitlergegner im Pariser Exil war. Auch in der Ausstellung „Sozialdemokraten und Gewerkschafter gegen Hitler" der Friedrich-Ebert-Stiftung (3) findet sich kein Hinweis auf Braun. So verwundert es nicht, daß noch Mitte der 80er Jahre einer sozialdemokratischen Bildungseinrichtung die Führung seines Namens verweigert wurde. Erst die Arbeiten von Ursula Langkau-Alex (4) und von Patrik von zur Mühlen (5) haben die Barriere des Schweigens gebrochen und auf Brauns Verdienste im Widerstand gegen Hitler hingewiesen. Marc Dieter Schneider hat mit seiner Kurzbiographie in den „Saarländischen Lebensbildern" erstmals den Versuch gemacht, die gesamte Lebensgeschichte Brauns einem größeren Leserkreis vorzustellen. (6) Notwendigerweise bleib diese Biographie fragmentarisch und ließ die Grundzüge von Max

Brauns politischem Denken und Hoffen nur schemenhaft erkennen.

Das politische Denken Brauns drehte sich um zwei Begriffe, die ihm zugleich Programm waren und deren inhaltliche Realisierung nach wie vor aussteht: um die Überwindung nationaler Egoismen in einem vereinten, möglichst sozialistischen Europa *und* im Sieg der Freiheit, die er weder im kapitalistischen Westen noch im bürokratischen Sozialismus des Ostens geachtet sah. Beide Begriffe bestimmten sein politisches Engagement gegen jede Form von Nationalismus und Chauvinismus und gegen jede Form der Unfreiheit. Das konsequente Beharren auf beidem machte ihn zum Außenseiter — auch in seiner eigenen Partei — und zum Verfolgten der Unfreiheit. Im Europa der 30er Jahre wurde seine Biographie gezwungenermaßen selbst eine europäische. Seine Heimat blieb Deutschland. Mit dem Emigranten Heinrich Heine — dem er in vielem ähnlich war — teilte er die Sorge um Deutschlands Zukunft: „Denk ich an Deutschland in der Nacht . . .“

Die vorliegende politische Biographie möchte nicht nur an den frühen Europäer und Freiheitskämpfer Max Braun erinnern, sie soll zugleich ein Beitrag zur Sonderentwicklung der saarländischen SPD in Völkerbundszeit und Emigration (7) sein und die Hintergründe der Europapolitik der sozialdemokratischen Re-Emigranten — der alten Kampfgefährten Brauns — in der Nachkriegszeit des autonomen Saar-Staates Johannes Hoffmanns und Richard Kirns beleuchten.

Max Braun hat der saarländischen SPD 1945 ein Erbe hinterlassen, das die Politik der Region entscheidend mitgeprägt hat: die Idee der deutsch-französischen Verständigung, sein Europakonzept und die ideologische und organisatorische Eigenständigkeit der saarländischen Sozialdemokratie.

Meine Max-Braun-Biographie ist die Geschichte eines Sozialdemokraten aus der zweiten Reihe. Sie ist eine politische Biographie, in der der Privatmensch Max Braun hinter dem Politiker zurücktritt. Nicht zuletzt ist dies ein Problem der Quellen. Die meisten Kampfgefährten Brauns leben nicht mehr und können oder wollen nicht mehr berichten. Ich muß gestehen: ich habe diese Biographie nicht ohne Sympathie für Max Braun geschrieben. Mich hat seine Lust zu kämpfen, sich einzumischen, unbequeme Wege zu gehen, immer zwischen den Stühlen zu sitzen, beeindruckt und zu diesem Buch motiviert.

Die Idee zu dieser Biographie konkretisierte sich in gemeinsamen Diskussionen mit meinem Freund Dr. Ralph Schock, dem ich auch etliche Literaturhinweise verdanke. Bestärkt, mich an die Arbeit zu machen, wurde ich von Herrn Heinz Grandmontagne (Saarbrücken), der mir deutlich machte, daß Max Braun innerhalb der Saar-SPD keineswegs vergessen ist. Eine wesentliche Hilfe wurde mir durch den Erwerb der Erinnerungen Max Brauns aus seiner Londoner Exilzeit (8) durch den Saarländischen Rundfunk zuteil. Mein besonderer Dank gilt meinen Gesprächs- und Korrespondenzpartnern, von denen ich besonders Frau Mathilde Sommer (Winterthur), Herrn Willy Brandt (Bonn), das Ehepaar Johanna und Ernst Braun (Gera/DDR), Mr. Clifton J. Child (London) und Herrn Fritz Heine (Bad Münstereifel) hervorheben möchte. Die Familie Sommer beteiligte sich finanziell am Entstehen des Buches, ebenso die Staatskanzlei des Saarlandes. Sie ermöglichten es, daß das Buch zu einem vernünftigen Preis erscheinen konnte. Für Unterstützung danke ich auch dem SPD-Landesverband Saar. Nicht zuletzt möchte ich mich bei meinem Kollegen, dem Sozialhistoriker und Fernsehjournalisten, Dr. Klaus-Michael Mallmann und bei meiner Frau Sigrid Köwing-Paul bedanken, die die Entstehung des Buches kritisch begleiteten, das Manuskript lasen, korrigierten und mich zu wichtigen Ergänzungen und Präzisierungen veranlaßten.

Wennigsen im Deister, Dezember 1986

I. NEUSS (1892 — 1923)

Der Herr Schmelzer von der „Deutsch-Saarländischen Volkspartei“ sei schlecht informiert, was den Vorwurf betreffe, er sei nicht bodenständig, kontert Max Braun am 23. November 1933 im saarländischen Landesrat. Nachdem Adolf Hitler, „der Mann der schlechtesten Mischrasse Reichskanzler“ geworden sei, habe er sich einmal den Spaß gemacht, die eigene Abstammung zu überprüfen, „und siehe da, sowohl väterlicher- wie mütterlicherseits waren wir immer im Rheinland, und zwar auf dem linken Rheinufer ansässig und sind daher wohl berechtigt, uns in einem höheren Sinne bodenständig zu nennen, als es die Zufälligkeit der Geburt in Daarle oder Rußhütte allein darstellt“.(1) In der Marienstraße 7 in Neuss am Niederrhein wird Max Braun am 13. August 1892 geboren und auf den Namen Mathias Josef getauft.

Die Familie

Neuss am linken Ufer des Niederrheins ist um die Jahrhundertwende ein aufstrebendes Handels- und Industriestädtchen, das von seiner günstigen Verkehrslage zwischen dem rechtsrheinischen Kohlerevier und der linksrheinischen Landwirtschaft profitiert und die Arbeiter der Umgegend in seine Mauern zieht. Damit gerät die biedermeierliche Idylle der Kleinstadt und die Abgeschlossenheit des streng katholischen Milieus ins Wanken. Neben das die Stadt beherrschende St. Quirinus-Münster treten nun die Getreidemühlen, Speicher und Fabriken am neuen Industriehafen. (2) Der neu entstandene Gegensatz zwischen der auf ihre Rechte pochenden Arbeiterschaft und dem tief im Glauben und in der Tradition verwurzelten Bürgertum durchzieht auch die Familie Braun. Während die Vorfahren noch rheinländische Bauern waren, arbeitet der Vater Max Brauns bereits als Rangiermeister zwischen den Gleisanlagen des Industriegebietes. Er hat es zu bescheidenem Wohlstand gebracht und bewohnt mit seiner Frau, einer geborenen Scholten, ein kleines Häuschen ganz in der Nähe seines Arbeitsplatzes. „Sie waren eine sehr intakte Familie“, erinnert sich Mathilde Sommer, eine Nichte Max Brauns. „Die Mutter war der Mittelpunkt. Die Mutter war sehr katholisch, bis zu ihrem Tode eine gute fromme Katholikin. Der Vater war ein lieber guter Mann, der immer seinen Lohn ablieferte, und die Mutter teilte ein.“(3) Sie gibt in der Familie den Ton an. 1886 wird Nettchen Braun geboren, die später in die Schweiz heiratet. 1888 folgt Heinz Braun, der spätere Justizminister des Saarlandes, und 1894 Josephine Braun, die bis zu ihrem Tode 1983 überzeugte Sozialdemokratin ist.

Der Konflikt mit dem engen katholischen Milieu zeichnet sich bei Max Braun bereits in der Schule ab, als er sich beharrlich weigert, am Morgen gemeinsam mit den anderen Kindern zu beten. Die weltoffene Intellektualität des Schülers und die Borniertheit des katholisch-bürgerlichen Kleinstadtmilieus kollidieren miteinander. Widersprüche, die als Lernprovokationen wirken, formieren sich: der Widerspruch zwischen der pubertären Lebensfreude und der moralischen Rigidität der alle Lebensbereiche reglementierenden katholischen Kirche; der Widerspruch zwischen dem totalitären Interpretationsmonopol der Kirche auch in weltlichen Angelegenheiten und den großen ungelösten sozialen und politischen Problemen der Gegenwart, die neue Antworten verlangen. Trotz der intensiven Mutterbindung scheint sich der junge Max Braun immer stärker dem durch sie vermittelten katholischen Einfluß zu entziehen und sich aus der reglementierenden Enge des katholischen Milieus zu emanzipieren. Aus Protest gegen die Kirche distanziert er sich später von seinen beiden christlichen Vornamen und läßt sich fortan Max nennen. Verwandte schildern den jungen Max Braun als sportlich, gebildet und lebensfroh. „Er war sehr sportlich im Schwimmen. Da nahm er mich auf den Rücken, schwamm von Neuss nach Düsseldorf — auf dem Rücken durfte ich liegen — und wieder zurück", weiß Mathilde Sommer zu berichten. „Die Weihnachtsfeier war immer das schönste. Er rezitierte und leckte am Schluß noch die Teller aus."(4)

Das spärliche Gehalt des Vaters reicht nicht aus, die vier Kinder aufs Gymnasium zu schicken, und so besuchen sie nach der Absolvierung der Volksschule eine Lehrerbildungsanstalt. Im Juli 1912 legt Max Braun im Lehrerseminar in Kampen seine erste Lehrerprüfung ab, und bekommt anschließend eine Volksschullehrerstelle in Osterrath zugewiesen, wo er im November 1915 die zweite Lehrerprüfung besteht. (5).

Brauns jugendlich-rebellische Haltung zeigt sich auch auf anderen Gebieten. Anders als die meisten seiner Generation hält er nichts vom Militärdienst. Seiner Einberufung entzieht er sich durch einen Trick. „Er wollte ja nicht eingezogen werden. Da hat er schwarzen Kaffee ohne Zucker, ohne Milch getrunken. Er hat sich nur von schwarzem Kaffee acht Wochen lang ernährt. Er wurde von Tag zu Tag schmäler. Er wurde bleich. Er war ja immer etwas blaß. Und er sah so himmeltraurig aus. Er hatte wie ein Leichnam ausgesehen. Die hatten da gleich abgewunken: ‚Wenn wir einen gebrauchen könnten, Sie können wir nicht gebrauchen!'

Abb. 1: Max Braun und seine Mutter (1934)

Abb. 2: Der Neusser Markt mit dem Quirinus-Münster um 1920

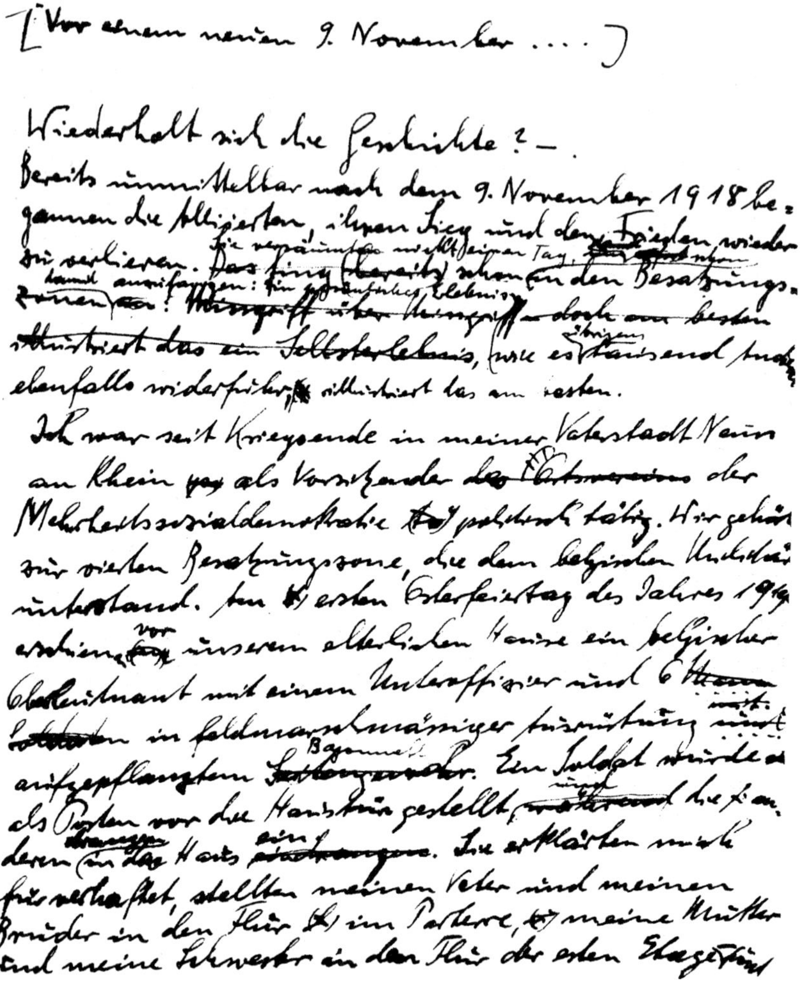

[Vor einem neuen 9. November ....]

Wiederholt sich die Geschichte? –

Bereits unmittelbar nach dem 9. November 1918 begannen die Alliierten, ihren Sieg und den Frieden wieder zu verlieren. Sie versäumten nicht einen Tag, ... anzufangen: Ein persönliches Erlebnis, wie es Tausend übrigen Landsleuten ebenfalls widerfuhr, illustriert das am besten.

Ich war seit Kriegsende in meiner Vaterstadt Neuss am Rhein als Vorsitzender der Mehrheitssozialdemokratie politisch tätig. Wir gehörten zur vierten Besatzungszone, die dem belgischen Militär unterstand. Am ersten Osterfeiertag des Jahres 1919 erschien vor unserem elterlichen Hause ein belgischer Oberleutnant mit einem Unteroffizier und 6 Soldaten in feldmarschmäßiger Ausrüstung mit aufgepflanztem Bajonett. Ein Soldat wurde als Posten vor die Haustür gestellt, und die anderen drangen ein Haus ein. Sie erklärten mich für verhaftet, stellten meinen Vater und meinen Bruder in den Flur im Parterre, meine Mutter und meine Schwester in den Flur der ersten Etagentür

Abb. 3: Erstes Blatt der handgeschriebenen Erinnerungen Max Brauns aus der Zeit des Londoner Exils

Er kam strahlend nach Hause, und dann hat er gefuttert." (6) Dennoch wird er gegen Ende des Weltkrieges eingezogen und erlebt die Schrecken dieses ersten großen Krieges aus eigener Anschauung. Das bestärkt seinen Pazifismus.

Der Eintritt in die SPD

Die einzige fortschrittliche Partei in Neuss, die sich dem katholischen Einfluß entzieht und der Kirche — wenn auch verhalten — den Kampf ansagt, ist die Sozialdemokratie. Sie ist die Partei der rebellischen Jugend, der aufbegehrenden Arbeiter und der sich der klerikalen Bevormundung entziehenden Bürger. Hier findet Max Braun eine politische Heimat.

Noch vor Kriegsbeginn tritt er der SPD bei. Bei den Reichstagswahlen 1912 hat der SPD-Kandidat in Neuss stolze 33 Prozent erhalten. Das Zentrum kann mit 55,4 Prozent seine absolute Mehrheit nur noch knapp behaupten. Die Sozialdemokraten profitieren vom starken Zuzug der Industriearbeiter und zählen im Jahr 1913 immerhin schon 445 Mitglieder. (7) Direkt nach Kriegsende wählen die Neusser Sozialdemokraten den jungen Lehrer und begabten Redner Max Braun zu ihrem Vorsitzenden. Den Lehrerberuf vertauscht er mit dem Beruf des Journalisten und Parteisekretärs.

Neuss gehört zur vierten Besatzungszone, die dem belgischen Militär untersteht. Mit dem Ende des wilhelminischen Obrigkeitsstaates und der erstarkenden Sozialdemokratie fürchtet das Neusser Bürgertum um seinen traditionellen Einfluß. Da ihm Brauns „Arbeit für die deutsche Demokratie" widerstrebt, wird der frischgebackene SPD-Chef „von deutscher chauvinistischer Seite" bei der belgischen Militärverwaltung denunziert. (8).

Die Verhaftung

„Am ersten Ostertag 1919 erschien vor unserem elterlichen Hause ein belgischer Oberleutnant mit einem Unteroffizier und 6 Mann in feldmarschmäßiger Ausrüstung und aufgepflanztem Bajonett. Ein Soldat wurde als Posten vor die Haustür gestellt und die anderen drangen in das Haus ein. Sie erklärten mich für verhaftet, stellten meinen Vater und meinen Bruder in den Flur im Parterre, meine Mutter und meine Schwester in den Flur der ersten Etage und je einen Soldaten mit aufgepflanztem Seitengewehr daneben. Ich aber mußte den Oberleutnant, den Unteroffizier und die 6 restlichen Soldaten bei der Haussuchung vom Speicher bis zum Keller begleiten. Er fand weder Waffen noch Sprengstoffe noch irgendwelche belastenden Dokumente. Ärgerlich riß er die Schranktüren auf, warf die Kleider von ihren Bügeln und trat darauf, ließ den Inhalt eines Glasschrankes fast ganz in Scherben gehen, warf Bilder von den Wänden, daß die Rahmen zertrümmerten und schrie mich wütend an, als ich mir ein solches Vorgehen in ruhigem Tone verbat. Schließlich gab er den Soldaten, die sichtlich peinlich berührt von dem unbeherrschten Vorgehen ihres Vorgesetzten waren, den Befehl, alle Zeitungen und Zeitschriften in meinem Arbeitszimmer in einen Schrank zu packen. In diesem Augenblick sah er auf meinem Schreibtisch das Photo eines deutschen Offiziers. Es war das Photo meines Bruders, der während des Weltkrieges Kompagnieführer einer Maschinengewehrkompagnie gewesen, inzwischen zu seinen Studien an der Universität Bonn zurückgekehrt und für die Osterferien nach Hause gekommen war. Der Offizier stutzte einen Augenblick — dann gab er den Befehl, meinen Bruder ebenfalls zu verhaften. Er schmetterte jede Frage nach Aufklärung über die Vorgänge mit einem Wutanfall ab und bedrohte uns als Antwort mit seinem Revolver. Dann mußten wir die Koffer mit den harmlosen Zeitungen und Zeitschriften zwischen uns nehmen und wurden inmitten dieser belgischen Ehrengarde ins Gefängnis beim belgischen Kriegsgericht in Crefeld eingeliefert. Nie habe ich das tränenüberströmte Gesicht meiner lieben Mutter vergessen können, als ihre beiden Söhne gefesselt abgeführt wurden."(9)

Ohne daß der Militäranwalt Anklage erhebt, sitzen Max und Heinz Braun, der ebenfalls den Lehrerberuf aufgegeben und sich zum Studium der Rechtswissenschaft entschlossen hat, gemeinsam mit Kriminellen in einer überfüllten Einzelzelle. Nachdem sich die Waffenstillstandskommission mit dem Fall befaßt hat, wird der Bruder in die englische Besatzungszone, in der er studiert, abgeschoben. Auch gegen Max Braun wird das Verfahren vor dem Kriegsgericht eingestellt. Wegen des Bezugs von Zeitungen aus dem unbesetzen Deutschland verurteilt ihn ein Polizeigericht gleichwohl zu zwei Monaten Gefängnis, die inzwischen verbüßt sind, und zu einer Geldstrafe von 1000 belgischen Franc. Er habe dieses Intermezzo den Belgiern nie nachgetragen, versichert Braun später. Das Interessante dieses Falles sieht er darin, daß die belgische Besatzungsmacht Verleumdungen jener Kreise Glauben schenkten, „die ihnen den Krieg bis zur Abtretung Antwerpens und der flandrischen Küste gebracht hatten" und damit bereits unmittelbar nach dem 9. November 1918 ihren Sieg und den Frieden wieder zu verlieren begannen. „Verhängnisvoll" wurden die Ereignisse dadurch, resümiert Max Braun seine erste Konfrontation mit den Besatzungsbehörden später, „daß die Alliierten in der Besatzungszone mit den deutschen Militaristen und Chauvinisten gemeinsame Politik *gegen* die wahren Anhänger einer Verständigungs- und Versöhnungspolitik unter den Deutschen machten. Das lag selbstverständlich meist nicht in ihrer Absicht, aber der Effekt war der gleiche. Es war einmal die gemeinsame Angst vor der angeblichen Bolschewisierung Deutschlands, die Besatzungsbehörden und deutsche Chauvinisten zusammenbrachten, und ein anderesmal die gemeinsamen geschäftlichen, gesellschaftlichen und anderen Interessen. Die rechtesten deutschen Militaristen wurden von den Besatzungsbehörden mit Glacéhandschuhen angefaßt — während die deutschen Demokraten und Republikaner in die Gefängnisse wanderten oder ausgewiesen wurden, oder aber ausgeschaltet waren."(10)

Als Chefredakteur des „Freien Sprecher"

Aus dem Krefelder Gefängnis nach Neuss zurückgekehrt, beginnt Max Braun mit der Vorbereitung der im November des Jahres 1919 anstehenden Stadtverordnetenwahlen, für die er selbst auf Platz 3 der Liste des sozialdemokratischen Transportarbeiters Johann Dicken kandidiert. Bei den Wahlen vom 30. November büßt das Zentrum seine bislang schon traditionelle absolute Mehrheit ein. Es verliert ein Drittel seiner Wähler. „Damit ist in Neuss die erste Bresche in den Zentrumsturm geschlagen", kommentiert Max Braun in der sozialdemokratischen Parteizeitung, „trotz der maßlosen Verhetzung namentlich der Frauen und Mädchen durch Kanzel, Beichtstuhl, konfessionelle Vereine und Neuss-Grevenbroicher-Zeitung. Es geht auf in Neuss". (11) Mit einem Stimmenanteil von 20 Prozent stellen die Mehrheitssozialdemokraten 8 Mitglieder in der 42 Personen zählenden Stadtverordneten-Versammlung. Zum Vorsitzenden der SPD-Fraktion im neuen Kommunalparlament wird Max Braun gewählt.

Bereits seit Oktober 1919 leitet er das im Vorfeld der Wahlen am 10. 10. 1919 erstmals erschienene „Organ der Sozialdemokratischen Partei für Neuss-Grevenbroich und Oberkassel", die Zeitung „Der freie Sprecher". Das vorrangige Ziel der neuen Zeitung Brauns: „Es gilt zunächst in allen diesen Städten und Landgemeinden der seit so langen Jahrzehnten rücksichtslos ausgeübten *Zentrumsherrschaft* ein Ende zu bereiten."(12) Max Braun und „Der freie Sprecher" wenden sich in zahlreichen Artikeln gegen die Stellung von Kanzel und Beichtstuhl im weltlichen Leben, attackieren die Bekenntnisschule und plädieren für die Simultanschule.

Max Braun referiert auf Wählerversammlungen über „Christentum und Sozialismus“ und versucht, dem Vorurteil entgegenzuwirken, die Sozialdemokratie sei religionsfeindlich. Hinter der Frontstellung gegenüber katholischer Kirche und Zentrumspartei in Neuss treten sozialpolitische Themen zurück.

Im Februar 1920 bewirbt sich Max Braun um den Posten des dritten unbesoldeten Beigeordneten und wird mit 26 Stimmen bei 14 Enthaltungen für die Amtsdauer von 6 Jahren von den Stadtverordneten gewählt. Die Ernennung zum Beamten erfolgt am 29. Februar 1920 und wird im Juni des Jahres durch Brauns Parteigenossen Carl Severing, Preußischer Minister des Innern, bestätigt. Am 22. Juli 1920 leistet der neuernannte Beigeordnete den Eid auf die Verfassung der Weimarer Republik. Da ihn aber seine Parteiämter und seine Arbeit als Chefredakteur des Neusser SPD-Blattes zu sehr beanspruchen, teilt er dem Oberbürgermeister bereits am 22. Juli 1921 mit, daß er von seinem Amt als unbesoldeter Beigeordneter zurücktrete.(13)

Der Augsburger Parteitag 1922

Vom 17. bis zum 23. September 1922 nimmt Max Braun an den Verhandlungen des SPD-Parteitages in Augsburg als Delegierter des Niederrhein teil. Die saarländische SPD ist durch Valentin Schäfer vertreten, der in der Debatte über den Bericht der Reichstagsfraktion heftig die Zustände im vom Völkerbund verwalteten Saargebiet beklagt und dem Parteitag versichert, „daß alle Aspirationen Frankreichs auf das Saargebiet an unserm Widerstand zerschellen werden. Wir werden das Saargebiet wieder als ein deutsches Gebiet zurückgeben und hoffentlich als ein gut sozialistisch eingestelltes Gebiet.“(14) Valentin Schäfer, Parteivorsitzender der SPD des Saargebietes, 1882 im pfälzischen Dörnbach geboren, Maurer von Beruf, seit 1913 saarländischer SPD-Vorsitzender, Absolvent der Gewerkschafts- und Parteischule in Berlin, im November 1918 Vorsitzender des Saarbrücker Arbeiter- und Soldatenrates, 1919 Mitglied der verfassungsgebenden Deutschen Nationalversammlung, seit 1920 Führer der Saarbrücker Stadtverordnetenfraktion der SPD und seit 1921 Mitglied des Preußischen Landtags für den Wahlkreis 21 Koblenz-Trier, ist der starke Mann in der saarländischen SPD und Protagonist eines ausgesprochen nationalen Kurses seiner Partei.(15)

Während des vierten Verhandlungstages des Augsburger Parteitages liest der Parteivorsitzende Otto Wels ein Telegramm vor, das er soeben aus dem Saargebiet erhalten hat und das von den Delegierten mit Pfuirufen quittiert wird: „Redakteure der ‚Volksstimme'-Saarbrücken, Rausch und Lehmann, ohne Angabe von Gründen Aufenthaltsgenehmigung entzogen; müssen binnen 24 Stunden das Land verlassen. Zeitung ohne Redakteure."(16) Max Braun wird im kommenden Jahr die Nachfolge der ausgewiesenen Redakteure antreten.

II. SAARBRÜCKEN (1923 — 1935)

1. Die Völkerbundszeit

Als Folge des Versailler Vertrages ist das Industrierevier an der Saar — einst Teil der preußischen Rheinprovinz und der bayerischen Rheinpfalz — von Deutschland abgetrennt und treuhänderisch für 15 Jahren dem Völkerbund unterstellt worden. Regiert wird es von einer international zusammengesetzten Regierungskommission, der zunächst der französische Präsident Rault vorsteht. Von der politischen Mitbestimmung ist die Saarbevölkerung ausgeschlossen. Erst 1922 wird ein Landesparlament — der Landesrat — eingerichtet, dem allerdings legislative und kontrollierende Funktionen vorenthalten bleiben. Nach 15 Jahren soll die saarländische Bevölkerung über ihr politisches Geschick selbst entscheiden dürfen. Parallel zur Abtrennung sind die Saargruben — der bedeutendste Industriezweig der Region — als Entschädigung für die von Deutschland im Ersten Weltkrieg in Nordfrankreich angerichteten Schäden dem französischen Staat unterstellt worden. Über den Präsidenten der Regierungskommission und die Bergwerksverwaltung versucht Frankreich zunächst, seine 1919 in Versailles gescheiterten Annexionsansprüche auf stillem Wege durchzusetzen.

Als Chefredakteur der „Volksstimme“

Es ist nicht das erste Mal, daß eine SPD-Zeitung an der Saar ohne Redakteur ist. Das erste, 1876 erschienene Parteiblatt „Freie Volksstimme“, das es binnen kurzer Zeit bereits auf 1000 Abonnenten — besonders unter den Arbeitern der Saarbrücker Eisenbahnwerkstätte — bringt und noch in Mainz gedruckt wird, muß nach der Verhaftung ihrer Redakteure bereits nach der siebten Nummer das Erscheinen wieder einstellen. Der Kolporteur der Zeitung wird aus dem Saarrevier ausgewiesen. Die meisten Mitglieder des „Preßcomités“ emigrieren ins nahe Ausland.(1) 15 Jahre lang sind die wenigen Sozialdemokraten an Saar und Blies nun ohne eigene Zeitung. Erst 1891 — nach dem Fall des Sozialistengesetzes — wagt die Partei einen neuen Versuch. Am 27. Dezember 1891 erscheint eine Probenummer des „Boten von der Saar“. Das in der Mannheimer Parteidruckerei hergestellte Blatt gelobt in seiner ersten Nummer: „Kämpfen wollen wir dafür, daß dem Eigentum sein giftiger Stachel genommen, daß die Arbeitsmittel in den Besitz der Gemeinwirtschaft überführt und damit Wohlstand für die Gesamtheit, sowie auch die Grundlage für eine ideale Familie und Ehe gegeben wird. Unmöglich wollen wir es machen, daß einzelne wenige auf Kosten der ohnehin Armen und Ärmsten faulenzend sich ein angenehmes Leben machen können."(2) Die Bekämpfung der sozialdemokratischen Presse durch preußische Obrigkeit, saarländische Industrie und die katholische Kirche bewirken, daß auch diese Zeitung am 31. März 1894 eingestellt werden muß. Noch ist es üblich, daß Leser sozialdemokratischer Schriften an der Saar gemaßregelt, aus Vereinen ausgestoßen werden, im Beichtstuhl ihnen die Absolution verweigert wird und der Verlust des Arbeitsplatzes droht. Mehr als 10 Jahre dauert es nun, bis Nikolaus Osterroth, der seit 1902 an der Saar lebt und die Leitung der SPD übernommen hat, mit der „Saarwacht" am 1. 1. 1905 ein neues „Organ für die Interessen des werkthätigen Volkes" herausgibt. Aber die Fortschritte in der SPD sind nicht so, daß sich ein Parteiblatt ausschließlich für das kleine Saarrevier realisieren ließe. Am 1. Januar 1908 wird daher die „Saarwacht" von der „Volkswacht" abgelöst, die nun auch für das Fürstentum Birkenfeld und für Lothringen zuständig ist. Die Redaktion übernimmt der sozialdemokratische Bergarbeiterfunktionär und Leiter des Saarbrücker Arbeitersekretariats Johann Leimpeters. Hohe Kosten und schwacher Absatz bringen auch dieses Experiment zum Scheitern. Bereits am 1. Oktober 1908 wird die „Volkswacht" von der Frankfurter „Volksstimme" wieder abgelöst, die eine eigene Ausgabe für die Sozialdemokraten in Birkenfeld und im Saarrevier herausbringt. Zum Jahresbeginn 1919 macht sich die „Volksstimme" redaktionell von Frankfurt unabhängig und wird fortan als „Organ für das werktätige Volk im Saar-, Mosel-, Blies- und Nahetal" redigiert und hergestellt. 1921 erscheint die „Volksstimme" dann erstmals als „Organ der sozialdemokratischen Partei des Saargebietes" in der parteieigenen Saarbrücker Druckerei in der Schützen-Straße. Die Jahrgangsbezifferung orientiert sich weiter an der erstmals 1908 im Saarrevier, noch als Kopfblatt der Frankfurter „Volksstimme" erschienenen Zeitung.(3) Obwohl die Reglementierungen des preußischen Obrigkeitsstaates gefallen sind, sieht sich die Parteizeitung nun neuen Beschränkungen durch die vom Völkerbund eingesetzte Regierungskommission ausgesetzt. Noch im selben Jahr wird — wie weiland zu „König Stumms"-Zeiten — der Redakteur Scherer aus dem Saargebiet ausgewiesen. Auch seinem Nachfolger Bernhard Rausch ergeht es nicht besser. Der französische Präsident der Regierungs-

Abb. 4: Die sozialdemokratische Presse des Saarreviers seit 1900

Abb. 5: Blick in die Handsetzerei

Abb. 6: Betriebsgebäude der "Volksstimme" in der Saarbrücker Schützenstraße

kommission dultet keinen Widerspruch. Mit Verfügung vom 20. September 1922 weist er die beiden „Volksstimme"-Redakteure Bernhard Rausch und Kurt Lehmann ohne Angaben von Gründen aus dem Saargebiet aus. Nur allgemein heißt es, Rauschs Aufenthalt im Saargebiet könne die öffentliche Ruhe, Ordnung und Sicherheit gefährden.(4) Rault hat sich mit seiner Ausweisungsverfügung selbst in die Tradition der „saarabischen Despoten" gestellt. Nationalistische Töne werden in der SPD laut. Während einer SPD-Kundgebung im Saarbrücker Saalbau gibt ein Parteisprecher die Ausweisung bekannt. Die „Volksstimme" kommentiert die Reaktionen: „Aus tiefstem Herzen kommende Pfuirufe und eine grenzenlose Verachtung, das war der Dank, der Herrn Rault und seinen Kreaturen von den anständigen und natürlich-rechtlich empfindenden Menschen zuteil wurde." „Uns wallt das Blut, wenn wir alten deutschen Boden von fremden Eindringlingen geschändet sehen", heißt es im Kommentar weiter. Und auch der historische Vergleich wird bemüht: „ . . . Wir müssen gestehen, daß die Methoden des altpreußischen Regimes noch human genannt werden konnten gegenüber der asiatischen Barbarei, mit der hier im Saargebiet verfahren wird."(5)

Einstimmig erhebt der Augsburger Parteitag der SPD „schärfsten Protest" gegen diesen „unerhörten Gewaltakt" der Regierungskommission. Diese Maßnahme beweise, „in welch unerhörter Weise im Saargebiet das Recht der freien Meinungsäußerung vergewaltigt wird."(6) Im Namen des Parteivorstandes verspricht Otto Wels „alles zu tun, um durch den Völkerbund die gefährdeten Interessen der Bevölkerung im Saarland zu schützen".(7) Noch während des Parteitages wird hinter den Kulissen über die Nachfolge der beiden ausgewiesenen Redakteure verhandelt. Da Max Braun in Parteikreisen bereits über ein gutes Image als Redakteur verfügt, die politische Situation in Neuss mit der in Saarbrücken durchaus vergleichbar ist, was die Vorherrschaft des katholischen Zentrums und die Anwesenheit durch fremde Truppen betrifft, bittet der SPD-Vorstand Max Braun, die Chefredaktion des Parteiblattes an der Saar zu übernehmen.(8)

Die Vermittlung im Bergarbeiterstreik

Am 4. Februar 1923 beginnt Braun seine Tätigkeit in Saarbrücken. Einen Monat zuvor sind belgische und französische Truppen ins Ruhrgebiet einmarschiert, um die von Deutschland — nach dem Versailler Vertrag — zu leistenden Reparationszahlungen sicherzustellen. Die großindustriellen Kreisen nahestehende Reichsregierung Cuno protestiert mit der Verkündung eines passiven Widerstandes gegen die Ruhrbesetzung. Die politischen Parteien und die Gewerkschaften des Saargebietes solidarisieren sich in einem halbstündigen Generalstreik am 15. Januar 1923 mit den Arbeitern von der Ruhr. Durch diese Situation erfahren auch die festgefahrenen Lohnverhandlungen zwischen den saarländischen Bergarbeiterverbänden und der französischen Grubenverwaltung im Saarrevier eine ungewollte Politisierung. Die Lohnforderungen werden so hoch geschraubt, daß sie die Franzosen unmöglich erfüllen können. Der 100tägige Bergarbeiterstreik beginnt, der nichts anderes als ein in einen Lohnkampf gekleideter politischer Streik gegen die neuen Herren an Ruhr und Saar ist. Nur mit Unterstützung der Reichsregierung halten die saarländischen Gewerkschaften den Streik durch. Nahezu geschlossen steht die gesamte Saarbevölkerung hinter den streikenden Bergleuten, geht es doch nun gegen den französischen „Erbfeind". Der Nationalismus triumphiert wieder. Die Lage ist verfahren: trotz der Unterstützung aus dem Reich stehen die Gewerkschaften und die saarländischen Gemeinden kurz vor dem finanziellen Ruin; die nur indirekt vom Streik betroffene Bevölkerung und der Handel leiden; das Wettrennen der Sozialdemokratie um die nationale Zuverlässigkeit treibt „tolle Blüten", schreibt Max Braun.(9)

In dieser Situation wird der neue Chefredakteur aus Neuss von Julius Schwarz — dem Führer der größten Bergarbeiterorganisation — gebeten, „eine Vermittlung einleiten zu helfen, die den Streik vor dem Zusammenbruch rettete, Maßregelungen verhindern und das Gesicht einer Remis-‚Partie' wahren sollte".(10) Am 5. Mai 1923 kommt es zu einer ersten Besprechung zwischen Braun und dem wohl am meisten gehaßten Mann im Saargebiet jener Tage, dem Präsidenten der Regierungskommission Victor Rault. Die Initiative für eine neue Verhandlungsrunde zwischen Grubenverwaltung und zentraler Streikleitung wird ins Auge gefaßt.(11) Gleichzeitig gelingt es Braun, den Direktor des Internationalen Arbeitsamtes zu einem erfolgreichen Vermittlungsgespräch bei Poincaré zu bewegen, „und der Streik wurde mit einem blauen Auge für die Bergarbeiter beigelegt und zwar mit der restlosen Zustimmung der ganzen Saarbevölkerung", wie Braun in seinen Erinnerungen notiert. „Der einzige Unzufriedene war das Auswärtige Amt in Berlin, das mir nie verziehen hat, daß ich *seinen* Streik, der schon verloren war, als ich die Vermittlung einleitete, nicht in die Katastrophe und dann unvermeidliche Exzesse gegen das Völkerbundsregime und besonders gegen die französische Bergwerksverwaltung ausarten ließ."(12) Auswärtiges Amt und die nationalistischen Saarparteien wittern Verrat, hat sich Braun doch mit Rault eingelassen und die nationalistischen Wogen gedämpft.

Angela Braun und die Frauenarbeit

Noch 1923 heiratet er die Lehrerin Angelika Stratmann, die so alt ist wie er und gleichfalls aus Neuss kommt. Im November des Jahres übersiedeln beide offiziell nach Saarbrücken und beziehen eine Wohnung in der Brauerstraße 4. Bereits seit dem 22. April gehören sie gemeinsam dem Kreisvorstand der Saarbrücker SPD an.(13) In den nächsten zehn Jahren verläuft ihr Lebensweg parallel. Sie treten auf Hunderten von Parteiversammlungen im Saargebiet und im benachbarten Trierer Raum auf. Beide arbeiten sie für die „Volksstimme" und machen den Film als neues Medium der Wahlagitation im Saargebiet populär. Später — in der Emigration — trennen sich ihre Wege.

Angela Braun-Stratmann ist die erste Frauenrechtlerin und engagierte Frauenpolitikerin im nicht nur frauenpolitisch rückständigen Saargebiet. Im August 1923 empfiehlt sie der Hauptausschuß der Berliner Arbeiterwohlfahrt dem saarländischen SPD-Vorsitzenden Valentin Schäfer als Initiatorin der Arbeiterwohlfahrt im Saargebiet. Angela Braun knüpft an die Arbeit eines bereits bestehenden „Frauenhilfs-Komitees" an, das bislang in der Notstandshilfe gearbeitet hat. Am 13. Februar 1924 ist es schließlich soweit: die Arbeiterwohlfahrt im Saargebiet wird formell gegründet. Den Vorsitz übernimmt die Initiatorin selbst.(14) Neben ihrer Tätigkeit für die Arbeiterwohlfahrt engagiert sie sich in der Frauenarbeit der SPD. Sie ist Vorsitzende des SPD-Frauenkomitees, das Fortbildungskurse für Frauen in Fragen der Sozial- und Kommunalpolitik durchführt, bei Nähnachmittagen aktuelle politische Fragen bespricht, Frauenfeierstunden anbietet und 1929 erstmals eine große sozialdemokratische Frauenkonferenz in Saarbrücken organisiert. Die Forderungen der SPD-Frauen damals: „gleicher Lohn für gleiche Arbeit", besserer Schwangeren- und Wöchnerinnenschutz, moderner Säuglingsschutz, Mutterschaftsschutz, die Einführung der Arbeitslosenfürsorge auch für Frauen.(15)

Das Engagement von Frauen in der saarländischen Politik ist noch ungewohnt. Auch an der Saar zeigt sich, daß die Frauen der SPD die Einführung des Frauenwahlrechts wenig lohnen. 1927 sind gerade 14 Prozent aller SPD-Mitglieder an der Saar Frauen. Nur bei der anderen saarländischen Linkspartei, der KPD, sieht die Beteiligung von Frauen noch trostloser aus. Die große „Frauenpartei“ ist an der Saar noch immer das katholische Zentrum. Es hält die saarländischen Frauen in ihrer traditionellen Rolle fest und arbeitet über die Kirche und die Frömmigkeit der Frauen dem linkspolitischen Engagement ihrer Ehemänner zielstrebig entgegen. Fast jeder SPD-Parteitag der 20er und der beginnenden 30er Jahre endet daher mit einem Appell, die Frauenarbeit in der Partei zu intensivieren. Die Rückständigkeit der Frauenarbeit im Saargebiet konstatiert Angela Braun, wenn sie in einem Beitrag über die „Frauenarbeit im deutschen Grenzland“ schon fast resignierend fragt: „Wollen wir deutschen Frauen an der Saar uns unserer allgemeinen und unserer speziellen Aufgabe weniger gewachsen zeigen als unsere Mitkämpferinnen und unsere Weggenossinnen in der sozialistischen Internationale?“(16) Zur wesentlichen Aufgabe der Frauenarbeit an der Saar gehöre „die Aufklärung der nicht aus eigener Schuld im Dunkel gehaltenen Frauenhirne und Frauenherzen über den Sozialismus“.(17) Dieser Aufklärung dient Angela Brauns publizistisches Engagement in der „Volksstimme“. Sie betreut die wöchentlich erscheinende Frauen- und Modeseite der Zeitung. Sie empört sich, daß die große französische Revolution über der Verkündung der Menschenrechte die Frauen vergaß.(18) Sie attackiert ihre eigenen Geschlechtsgenossinnen, die Reaktionäre in den Reichstag wählen, die Frauen aus Positionen im Staatsapparat ausschließen wollen.(19) Sie fordert auf, „die Partei zu unterstützen, die uns das politische Bürgerrecht gab, die seit der Natinonalversammlung ständig die meisten Frauen ins Parlament entsandt hat, *die* Partei, die alle Maßnahmen der Reaktion zur Einschränkung des Frauenwahlrechts beantwortet mit einer umso stärkeren Heranziehung der Frau im öffentlichen Leben, ihrer frühzeitigen politischen Schulung unter Wahrnehmung ihrer politischen Rechte!“(20) Angela Brauns besonderes Interesse aber gilt dem Kampf gegen den § 218. In zahlreichen SPD-Veranstaltungen führt sie in den „großen Anklagefilm“ gegen den § 218, den Film „Der Kreuzzug des Weibes“, ein. Sie diskutiert neue Gesetzesentwürfe und Broschüren zum Abtreibungsparagraphen und berichtet über Prozesse vor dem Saarbrücker Schwurgericht gegen Frauen, die abgetrieben haben.

Und dennoch entspricht sie so gar nicht dem Bild, das Männer von einer Frauenrechtlerin aus jener Zeit haben. Die französische Zeitung „Paris-Midi“ schildert sie als „eine hübsche Brünette, die ihren Ruf verdient, die

Abb. 7: Max Braun in Damenbegleitung auf dem Weg ins Theater um 1930

Abb. 8: Zu Besuch in der Schweiz im Sommer 1934: von links nach rechts: Mathilde Sommer, die Mutter Max Brauns, Angela Braun (vordere Reihe), Dr. Heinz Braun, Max Braun, Emil Kirschmann (hintere Reihe)

eleganteste Frau der Zweiten Internationale zu sein".(21) Auch die Nichte charakterisiert sie als „ein hübsches Mädchen. Sie war sehr schlank, und sie war sehr eitel. Und sie war sehr gut angezogen. Sie war schon die eleganteste Frau zu der Zeit."

Ein Bohème im Arbeiterrevier

Aber auch Max Braun legt viel Wert „auf eine gute Erscheinung. Man erschien ja noch mit Hut. Man ging ja elegant aus".(22) Seine Vorliebe für elegante Kleidung, für gutes Essen und französische Limousinen ist Anlaß für vielfältigen Spott und für Attacken des politischen Gegners. Die Saar-Nazis beschimpfen Max Braun als „Bonzen" und versuchen ihm — wie die Kommunisten — die Unterschlagung von Mitgliedsbeiträgen seiner Partei unterzuschieben. Die KPD-Zeitung bezeichnet ihn spöttisch als „Pfau von Saarbrücken" und — weniger freundlich — als „Lohnraubbonzen". Brauns Parteichef Otto Wels kann zeitlebens seine starken Vorbehalte gegen die intellektuelle „Bohème" aus Saarbrücken nicht ablegen. „Das ist keine Arbeiterorganisationsleitung, sondern eine besondere Art Bohème", die sich etabliert habe, schreibt er nach einem Besuch in Saarbrücken.(23) Treffpunkt der linken Saarbrücker Bohème ist das „Theatercafé", ein amüsantes Nachtlokal, in dem sich Künstler, Journalisten und Theaterleute begegnen.

„Er ging gern in ein Kaffeehaus", erinnert sich Bernhard Güth, damals Inhaber eines Buchladens in Saarbrücken. „Er war sehr gesellig und liebte Gespräche — egal mit wem. Er war eigentlich viel zu elegant für den Posten, den er ja hier innehatte. Aber er war volkstümlich. Er lachte gerne, war jovial. Die Brauns gingen sehr gern ins Theater, wo man sie immer wieder traf. Wir waren recht gut bekannt. Er kam oft in meinen Buchladen. Wir sprachen über (. . .) die Bücher des Malik-Verlages, über den Inhalt des neuesten ‚Querschnitt' oder des ‚Tagesbuches' oder der ‚Weltbühne'. Unser gemeinsamer Freund war Kurt Tucholsky."(24) Als ihn der Vorsitzende der „Deutsch-saarländischen Volkspartei" 1933 im Landesrat wegen seines äußeren Auftretens angreift, entgegnet Max Braun mit Witz: „Sie finden, daß ich gebügelte Hosen und Glacéhandschuhe trage und kein Proletarier sei, aber ein ‚aufwendiges Leben' führe. Nun, ich besitze zwar nicht ihr großes Haus und Anwesen, sondern nur eine Zweizimmerwohnung, ich habe noch nicht ein Prozent ihres Vermögens, aber ich habe trotzdem immer und mit Vergnügen und vollkommen neidlos festgestellt, mit welchem Stolz Sie Ihren Smoking tragen . . ."(25)

Braun liebt es, durch sein Auftreten aufzufallen und zu provozieren. Seine Nichte erzählt: „,Ja, ich lade Euch jetzt ein zum Sprüngli'. Das war das erste Kaffee in Zürich. Wir wanderten über die Bahnhofstraße. Er in der Mitte und wir sehr stolz mit ihm. Dann fing er an, ,holde Aida' zu singen. Uns war das ja so peinlich. ,Onkel Max, ach Onkel Max, bitte hör auf! Wir laufen nicht mehr neben Dir!' Dann fing er noch an mit: ,Hab' Sie ja nur auf die Schultern geküßt . . . ' Und er sang sehr gut. Er hätte auch Opernsänger werden können. Er war ein sehr lebensfroher Mann."(26)

Neben der Literatur hat er eine Vorliebe für Kunst und Theater. Er beklagt die kunstpolitische Rückständigkeit der Saarregion. Anläßlich eines Streits um eine Kandinsky-Ausstelung im Staatlichen Museum in Saarbrücken 1930 notiert er in einem Leitartikel: „Der gewaltigen *industriellen* Förderung der Saar wurde eine gleiche *kulturelle* Hilfe *nicht* zuteil — unser Erbteil ist statt einer kunst- und wissenschaftsfreudigen Tradition eine *Niveautiefe,* die wir überall zu spüren bekommen." Hieraus ergebe sich die Notwendigkeit „zur Sammlung aller kulturellen Kräfte zu kommen und der industriellen Intensität eine kulturelle von nicht weniger Graden an die Seite zu stellen. Wir haben nicht nur einen Vorsprung einzuholen — wir müssen auch versuchen, Schritt zu halten", appelliert er an seine Partei(27), in der er bei solchen Themen allerdings wenig Gehör findet. Seine zu Beginn der großen Arbeitslosigkeit gestellte Forderung nach einer engagierten Kunstpolitik isoliert ihn weiter. Auch sein Eintreten 1930 für Piscators Theateraufführung „§ 218 — Frauen in Not" in Saarbrücken — für Braun ein „unerhörter Erfolg" und eines der größten Theaterereignisse der letzten Jahre an der Saar — erschließt der SPD kaum neue Wählerkreise.(28) Das Maß scheint voll, als Braun Piscator die Gelegenheit gibt, in einem Leitartikel in der „Volksstimme" zur Inszenierung seines Theaterkollektivs selbst Stellung zu nehmen. Braun eröffnet damit eine lebhafte öffentliche Diskussion um den § 218. Zentrum und katholische Kirche versuchen — ohne Erfolg — das Stück verbieten zu lassen.

Technikbegeisterung

Braun ist darüberhinaus ein begeisterter Freund der neuen Verkehrstechniken. Er liebt nicht nur große und schnelle Wagen, sondern nutzt auch jede Gelegenheit, mit dem Flugzeug zu reisen. Dem Zeppelin, der im April 1930 über der Saarmetropole seine Kreise zieht, gewinnt er gar völkerverbindende Dimensionen ab. Kaum eine andere technische Erfindung unserer Tage lasse die vielen Grenzen innerhalb Europas so lächerlich und nebensächlich erscheinen „wie unser Zeppelin. Es gibt bald keine *trennende* Entfernung mehr". Der Siegeszug des Zeppelin sei ein „Triumphzug internationaler Verständigung und Annäherung in Raum und Zeit. Und wie kleinlich, wie eng und wie abgestanden ihm gegenüber aller nationalistische Chauvinismus wirkt: Er ist der technische Bote einer neuen Zeit!"(29) Am 29. Mai 1931 begrüßt er den ersten Flug des Schweizers Piccard in die Stratosphäre als „bahnbrechenden Erfolg" und als Beginn einer Zukunft des „transozeanischen Schnell- und Postraketenverkehrs".(30)

Im Bereich der Wahlagitation seiner Partei geht er frühzeitig neue Wege, indem er sich systematisch für den Einsatz von Lautsprecherwagen und Filmen einsetzt. „Das beste Agitationsmittel bleibt die intime persönliche gesellige Fühlungnahme, die Rede von Mund zu Mund", sagt er zwar 1928." Die daneben immer mehr in Mode kommenden neuen technischen Werbemittel wenden sich hauptsächlich an zwei Sinne: An das Auge und das Ohr. In diesem Zusammenhang gewinnen Lichtbild und Film neben der Druckschrift, neben dem Plakat usw. steigende, gewaltige Bedeutung. Auf der anderen Seite treten daneben an Stelle des Versammlungsworts alten Stils immer mehr der Lautsprecher und die Schallplatte. Und, falls es politisiert werden sollte, das Radio."(31) Erstmals bringt die saarländische SPD im Landesratswahlkampf 1928 zwei Lautsprecherwagen zum Einsatz. Seit derselben Zeit ziehen Max und Angela Braun und der neue Parteisekretär Karl Mössinger mit den SPD-Werbefilmen „Was wir schufen", „Am Anfang war das Wort", „Mit uns zieht die neue Zeit", „Die Stadt des Friedens", mit den Anklagefilm gegen den Abtreibungsparagraphen 218 „Kreuzzug des Weibes" oder mit den proletarischen Klassikern „Die Mutter", „Die Weber", „Hunger in Waldenburg" und „Lohnbuchhalter Kremke" über das Land und leiten mit kleinen Vorträgen diese Filme ein, bei denen es sich zumeist noch um Stummfilme handelt. Seit Beginn der 30er Jahre verfügt auch das Haus der Arbeiterwohlfahrt in Saarbrücken über einen Kinosaal, in dem am 26. September 1932 Brechts „Kuhle Wampe" zur Aufführung kommt.

Brauns — für seine Zeit und für seine Partei — sicherlich ungewöhnlicher Lebensstil bringt ihm schnell den gerade an der Saar politisch ausbeutbaren Vorwurf ein, er sei frankophil: Brauns Nichte hierzu: „Ich möchte sagen: Im Herzen war er absolut ein Deutscher. Ich glaube, daß ihm die Lebensart der Franzosen schon sehr zusagte. Er sympathisierte, glaube ich schon, mit Frankreich. Ich nehme an, es hängt damit zusammen, daß er die europäische Idee im Sinne hatte."(32) Tatsächlich ist Brauns Denken zutiefst von der radikaldemokratischen Ideenwelt der französischen Revolution inspiriert und vom Geiste europäischer Verständigung beseelt. Er ist stolz auf seine linksrheinische Herkunft. Überhaupt ist er mehr Radikaldemokrat, denn Sozialist. Das Bekenntnis zur inneren und äußeren Freiheit ist ihm bedeutsamer als die große sozialistische Weltveränderung. Alles dies steht in so krassem Gegensatz zum engen provinziellen Nationalismus so manchen Saarpolitikers — auch seiner eigenen Partei.

Als Parteivorsitzender

Auf dem Parteitag der saarländischen SPD vom 16./17. Februar 1929 in Saarbrücken wird Max Braun einstimmig zum neuen Parteivorsitzenden gewählt. Er füllt ein Machtvakuum in seiner Partei aus, das nach dem Ausscheiden des bisherigen Vorsitzenden Valentin Schäfer und seiner Ernennung zum Leiter des Arbeitsamtes der Regierungskommission am 1. Oktober 1928 entstanden ist.(33) Seit dem Ausscheiden Schäfers aus dem Parteivorstand verwaltet Braun dessen Geschäfte kommissarisch. Die saarländische SPD hat 1929 etwa 6500 Mitglieder und wird bei den Gemeinderatswahlen in diesem Jahr von 42815 Saarländern (= 13,6 % der abgegebenen gültigen Stimmen) gewählt. Die ältesten Ortsvereine sind gerade 20 Jahre alt.

Die Sozialdemokratie seit 1876

Die Anfänge der Sozialdemokratie an der Saar gehen allerdings bis ins Jahr 1876 zurück, als in St. Johann ein sozialdemokratischer Verein ins Leben gerufen wird.(34) Das Sozialistengesetz der Saarindustrie von 1877 — bereits ein Jahr vor Bismarcks Sozialistengesetz — zwingt die wenigen Sozialdemokraten an der Saar in die Illegalität. Preußische Obrigkeit und nationalliberales Unternehmertum setzen auch nach dem Fall der Sozialistengesetze der „sozialdemokratischen Offensive" von 1892 enge Grenzen. Im Januar 1892 finden erste sozialdemokratische Versammlungen in Herrensohr und in Dudweiler statt. 700 „klassenbewußte Parteigenossen" feiern am 1. Mai 1892 den „Weltfeiertag" des Proletariats in Bildstock. August Bebel stattet dem Saarrevier einen Besuch ab. Schwach besuchte Parteiversammlungen gibt es auch in anderen Arbeitergemeinden. St. Johann erlebt am 7. Dezember 1892 die erste SPD-Parteiversammlung im „Tivoli", das 1906 als erstes Gewerkschaftshaus in die Regie der Freien Gewerkschaften übergeht.(35) Resonanz findet die Partei nur bei einigen abgelegten Funktionären des in den Arbeitskämpfen der saarländischen Bergleute entstandenen Rechtsschutzvereins, der ersten kollektiv-beruflichen Interessenvertretung an der Saar, bei jungen Schlafhausbewohnern, bei kleinen Handwerkern und Maurern, noch nicht bei den Beschäftigten auf den Saarhütten. 1898 schließen sich die wenigen SPD-Mitglieder — es mögen zwei Dutzend gewesen sein — dem im Jahr zuvor gegründeten SPD-Bezirk Oberrhein an. Bei den Reichstagswahlen im gleichen Jahr entfallen auf den sozialdemokratischen Kandidaten im Wahlkreis Saarbrücken 710 Stimmen; im Wahlkreis Ottweiler-St. Wendel-Meisenheim sind es 112 und im Wahlkreis Saarburg-Merzig-Saarlouis 143 Stimmen. Noch immer ist es nicht ungefährlich und bedeutet den Verlust des Arbeitsplatzes, sich zur Sozialdemokratie zu bekennen. Im preußischen Teil des Saarreviers soll es 1903 etwa drei Dutzend Parteimitglieder gegeben haben. Die Reichstagswahlen im selben Jahr verzeichnen einen leichten Anstieg der sozialdemokratischen Wählerstimmen besonders im Wahlkreis Saarbrücken, das sich zum Zentrum der sozialdemokratischen Agitation entwickelt. 1907 — in diesem Jahr wird der SPD-Ortsverein in Neunkirchen gegründet(36) — zählt die SPD an der Saar 224 Mitglieder; 1913 sind es 777 Saarländer, die sich öffentlich zur SPD bekennen.(37) Mit Nikolaus Osterroth, Hans Portenkirchener und Hans Böckler — dem späteren DGB-Vorsitzenden — existiert nun eine stabile Führungsgruppe an der Saar, dennoch fällt das Ergebnis bei den Reichstagswahlen von 1912 — im Vergleich zu anderen Arbeiterregionen in Deutschland — weiterhin mager aus. In den drei Reichstagswahlkreisen des späteren Saargebietes erhält die SPD zusammen nur 6996 Stimmen, davon allein 4157 — das sind 7,8 Prozent der abgegebenen gültigen Stimmen — im Wahlkreis Saarbrücken.(38) Hinter dem katholischen Zentrum ist die SPD nun stärkste Partei der Region. Diese Konstellation ändert sich auch nach dem Ersten Weltkrieg nicht. Mit 46,8 Prozent bleibt das Zentrum im katholischen Saargebiet stärkste Partei gefolgt von der SPD, deren Stimmenanteil nun bei 36,5 Prozent liegt — einem Wahlerfolg, den die SPD in den nächsten Jahren nie mehr wird erreichen können. Bereits im kommenden Jahr laufen der Partei viele proletarische Wähler weg, die sich den unabhängigen Sozialdemokraten, der USPD, zuwenden, die das Schlagwort vom Novemberverrat der SPD propagiert und gegenüber der Mehrheitssozialdemokratie ihren Internationalismus hervorhebt. Im Oktober 1920 verschmilzt die USPD mit der KPD; ein kleiner Rest kehrt im Herbst 1922 zur SPD zurück. Während die KPD internationalistisch orientiert bleibt und erst im Zuge der Entwicklung zur Massenpartei zunehmend Anleihen beim Nationalbolschewismus nimmt, geht die SPD einen umgekehrten Weg, der ihr allerdings keine neuen Wähler einbringt. Von einer chauvinistisch geprägten Partei unter Valentin Schäfer und Julius Schwarz entwickelt sie sich zu einer europäisch orientierten Partei unter Max Braun.

Auf Intervention der Regierungskommission muß Ende des Jahres 1922 das selbständige saarpfälzische SPD-Sekretariat unter Heinrich Lieser abgebaut werden. Es zerfällt in die Agitationsbezirke St. Ingbert und Homburg, der weiterhin von Lieser geleitet wird. Insgesamt verfügt die saarländische SPD Ende der 20er Jahre über 11 Agitationsbezirke, die einen Unterbezirk des SPD-Bezirks Oberrhein bilden. Allein 5 Agitationsbezirke entfallen auf die Kreise Saarbrücken-Land und Ottweiler, wo die SPD neben der Landeshauptstadt ihre Schwerpunkte hat. In den Kreisen Saarbrücken-Stadt, St. Wendel, St. Ingbert, Homburg, Saarlouis und Merzig entsprechen die Agitationsbezirke der regionalen Gebietskörperschaft. Eine Ortsvereinsstruktur entwickelt sich zu Beginn der 20er Jahre. 1925 verfügt die Partei bereits über 100 Ortsvereine. 1927 sind es 114. In ihnen sind 5054 Sozialdemokraten organisiert. 1400 Mitglieder kommen allein aus der Saarmetropole. 1928 steigt der Mitgliederbestand noch einmal um 1290 auf 6344 Mitglieder, um dann zu stagnieren und sich zu Beginn der 30er Jahre zwischen 5 und 6000 einzupendeln. Die Nachwuchsorganisation der Partei, die „Sozialistische Arbeiterjugend (SAJ)“, hat 1927 20 Gruppen im Saargebiet mit insgesamt 563 Mitgliedern.(39) Schwierigkeiten machen der SPD noch immer die Frauen. Unter den 5054 SPD-Mitgliedern des Jahres 1927 sind nur 723 (= 14,3 %) Frauen; 1929 ist ihr Anteil geringfügig auf 20 Prozent angestiegen. In seinem Rechenschaftsbericht auf dem SPD-Parteitag 1927 betont daher der Parteivorsitzende Schäfer: „Die Frauenbewegung im Saargebiet war immer noch mit mancherlei Schwierigkeiten verbunden. (. . .) Wir müssen dahin streben, die Frauenbewegung intensiver zu gestalten.“ Frauen sollten stärker als bisher in die Arbeiterwohlfahrt integriert werden, „einem Gebiet, das den Frauen besonders liegt.“(40) Besser sieht das Engagement von Frauen in der SAJ aus, in der immerhin 1927 der Frauenanteil bei 38 Prozent liegt.

Die SPD-Ortsvereine sind keineswegs gleichmäßig über das Land verteilt. Mehr als ein Viertel aller Mitglieder gehören 1927 dem Saarbrücker Ortsverein an. Darüberhinaus ist die Partei besonders in den konfessionell eher gemischten Arbeitergemeinden des Saarbrücker und Neunkircher Umlandes durch Ortsvereine präsent, die bereits auf eine längere Agitationstradition zurückblicken können. Güdingen im Landkreis Saarbrücken ist eine der wenigen Gemeinden mit einer sozialdemokratischen Mehrheit. In den KPD-Hochburgen Dillingen und Dudweiler oder im Warndt findet die SPD kaum Anhänger. In den ländlichen und oft zu mehr als 90 Prozent katholischen Kleingemeinden der Kreise Merzig, St. Wendel und Saarlouis existieren in der Regel keine Ortsvereine. Freigewerkschafter, Sozialdemokraten und Kommunisten werden hier noch Mitte der 20er Jahre öffentlich geächtet. Die Pfarrer geben ihre Namen von der Kanzel bekannt, lassen dazu die Totenglocken läuten, verweigern ihnen die Beichte oder die Bestattung auf dem Friedhof.(41) Insgesamt wissen 1927 etwa 30 Prozent aller Saarländer keine SPD-Ortsvereine in ihrer Nähe, kann die SPD in diesen Gemeinden keine Wahlagitation treiben oder für die Gemeinderäte kandidieren.

Diese ungleichmäßige Präsenz der SPD in den saarländischen Gemeinden spiegelt sich auch in den Wahlergebnissen der 20er Jahre wider. Im industriellen Ballungszentrum und in den Gemeinden mit einem höheren Protestantenanteil erzielt die SPD immer bessere Ergebnisse als im Landesdurchschnitt. Bei den Landesratswahlen liegen ihre Hochburgen im Stadt- und Landkreis Saarbrücken, im Bezirk Homburg und im Kreis Ottweiler.(42) Die Anonymität der Großstadt und der größeren Arbeitergemeinden wie Neunkirchen und Völkingen bzw. ungekehrt der geringere Konformitätsdruck der katholischen Kirche begünstigt hier eine Wahlentscheidung für die SPD. In den Kreis- und Bezirksstädten sind die SPD-Ergebnisse in der Regel doppelt so hoch wie im Durchschnitt des umliegenden Kreises oder Bezirkes. Während die SPD so beispielsweise im katholischen Kreis St. Wendel 1932 nur 4,6 Prozent erzielt, sind es in der Kreisstadt immerhin 9,5 Prozent. Ähnlich sieht es in den Kreisen St. Ingbert (9,1 % : 19,6 %), Ottweiler (9,9 % : 19,8 %) und Merzig (4,7 % : 10,6 %) aus. Ihre besten Ergebnisse hat die SPD 1932 in den Umlandgemeinden von Saarbrücken (Güdingen 38,3 %, Bübingen 34,4 %, Rilchingen-Hanweiler 23,4 %, Sulzbach 22,7 % Bischmisheim-Schafbrücke 22,2 %, Fechingen/Neufechingen 27 %). Bei den Gemeinderatswahlen erzielt die SPD ihre schwächsten Ergebnisse in den Kreisen Saarlouis, Merzig und St. Wendel und in Teilen der Kreise St. Ingbert und Homburg, in denen es vielfach noch keine SPD-Ortsvereine gibt.(43) Differenziert man die Ergebnisse der SPD der Völkerbundszeit nach Gemeindegrößen, so zeigt sich, daß sie primär eine städtische Partei ist.(44) Darüberhinaus ist sie auch auf der Wählerebene eine Partei der Männer. Von 100 SPD-Wählern bei den Saarbrücker Stadtratswahlen von 1932 sind 58 Männer und 42 Frauen. Eine eindeutige Zuordnung der SPD-

Wählerschaft nach Berufsgruppen ist nicht möglich. Lediglich unter den Arbeitern der öffentlichen Betriebe ist sie überdurchschnittlich stark vertreten. Von der steigenden Wahlbeteiligung zu Beginn der 30er Jahre profitiert die SPD nicht in gleichem Maße wie die KPD. Es gelingt ihr während der gesamten 20er Jahre nicht, neue Wählerschichten zu erschließen. Während der wirtschaftlich stabilen Jahre der 20er Jahre erzielt die SPD ihre besten Ergebnisse. In den Jahren der Weltwirtschaftskrise zwischen 1928 und 1932 verliert sie 20 Prozent ihrer Wähler — zumeist an die KPD, deren radikale Parolen größere Resonanz unter den vielfach arbeitslosen Wählern finden als die eher verhaltenen Forderungen der SPD. Von den 105 708 sozialdemokratischen Wählern des Jahres 1919 sind nur mehr 35 968 bei den Landesratswahlen 1932 übriggeblieben.

In seinem Geschäftsbericht für das jahr 1928 fordert der frischgebackene SPD-Vorsitzende Max Braun daher verstärkte Bemühungen, in die Schichten der Nichtwähler einzudringen, jugendliche Erstwähler für die SPD zu gewinnen, die Frauen stärker in die Partei einzubeziehen und neue Arbeiterwähler auf dem rechten und linken Spektrum zu gewinnen.(45) Aber weder der Einsatz neuer Agitationsmedien noch die Profilierung der „Volksstimme" zu einer modernen Zeitung, die zunehmend zum persönlichen Sprachrohr ihres Chefredakteurs und seiner außenpolitischen Ambitationen wird, erschließen der SPD an der Saar neue Wählerschichten. Auch Brauns differenzierte Haltung zur Frage der Saarrückgliederung, zum Völkerbund und zur deutschen Republik machen die SPD wenig populär. Der neue Vorsitzende eilt im politisch nach wie vor rückständigen Saargebiet seiner Zeit — auch seiner eigenen Partei — voraus. Die kommunistische Übersteigerung der nationalen Frage und ihr Verbalradikalismus bringen neue Stimmen, nicht Brauns Europakonzept.

Das „neue Europa"

Das Bild einer neuen europäischen Friedensordnung — populär besonders unter den Jungen in der SPD, die nach 1945 die Politik an der Saar prägen werden — bestimmt Brauns Haltung in der zentralen politischen Frage der 20er und frühen 30er Jahre an der Saar: der Frage der Rückgliederung. Braun fordert in seinen Reden und Aufsätzen nie platt und schon gar nicht mit nationalistischen Untertönen den Wiederanschluß. Vielmehr sieht er vor dem Hintergrund seiner europäischen Utopie in der Rückgliederung die Chance eines Aufbruchs Europas. An der Saar ist für Braun mit dem Versailler Vertrag die große europäische Idee vom Selbstbestimmungsrecht der Völker vergewaltigt worden. „Die Tragödie des

Versailler Friedens, die das chaotische Gesicht des neuen Europas prägte, schuf als eine seiner charakteristischen Züge das Saargebiet und dessen verwaltungsrechtliche Abtrennung von der deutschen Republik", schreibt er 1929.(46) In einer Feierstunde aus Anlaß des 10. Jahrestages der Abtrennung fordert er im Saarbrücker Saalbau daher: „Das alte Europa von Versailles muß sterben! Es lebe das neue Europa saarländischer und deutscher Freiheit und deutsch-französischer Verständigung!" Allerdings ist ihm klar, daß dieses neue Europa ohne die Lösung der Saarfrage kaum wird entstehen können. „Dabei kann es aber keine vollkommene Bereinigung des europäischen Weltproblems geben, kann keine restlose Verständigung zwischen Deutschland und Frankreich Platz greifen, kann kein neuer europäischer Geist für den Wiederaufbau unseres Kontinents auf der Grundlage der Verständigung der Völker sich ungehemmt entfalten — solange die Saarfrage nicht gelöst ist!"(47) „Die Saarfrage ist der letzte noch zu bereinigende territoriale Rest der kontinentaleuropäischen Westgrenze", sagt Braun im Juli 1931 auf einer Saarkundgebung des „Bundes der Saarvereine" im pfälzischen Neustadt(48) oder fordert: „Der europäische Unruheherd Saar muß verschwinden!"(49)

Eine „neue Zeit" sieht er mit der Räumung des besetzten Rheinlandes durch französische Truppe im Juni 1930 angebrochen und formuliert hoffnungsvoll mit dem Vorsitzenden des Bezirksausschusses der Freien Gewerkschaften des Saargebietes, Fritz Dobisch: „Tausendjährige Erbfeindschaft der Franzosen und Deutschen am Rhein geht zu Ende." Die Verständigung beider Länder könne das „Glück der Welt" bedeuten.(50) Für das Saargebiet aber bleibt — anders als sich dies Braun wünscht — die Rheinlandräumung folgenlos.

Die Brückenfunktion des Saargebietes

Der Saar weist er nach der Rückgliederung eine zentrale Aufgabe in der Aussöhnung zwischen beiden Völkern zu. Sie soll in politischer, wirtschaftlicher und kultureller Hinsicht „der deutsche Brückenpfeiler der deutsch-französischen Verständigungsbrücke" werden.(51) Die Idee von der europäischen Brückenfunktion des Saargebietes ist geboren, um die im zweiten Abstimmungskampf 1955 so heftig und erbittert gefochten wird. Die Aufgabe der Grenzlande — so Braun 1929 — ist es, diese Verständigung in jeder nur denkbaren Weise vorzubereiten und zu fördern: „Durch die Bekämpfung des Nationalismus und Chauvinismus, durch die tiefste Kenntnis der Eigenart des Nachbarvolkes und des daraus resultierenden besseren Verständnisses seiner Eigenart und der Achtung vor seiner Persönlichkeit. Deutsch-französische (. . .) Aussöhnungsarbeit ist nicht zuletzt Bereinigungsarbeit in den Grenzländern, Bereinigung von den nationalen Vorurteilen, Vertiefung in das eigene und das fremde Volkstum und Hinlenkung auf die übergeordnete Kategorie der gemeinsamen europäischen und Menschheits-Existenz."(52)

Die Idee der deutsch-französischen Verständigung und der Brückenfunktion der Saar findet praktischen Ausdruck im engen freundschaftlichen Verhältnis zwischen saarländischen und französischen Sozialisten. Mit Leon Blum, dem Führer der sozialistischen Kammerfraktion und späteren Ministerpräsidenten, verbindet Braun eine enge politische Freundschaft. In einer Reihe von Resolutionen bekennen sich die französischen Sozialisten zum Selbstbestimmungsrecht der Saarländer. Im Wahlkampf 1924 adressiert Blum ein Telegramm an Braun und wünscht ihm einen „guten Wahlerfolg. Wir geben Ihnen die Versicherung, daß die sozialistische Partei und mit ihr die überwiegende Mehrheit des französischen Volkes fest entschlossen ist, das Selbstbestimmungsrecht der Saarbevölkerung zu respektieren und diesem Rechte Geltung zu verschaffen".(53) Braun kommentiert die Veröffentlichung des Telegramms in der „Volksstimme" euphorisch: „Wahrlich, die internationale Sozialdemokratie erweist sich durch die Tat als die wahrhaft völkerverbrüdernde Sozialdemokratie."(54)

Saarländische und französische Sozialisten verurteilen das „plumpe Auftreten des Erobererstiefels und die daraus verschärft einsetzende Reaktion der Betroffenen", die solche grenzüberschreitende Verständigung immer wieder gefährden. Braun kritisiert — wenngleich nüchterner und weniger emotionalisiert — Frankreichs Politik an der Saar: den mißlungenen Versuch der offenen Annexion in Versailles, die gescheiterte verschleierte Annexion auf dem Wege der „penetration pazifique", die wirtschaftliche Ausbeutung des Saarreviers.(55) In der hoch emotionalisierten Schulfrage — die französische Bergwerksverwaltung hat eigene Schulen eingerichtet, die auch von Kindern saarländischer Bergleute besucht werden — bleibt Brauns Haltung ambivalent. Einerseits lehnt er diesen verschleierten Annexionsversuch ab, andererseits begrüßt er diese Schulen als pädagogische Alternative zur autoritären deutschen Konfessionsschule.(56) Da die Regierungskommission eine Reform des Schulwesens im Sinne der Einheitsschule weltlicher und simultaner Schulen beharrlich ablehnt, schicken viele Sozialdemokraten und Kommunisten — durchaus freiwillig — ihre Kinder in die französischen Bergwerksschulen.

Zwar befürwortet Braun eine enge deutsch-französische Zusammenarbeit auch auf wirtschaftlichem Gebiet, die von Frankreich verschiedentlich geforderte Privatisierung oder Internationalisierung der Saargruben aber lehnt er ab.(57) Ebenso widersetzt er sich den Bestrebungen reichsdeutscher Unternehmen — wie den Rheinisch-Westfälischen-Elektrizitätswerken — maßgebend und kontrollierend in den inneren Markt der Saarwirtschaft einzudringen. Statt dessen plädiert er in zahlreichen Leitartikeln dafür, das Saargebiet als selbständiges Wirtschaftszentrum zu erhalten und der saarländischen Elektrowirtschaft ihre Selbständigkeit zu belassen.(58) Auch die Rückgliederung — höchste Aufgabe sozialistischer Politik an der Saar — müsse die wirtschaftlichen Entwicklungsmöglichkeiten der Region sichern und dürfe diese keinesfalls zu einer Filiale großer deutscher Konzerne werden lassen.(59) Demgegenüber sieht Braun — wie die gesamte saarländische SPD — in der Rückgliederung das Ende aller wirtschaftlichen Not. „Die Not der Saar ist groß“, schreibt er anläßlich des SPD-Parteitages 1928. Eine grundlegende Änderung gebe es nur mit der Rückgliederung der Saar nach Deutschland.(60) In erster Linie versteht Braun hierunter den Anschluß an den sozialpolitischen Fortschritt der Weimarer Republik. Wie schon in den Jahren zuvor fordert der Saar-SPD-Parteitag von 1928 die Einführung der reichsgesetzlichen Sozialversicherungen, der Kurzarbeits- und Krisenfürsorge, die Übernahme des Betriebsratsgesetzes, die Einführung des Arbeitsgerichtsgesetzes und den Erlaß eines Jugendschutzgesetzes.(61) Insbesonders setzt sich die SPD für die Einführung des reichsdeutschen Arbeitslosenversicherungsgesetzes ein und fordert auf wirtschaftlichem Gebiet eine aktive Konjunkturpolitik der Regierungskommission, um der drohenden Arbeitslosigkeit Herr zu werden.(62)

Eng verknüpft mit Brauns Idee der deutsch-französischen Verständigung ist sein frühes Engagement für den Völkerbund. Seit den Tagen des Bergarbeiterstreiks fordert er den Eintritt Deutschlands in dieses Gremium, dessen größte Aufgabe der Sieg der Verständigung und des Selbstbestimmungsrechts über die Gewalt der Bajonette sei.(63) Am Tag des Einzugs Deutschlands in den Völkerbund telegraphiert Braun euphorisch aus Genf: „Das ist das größte Ereignis in der Weltpolitik seit den Tagen von Versailles: Deutschland rückt wieder in die Reihe der gleichberechtigten Großmächte auf. Der Grundstein zu einem deutsch-französischen und damit europäischen Verständigungsgebäude ist gelegt. . . . Der 10. September 1926 ist ein Tag, der allen Freunden des Weltfortschritts und der Menschheitskultur als ein Freudentag gelten darf.“(64) Der Völkerbund erscheint ihm als das Forum, in dem allein das Saarproblem befriedigend gelöst werden kann. Hierin weiß er sich einig mit dem deutschen Außenminister Stresemann, der am Tage nach dem Eintritt Deutschlands in den Völkerbund die dreiköpfige SPD-Delegation aus dem Saargebiet empfängt.(65) Der Völkerbund wird in den kommenden Jahren wichtigster Adressat von Brauns Saarpolitik. Immer öfter bewegt er sich nun auf diplomatischem Parkett in Genf. Aber seine Initiativen bleiben erfolglos. Brauns Hoffnung, über den Völkerbund zu einer vorzeitigen Lösung der Saarfrage zu gelangen, erfüllen sich nicht. Erst 1935 wird den Saarländern das Selbstbestimmungsrecht gestattet, das zu den Grundpfeilern der Völkerbundskonstruktion zählt. Die internationale Organisation und die von ihr eingesetzte Regierungskommission für das Saargebiet bleiben — trotz Brauns Werben — unpopulär und ungeliebt.

Brauns Einbettung der Saarfrage in ein Konzept deutsch-französischer Verständigung, wie er es auch auf dem Magdeburger SPD-Parteitag 1929 vorträgt(66), unterscheidet sich deutlich von den Stellungnahmen saarländischer Sozialdemokraten. 1920 hatte Heinrich Lieser, Delegierter von der Saar, vor dem Parteitag noch nationalistische Ressentiments beschworen und unter Hinweis auf die farbigen französischen Besatzungstruppen aus Marokko erklärt: „Wir Vertreter des Saargebietes müssen in unseren Ausführungen sehr vorsichtig sein, damit wir nicht Gefahr laufen, bei unserer Rückkehr in die Heimat von zwei Vertretern der marokkanischen Kultur erfaßt zu werden, um gleich mit nach Marokko abgeführt zu werden."(67) Anton Heugel, Sekretär des freigewerkschaftlichen Transportarbeiterverbandes und Gründer der Sozialistischen Arbeiterjugend beschwor vor dem Görlitzer SPD-Parteitag 1921 das Deutschtum an der Saar: „Wir sind kerndeutsch in Sitten, Gebräuchen und unserer Arbeit. Wir sind deutsch in Kunst und Wissenschaft und bleiben es . . . "(68) Ähnlich auch August Gerhardt vor dem Kieler Parteitag 1927: „Das Saargebiet ist deutsch, will deutsch bleiben und wird, mag kommen, was da will, deutsch sein."(69) Das war kaum von den nationalistischen Reden anderer Saarpolitiker zu unterscheiden. Eine Politik, „deutsch zu sein, mag da kommen, wa da wolle", lehnt Max Braun ab. Sein Bekenntnis zur Rückgliederung ist differenzierter und bleibt an ein demokratisches und soziales Deutschland, an die Weimarer Republik, gekoppelt. „Wir Deutschen an der Saar werden wie Dürers Ritter (. . .) zurückreiten in das deutsche Vaterland, in jenes Deutschland, das der Gewalt entsagt und das Schrittmacher einer neuen, europäischen Kultur und Größe zu werden sich bemüht."(70) „Haltet uns zur Rückkehr ein einiges, geschlossenes, seinen großen zukünftigen Kulturaufgaben sich bewußtes republikanisches, demokratisches, soziales Deutschland offen! Sorgt dafür, daß dieses Deutschland die große Linie seiner nachrevolutionären Politik eines Ebert, eines Rathenau, eines Erzbergers, eines Müller innehält", fordert er 1931 vor den Saarvereinen. Dies ist „die beste Gewähr für eine restlose Wiedereingliederung der Saar in das deutsche Mutterland!"(71) Das sind keineswegs selbstverständliche und schon gar keine populären Worte.

Der Republikaner

Der Kampf gegen jede Form von Nationalismus und gegen die Bedrohung der Weimarer Demokratie bildet die innenpolitische Voraussetzung von Brauns europäischer Sehnsucht. Die saarländische SPD unter Braun ist die einzige Partei, die vorbehaltlos zur Weimarer Verfassung steht und dies auch durch Taten zum Ausdruck bringt. Auf Antrag der SPD-Fraktion im Saarbrücker Stadtparlament, dem Braun angehört, wird 1928 gegen die Stimmen von DNVP und KPD die Stadtverwaltung mit der Durchführung einer Verfassungsfeier beauftragt. Die Feier zum neunjährigen Bestehen der Weimarer Verfassung entspricht jedoch nicht seinen Vorstellungen. Er vermißt ein freudiges Bekenntnis zur Republik, das durch die Fahnen des Weimarer Staates, und durch eine aktive Teilnahme der Bevölkerung zum Ausdruck komme. Bei der SPD herrsche die „Überzeugung, daß eine nationalistisch-militärisch oder chauvinistisch betonte Angelegenheit mehr Gegen*liebe* gefunden haben würde als die Arrangierung einer Feier zum nicht legitimen deutschen Nationalfeiertage und seinem ‚plebejischen' Schwarz-Rot-Gold".(72) Den 10. Jahrestag der Revolution von 1918 begeht die Saarbrücker SPD am 9. November 1928 im Saalbau mit einer Revolutionsfeier. Die Revolution, so Braun, „war ein Zusammenbruch und eine Auferstehung zugleich, und sie war das große Menetekel über die Ewig-Gestrigen". Und pathetisch, wie er es liebt, fügt er hinzu: „Und so erneuern wir am 10. Jahrestag der deutschen Republik den Schwur (. . .): ‚Deutsche Republik, wir schwören: Letzter Tropfen Bluts soll dir gehören!'"(73) In seiner Rede anläßlich der Verfassungsfeier der Stadt Saarbrücken 1930 läßt er die „freieste Konstitution, die sich jemals ein Volk gegeben hat, dreimal hochleben".(74) Symbolischen Ausdruck findet das sozialdemokratische Bekenntnis zur Republik von Weimar auch in der Errichtung des Friedrich-Ebert-Denkmals im Saarbrücker Stadtwald 1930.(75) Es wird später von den Nazis zerstört.

Die Verfassungsfeier von 1932 steht bereits im Zeichen des Niedergangs

der Republik. Im Juli hat von Papen die sozialdemokratische preußische Regierung unter Otto Braun abgesetzt. Bei den Reichstagswahlen vom 31. Juli ist die NSDAP stärkste Partei geworden. Vor diesem Hintergrund schreibt Braun in seinem Leitartikel zum Verfassungstag: „Die, die Deutschlands Unglück in seiner Geschichte immer wieder verschuldet haben, sind drauf und dran, es neuen Katastrophen auszuliefern. Ihnen gilt fünf Minuten vor 12, in der Stunde unmittelbar vor dem Abrutsch Deutschlands ins Bodenlose, an diesem Verfassungstag unsere Mahnung, Warnung und Forderung:
— Deutschland kann nur demokratisch sein oder es wird nicht sein!
— Deutschland muß leben — auch wenn das Hakenkreuz sterben muß!
— Lieber republikanisch sterben als faschistisch verderben."
Zugleich warnt er davor, daß mit dem Verlust der innenpolitischen Freiheit und Selbstverwaltung auch die äußere Freiheit gefährdet ist.(76)

Seit 1930 prophezeit Braun, daß die Entscheidungsschlacht um die Republik unmittelbar bevorstehe. In zahlreichen republikanischen Kundgebungen im gesamten Saargebiet appelliert er an Saarländer aller Klassen, dem Reichsbanner Schwarz-Rot-Gold beizutreten, das sich die Verteidigung der Republik auf seine Fahnen geschrieben habe. Die Morddrohungen der Rechtsradikalen zwängen dazu, „uns einzurichten auf eine Verteidigung der neuen Grundlagen unseres staatlichen und volkslichen Daseins, nicht nur mit der Waffe des Geistes, sondern auch unter Einsatz von Leib und Leben".(77)

Zwischen Zentrum und KPD

Der Kampf gegen den Nationalsozialismus als der zentralen Bedrohung der Weimarer Demokratie überlagert seit 1931 die bislang traditionellen Frontstellungen gegen das katholische Zentrum und die KPD, die an der Saar immer noch die meisten Arbeiter organisieren. Beide „Arbeiterparteien" haben der SPD nach dem so erfolgreichen Beginn von 1919 in den 20er Jahren die meisten Wähler weggenommen. Ihnen gilt daher bislang Brauns publizistischer Hauptangriff. „Wie hältst Du's mit der Religion?" fragt er zu Jahresbeginn 1930 in einer achtteiligen großen Artikelserie und versucht in ihr, seiner Partei das Image der Religionsfeindlichkeit zu nehmen. „Der tiefste Grund und Sinn des sozialdemokratischen Grundsatzes ‚Religion ist Privatsache' ist kein anderer als der, daß der Marxismus mit den verschiedensten Weltanschauungen vereinbar ist." Nichts sei falscher, so Braun, als die Behauptung, „daß das Bekenntnis zum wissenschaftlichen Sozialismus ein Bekenntnis zu dem antireligiösen, atheistischen, naturwissenschaftlichen Materialismus einschließe oder voraussetze".(78) Dies bedeute zugleich, daß auch Freidenkertum und Sozialdemokratie nicht identisch seien, die Freidenker lediglich eine Gruppe unter anderen in der SPD bilden.(79) Braun plädiert für die Trennung von Staat und Kirche(80), verwahrt sich aber mit Nachdruck gegen die Vorstellung, daß die angestrebte sozialistische Gesellschaft die Religion durch das Verbot religiöser Erziehung und Kulthandlungen zu unterdrücken suche. Schon Marx und Engels, die Urväter der Sozialdemokratie, hätten solche Vorstellungen strikt verurteilt.(81) Auch die Konfiszierung von Kirchengütern lehne die SPD ab. Gegen das Zentrum gewandt, kritisiert Braun, daß diese die Religion als Parteisache betrachte: „Die bürgerliche Reaktion benützt den Glauben Hunderttausender Proletarier an ihren Herren im Himmel, um diese Proletarier der Gefolgschaft ihrer irdischen Herren zu erhalten."(82)

Am deutlichsten zeige dies die Politik Brünings im Reich. Niemals zuvor in der Geschichte der Weimarer Republik seien beim Zustandekommen einer Regierung die wirtschaftlichen Interessen der kapitalistischen Schichten so offen und brutal über alle staatspolitischen Erwägungen gestellt worden wie bei der Regierungsbildung Brünings.(83) Seine Herrschaft sei „republikfeindlich, antidemokratisch und letzten Endes gegen die Weimarer Verfassung gerichtet".(84) „Achtzig Millionen für die Sanierung der Arbeitslosenversicherung waren ihm zu teuer, aber 80 Millionen für einen Panzerkreuzer hat er zugestimmt — und möchte sich nachher gerne die Hände in Unschuld waschen", schreibt Braun verbittert über Brüning.(85)

An den Kommunisten kritisiert er besonders deren Abhängigkeit von Moskau. „Die Demut der deutschen Kommunisten vor allen sowjetrussischen Anordnungen und Taten ist unbegrenzt", notiert er 1930 in einem Beitrag über die KPD. „Es braucht nur irgendein staatliches Sowjetgestüt russische Pferde zu den deutschen Trabrennen herüberschicken und sich mit — natürlich echt kommunistischen! — Rennpferden an irgendeiner Reitervereinsveranstaltung zu beteiligen, um sofort die ganze kommunistische Opposition vor der sonst heftig bekämpften preußischen Gestütsverwaltung auf dem Bauche liegen zu sehen."(86) Das einst im Osten aufgegangene Licht erweise sich immer mehr als ein Irrlicht. „Es ist ausgebrannt. Die Epigonen stehen um seine Asche und blasen in die Funken."(87) Braun verkennt, daß gerade zu Beginn der 30er Jahre an der Saar der kommunistische Funke stark glüht, für viele Arbeiter das sowjetische Modell große Anziehungskraft besitzt. Gegenüber den beiden großen politischen Religionen, dem Katholizismus und dem Kommunismus, hat es die kleine, auf die Vernunft setzende Saar-SPD schwer. Sie hat keine große Zukunftsvision anzubieten. Ihr „Sonnenstaat", die Weimarer Republik, liegt vielmehr im Sterben und mobilisiert keine neuen Kräfte mehr. Da helfen auch Brauns trutzige Bekenntnisse nichts.

Auch im Bürgertum vermißt Braun Bündnispartner bei der Rettung der Weimarer Demokratie. Der stetige Abstieg der DDP ist ihm „Symbol für die Tatsache, wie sehr das deutsche Bürgertum sich vom Geistig-Politischen abgewandt hat und in der unverbrämten Vertretung der egoistisch-wirtschaftlichen Interessen enger Gruppen volle Befriedigung seiner politischen Bedürfnisse findet".(88)

Gegen den Nationalismus

Braun versteht sich in der Tradition der großen Aufklärer. Er setzt auf die aufklärerische Wirkung des gesprochenen und des geschriebenen Wortes. Sein auch vom politischen Gegner anerkanntes rhetorisches Talent und seine Fähigkeit zu Schreiben kommen ihm dabei zu Hilfe. Sein leidenschaftlicher Kampf gilt jeder Form von Nationalismus — auch in den eigenen Reihen. In ihm sieht er den Totengräber der Demokratie und jedes friedlichen zwischenstaatlichen Zusammenlebens. Das steht quer zu den durch die Abtrennung des Saargebietes vielfältig erzeugten nationalistischen Emotionen. Wer an der Saar der 20er Jahre dem Nationalismus, der großen einigenden Klammer sämtlicher Bevölkerungsschichten und Klassen, den Kampf ansagt, macht sich apriori verdächtig als Vaterlandsverräter — besonders in den Augen des argwöhnisch über das Saargebiet wachenden Auswärtigen Amtes. Braun führt in seinen Erinnerungen selbst drei Beispiele aus dem Jahr 1925 an, die diesen Verdacht in nationalen Kreisen provozieren.

Zunächst kam die „dumme Geschichtsklitterung der Jahrtausendfeier", schreibt Braun, „mit ihrer militärisch-nationalistischen Tendenz und der Aufwärmung der ‚Erbfeindschaft'. Wir waren nur am Gegenteil, nämlich der deutsch-französischen Verständigung interessiert, — ganz abgesehen davon, daß seit den französischen Maiwahlen von 1924 die Besatzung im Rheinland immer unsichtbarer wurde und bei uns an der Saar kaum noch zu entdecken war. Wir wollten dieser Entwicklung nicht entgegenarbeiten und lehnten die Teilnahme auf meinen Antrag hin rundweg ab".(89) Nach einem Beschluß der Freien Gewerkschaften und des SPD-Parteivorstandes vom April 1925 lädt der von Valentin Schäfer geleitete Festausschuß der SPD „alle Arbeitersportler und Gewerkschaftskollegen, die politisch auf dem Boden der Sozialdemokratie" stehen, zu einer „proletarischen Jahrtausendfeier" in den Saarbrücker Ludwigspark ein. „Flaggt am Sonntag schwarz-rot-gold. Das sind die Farben des Reiches", mahnt der SPD-Festausschuß. „Die nationalistischen und monarchistischen Reichsverderber sind bestrebt, dem in der Hauptzahl seiner Bevölkerung der Republik ergebenen Saargebiet bei der Jahrtausendfeier ein schwarz-weiß-rotes Gepräge zu geben. So würde die Jahrtausendfeier zu einer Lüge, denn sie wäre eine Demonstration *gegen* das Reich und seine Verfassung."(90) Während Braun in der „Volksstimme" der Republik huldigt(91), die Sozialdemokraten im Ludwigspark sich der freiheitlichen Traditionen und ihres Marx' erinnern, die KPD dem nationalistischen Rummel entsagt und einen „Roten Tag" feiert, erlebt das Saargebiet den Höhepunkt eines blinden Nationalismus und einer Rückkehrsehnsucht in den wilhelminischen Obrigkeitsstaat — ein Vorgeschmack auf den Abstimmungskampf von 1934/35. „Selbst Jünglinge und Männer aus dem Arbeiterstand trugen das schwarz-weiß-rote Bändchen am Rock", kommentiert die SPD-Zeitung, „demonstrieren so unbewußt gegen die demokratische Republik und *für die* Staatsform, die sie nur als Staatsbürger zweiter Klasse kennt."(92) Die Feierlichkeiten vom 21. und 22. Juni 1925 treiben seltsame Blüten. Im Bezirk Homburg wird mit den bayerischen Farben blau-weiß geschmückt; Hundeschwänze sind mit schwarz-weiß-roten Schleifchen verziert; im Schaufenster eines Püttlinger Zigarettenladens strotzt eine schwarz-weiß-rot umgurtete „dicke Berta" dem „Erbfeind" entgegen. Katholische Geistliche ziehen mit ordengeschmückter Brust, „Lieb Vaterland magst ruhig sein" auf den Lippen, durch die Straßen. Im Homburger Festzug marschieren erstmals uniformierte Hakenkreuzler mit.

Noch nimmt Max Braun den „organisierten Rechts-Stumpfsinn" nicht „allzu tragisch"(93); wenige Wochen später, im August 1925, muß er sein Urteil korrigieren. Hakenkreuzler, Angehörige des Wehrwolfs, des Bundes Oberland und der Jugendgruppe der Deutschnationalen Volkspartei werden in letzter Minute an einem Attentat auf den Leiter des „Saarbundes" — einer Organisation, die die Autonomie des Saargebietes erstrebt — gehindert. Die Polizei nimmt die meist jugendlichen Attentäter fest, die zum Teil später in NSDAP und SS von sich reden machen(94) „Nunmehr versuchte die saarländische Chauvinistenpresse ebenso wie ihre Gesinnungsgenossen im Reich eine Bagatellisierung und Entschuldigung des Attentatsversuchs mit angeblich ‚patriotischen Motiven'. Dagegen nahm ich in meinem Blatt in aller Schärfe Stellung und geisselte die Tatsache der

‚Schwarzen Reichswehr' und der dahinter stehenden Freicorps aus Abenteurern und Kriminellen ebenso wie die Mord-Praxis dieser Desparados. Das war zweifellos ein Beweis für meine ‚mangelnde nationale Zuverlässigkeit' in den Augen des A.A."(95) In der „Volksstimme" appelliert Braun an die Vernunft und fragt, „inwieweit die republikanischen deutschen Parteien des Saargebietes noch länger zusehen wollen, wie ein Teil irregeleiteter Jugend verhetzt, die Politik unter den Terror rechtsradikaler Organisationen gestellt und die Zukunft des Saargebiets leichtfertigst aufs Spiel gesetzt wird. *Es ist an der Zeit, dagegen aktiv zu werden*".(96)

„Vollgemacht aber wurde das Maß meines Hoch- und Landesverrats", errinnert sich Braun später (97), durch einen Kommentar zur Wahl Hindenburgs als neuem Reichspräsidenten am 26. April 1925. „Auf den Sozialisten Friedrich Ebert folgt der Junker und Militarist Hindenburg", schreibt Braun: „Auf den Politiker, Staatsmann und Volksführer Ebert mit dem politischen Weitblick, dem diplomatischen Takt und Fingergefühl, der staatsmännischen Ein- und Umsicht und dem großen mitfühlenden Herzen ist der Gamaschenknopf mit dem Brett vor der Stirne, mit der Stupidität des Empfindens (. . .) und der Armut und dem Mangel an jeder politischen und staatsmännischen Idee gefolgt. Wenn sich eine Nation jemals blamieren kann, dann hat sich die unsere gestern unsterblich blamiert. Hoffen wir nur, daß diese Lächerlichkeit nicht tödlich ist."(98) Sie war tödlich!

„Nun war das Maß meiner nationalen Unzuverlässigkeit übergelaufen", schreibt Braun.(99) Zunächst wird die Methode der Verleumdung praktiziert, um ihn unmöglich zu machen. Als Drahtzieher entpuppt sich der Saarbrucker Oberbürgermeister Dr. Neikes — ein streng nationaler Mann. Die Vorwürfe gegen Max Braun prallen auch bei den eigenen Genossen nicht zurück.

Das Schiedsgerichtsverfahren

„Eines Tages erhielt ich einen Brief des preußischen Landtagspräsidenten Bartels, der Mitglied des Parteivorstandes der SPD war. Er kündigte mir an, daß der Parteivorstand den Wunsch habe, ein Schiedsgerichtsverfahren zur Untersuchung über meine ‚nationale Zuverlässigkeit' einzusetzen, um den über meine Person auch in gewissen Ministerien umlaufenden Gerüchten die Spitze abzubrechen, und er nehme an, daß ich gegen eine solche Untersuchung schon in meinem eigensten Interesse wohl nichts ein-

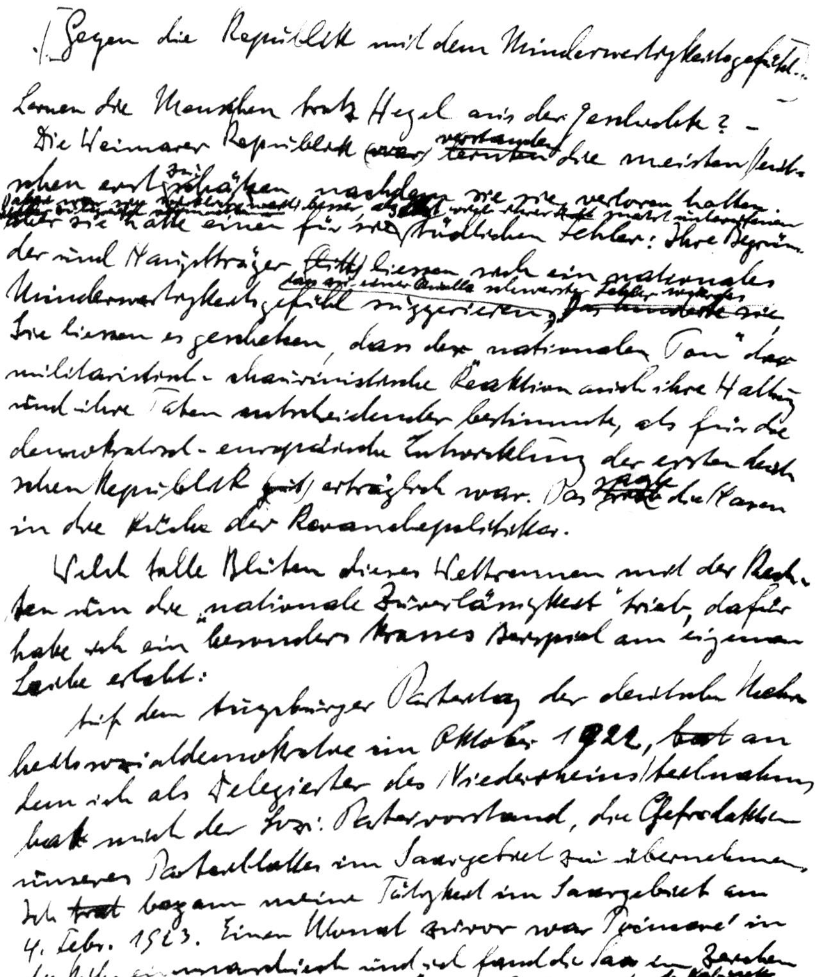

Gegen die Republik mit dem Minderwertigkeitsgefühl..

Lernen die Menschen trotz Hegel aus der Geschichte? –
Die Weimarer Republik verstanden die meisten Deut-
schen erst zu schätzen, nachdem sie sie verloren hatten.
[illegible]
aber sie hatte einen für sie tödlichen Fehler: Ihre Begrün-
der und Hauptträger ließen sich ein nationales
Minderwertigkeitsgefühl suggerieren.
Sie ließen es geschehen, dass der nationale Ton der
militaristisch-chauvinistischen Reaktion auch ihre Haltung
und ihre Taten entscheidender bestimmte, als für die
demokratisch-europäische Entwicklung der ersten deut-
schen Republik erträglich war. Das jagte die Hasen
in die Küche der Revanchepolitiker.

Welch tolle Blüten dieses Wettrennen nach der Rech-
ten um die „nationale Zuverlässigkeit" trieb, dafür
habe ich ein besonders krasses Beispiel am eigenen
Leibe erlebt:

Auf dem Augsburger Parteitag der deutschen Mehr-
heitssozialdemokratie im Oktober 1922, an
dem ich als Delegierter des Niederrheins teilnahm,
bat mich der Soz.: Parteivorstand, die Chefredaktion
unseres Parteiblattes im Saargebiet zu übernehmen.
Ich begann meine Tätigkeit im Saargebiet am
4. Febr. 1923. Einen Monat zuvor war Poincaré in
die Ruhr einmarschiert und ich fand die Saar im Zeichen
eines Streiks von 72000 Bergarbeitern, der [illegible]

Abb. 9: Blatt der handgeschriebenen Erinnerungen Max Brauns aus der Londoner Exilzeit

Abb. 10: 1. Mai – Demonstrationszug 1929 auf dem Weg nach Saarbrücken

Abb. 11: Aufmarsch der saarländischen Arbeitersportvereine 1932 in Limbach

Abb. 12: SAJ-Gruppe 1932 im Limbacher Zeltlager

wenden würde. Ich erwiderte kurz, daß ich mir meine Stellungsnahme für den Zeitpunkt nach der Untersuchung vorbehalten würde. Ich unterrichtete die saarländischen Parteiinstanzen, die sofort ein einstimmiges Vertrauensvotum für meine Politik annehmen und beschließen wollten, von sich aus das Verfahren abzulehnen. Ich brachte sie davon ab, da mir darum zu tun war, die Hintergründe dieser Aktion kennenzulernen und gleichzeitig einen Schlag gegen die Hörigkeit gewisser unserer Leute im Reiche in sogenannten ‚patriotisch-nationalen' Fragen von den militaristischen Chauvinisten zu führen.

Der alte Bartels war ein lieber und guter Mensch, dem bei seiner Aufgabe nicht ganz geheuer war. Gegenstand der Klagen des A.A. — es war nämlich der Betreiber dieser Sache — waren die obengenannten Punkte, vermehrt um zwei andere: Ich führte unsere Saardelegation zu dem Genfer Völkerbundsrat und Völkerbundsvollversammlung, und es hatte das Mißfallen der hochweisen Herren des A.A. erregt, daß wir dabei stets auch die französische Delegation, sowie die tschechische, polnische und die anderen ‚Vasallen' Frankreichs besuchten. (. . .)

Berliner Stellen fanden es anstößig, daß ich von Zeit zu Zeit sowohl zu informatorischen wie organisatorischen Zwecken sowohl den Präsidenten wie die Minister der Regierungskommission des Völkerbundes für das Saargebiet zu persönlichen Zwecken besuchte und ein ‚zu gutes Verhältnis' mit diesen Ausländern unterhielt. Insbesondere komme dabei meine ‚Frankophilie' stärker zum Durchbruch, als mit der Haltung eines Deutschen in einem abgetrennten deutschen Grenzgebiet und Abstimmungsland vereinbar sei.

Das Schiedsgericht ging mit einer großen Ehrenerklärung für mich aus, — aber weit weniger angenehm für die Schiedsrichter. Ihnen und ihren Auftraggebern wurde nichts geschenkt, ganz besonders aber gebrandmarkt, daß der Parteivorstand in nationalen Fragen sich in solcher Abhängigkeit von der chauvinistischen Phrase bewege, statt eine kraftvolle eigene Außenpolitik zu führen, gestützt auf die Tatsache, daß die Nationen nicht durch einige feudale oder andere ehemalige Annexionspolitiker im A.A., sondern von den breiten Massen des deutschen Volkes präsentiert werde, die Frieden, Freiheit, Arbeit und Brot und nicht Revanche wollten. Der dann zusammentretende Parteitag der Saar wählte mich einstimmig zum Parteivorsitzenden, nicht zuletzt auch als Antwort auf das für Sozialdemokraten gewiß seltsame Schiedsgericht.

Dieser Fall hat keine persönliche, wohl aber eine typische Bedeutung: Das

Gefühl der Minderwertigkeit in ‚patriotischen nationalen' Fragen auf der deutschen Linken bis ins Zentrum gab dem patriotischen Geschrei und Gehabe auf der Rechten eine ausschlaggebende Bedeutung. Es führte dazu, daß der erste Reichspräsident der Weimarer Republik sich von chauvinistischen Richtern seine ‚nationale Unzuverlässigkeit' bescheinigen lassen mußte, statt daß diese ganze Blase so an die Wand gequetscht worden wäre, daß ihr Hören und Sehen verging."(100)

Die Republik von Weimar habe einen „tödlichen Fehler", schreibt Braun an anderer Stelle: „Ihre Begründer und Hauptträger ließen sich ein nationales Minderwertigkeitsgefühl suggerieren, das sie zu einer Quelle schwerster Fehler machte. Sie ließen es geschehen, daß der ‚nationale Ton' der militaristisch-chauvinistischen Reaktion auch ihre Haltung und ihre Taten entscheidender bestimmten als für die demokratisch-europäische Entwicklung der ersten deutschen Republik erträglich war. Das jagte den Hasen in die Küche der Revanchepolitiker."(101)

Trotz dieser kritischen Anmerkungen zur nationalen Frage in der SPD bewegt sich Braun bis 1933 immer loyal auf offiziellem Parteikurs. Er ist keineswegs der Linken in der Sozialdemokratie zuzuordnen. Deutlich wird dies an der Militär- und Rüstungsfrage. Im Vorfeld des Magdeburger Parteitages von 1929, auf dem das Verhältnis der SPD zur Reichswehr zur Debatte ansteht, befürwortet er einen Beitrag der Arbeiterschaft an der Landesverteidigung. In einem von imperialistischen Mächten beherrschten Europa sei eine bewaffnete Streitmacht unverzichtbar. Die Arbeiterschaft könne gleichsam das Kontrollinstrument der Reichswehr im demokratischen Staat sein und antidemokratische Eskapaden verhindern. „In enger Verbindung mit dem Proletariat und seinen Organisationen allein kann die normierte Wehrmacht die Neutralität und Demokratie garantieren, während sie ohne oder gegen das Proletariat, ob sie will oder nicht, in Richtung auf die Staatskrise arbeitet."(102) Das entspricht der offiziellen SPD-Politik. Zwar hält Braun den Bau eines neuen Panzerkreuzers „national wie international für gleich unmöglich"(103), rechtfertigt dann aber 1931 die Stimmenenthaltung der SPD im Reichstag und kritisiert die neun SPD-Abgeordneten, die nicht ihrer Partei folgen und öffentlich gegen den Bau des Panzerkreuzers B stimmen.(104)

Das einvernehmliche Verhältnis zum Berliner Parteivorstand kommt darin zum Ausdruck, daß Vorstandsmitglieder immer wieder an die Saar reisen und ihre Genossen hier unterstützen. So spricht z. B. Paul Hertz am 11. Januar 1931 auf einer Funktionärsversammlung in Saarbrücken über die politische Lage im Reich. Erst das Verhalten der reichsdeutschen

SPD zur Hitlerregierung 1933 bringt die saarländische SPD unter Braun auf innerparteilichen Oppositionskurs.

Der Kampf gegen die Saar-Nazis

Erste Warnungen vor den Nazis datieren aus der Zeit des saarländischen Bergarbeiterstreiks von 1923. Die „Volksstimme" berichtet regelmäßig über die nationalsozialistische Bewegung in Bayern und über ihren saarländischen Ableger. Sie informiert ihre Leser über den Fuchs-Machaus- und den Münchener Hitler-Prozeß, der die finanziellen Verbindungen zu französischen Stellen im Saargebiet aufdeckt.(105) Sozialdemokraten widersprechen im Landesrat dem Zentrum, das das Saargebiet von nationalsozialistischer Hetze frei sieht und verweisen auf Hakenkreuzschmierereien und antisemitische Attacken in Merzig und Saarlouis.(106) Sie sind zur Stelle, als nach der Wiedergründung der „NSDAP des Saargebietes" am Jahresende 1926 Nationalsozialisten in saarländischen Gemeinden erstmals öffentlich auftreten, so als sie zu einer ersten Veranstaltung am 25. März 1927 mit einem bayerischen Landtagsabgeordneten in den „Stiefel" nach Saarbrücken aufrufen, wo es am Ende des „Sprechabends" zu einer Schlägerei zwischen kommunistischen Arbeitern und SA-Männern kommt(107) oder als am 7. September 1929 in der SPD-Hochburg Sulzbach ihr neuer Gauleiter Ehrecke spricht und Richard Kirn, der spätere Vorsitzende der Sozialdemokratischen Partei des Saarlandes (SPS) und stellvertretende Ministerpräsident, scharf den Antisemitismus der NSDAP im Namen der örtlichen Arbeiterbewegung attackiert.(108) Im Februar 1930 organisiert die SPD eine sozialdemokratische Parteikonferenz in Saarbrücken, die sich ausschließlich dem Kampf gegen den Rechtsradikalismus widmet.(109) Die publizistische Offensive gegen die Nazis an der Saar und im Reich hat bereits im Januar dieses Jahres begonnen, als Stresemanns „Deutsche Volkspartei" dem späteren Reichsinnenminister Frick ein Ministeramt in Thüringen verschafft und die NSDAP damit gesellschaftlich und politisch salonfähig macht. Max Braun kommentiert: „Die Marxistenfurcht treibt in der deutschen Kleinstaaterei die tollsten Blüten."(110) Oder an anderer Stelle: „Wahrlich wir haben es weit gebracht in Deutschland! Lieber beugt sich das rotscheue Spießbürgertum unter das Joch des wüstesten Nationalsozialismus, ehe es mit dem Fortschritt der Sozialdemokraten Regierungspolitik macht."(111) Das Wahlergebnis vom 14. September 1930, bei dem die NSDAP mit 18,3 Prozent zweitstärkste Fraktion im Reichstag hinter der SPD wird, bedroht Braun zufolge auch die Saar. „Der Nazisieg in

Deutschland wirft uns an der Saar um Jahre zurück. (. . .) Ohne die Überwindung dieses deutschen Faschismus ist von befriedigender Lösung des Saarproblems nicht zu reden!"(112) Er gefährde die deutsch-französische Verständigung. Der Faschismus, schreibt er 1931, sei das „vorläufige Ende deutscher Wirtschafts- und Weltgeltung und deutschen Kulturlebens". Deutschland stehe „mitten in dem Kampf um Existenz oder Nichtexistenz! (. . .) In Deutschland ist die Entscheidungsschlacht zwischen Faschismus und Antifaschismus in vollem Gange". Eine „geschlossene Abwehrfront gegen den deutschen Faschismus" sei notwendig.(113)

Für Braun ist dies keine verbale Forderung. Vielmehr greift er nun immer öfter selbst in diesen Abwehrkampf ein, so als er am 5. Januar 1931 auf einer NSDAP-Veranstaltung im St. Ingberter Karlsbergsaal den Anhängern Hitlers Paroli bietet und dem NS-Redner entgegensetzt: „Ich muß zunächst eins schärfstens zurückweisen: Die unerhört beleidigenden und verächtlichen Äußerungen, die über jene deutschen Volksgenossen gefallen sind, die sich zum Judentum bekennen." Und an die anwesenden klassenbewußten Arbeiter appelliert der SPD-Chef, den Kampf in den eigenen Reihen einzustellen und eine „geschlossene, einheitliche, nicht zu durchbrechende Einheitsfront aller Antifaschisten gegen den verderblichen Nationalsozialismus" zu bilden.(114) Durch die von Kommunisten wie von Sozialdemokraten praktizierte gegenseitige Diffamierung als Faschisten kommt diese Einheits- und Abwehrfront zunächst nur auf sozialdemokratischer und republikanischer Seite zustande.

Ende Januar 1932 gründen SPD und DDP des Saargebietes, ADGB und AfA-Bund, das saarländische Reichsbanner und das Arbeiter-Sportkartell des Saargebietes die „Eiserne Front für Volksrechte und gegen die Diktatur". „Diese Eiserne Front ist das stärkste Unterpfand der nationalen Freiheit des von Deutschland abgetrennten Abstimmungslandes an der Saar". Der Kampf gelte jedem „chauvinistischen Nationalismus" und aller mit ihm verbündeter Reaktion, die den „Brückenpfeiler deutsch-französischer und europäischer Verständigung auf saardeutschen Boden" gefährden.(115) Die „Eiserne Front" überzieht noch im selben Jahr das Saargebiet mit einer Veranstaltungsserie. Und tatsächlich erreichen die Saar-Nazis bei den Kreistagswahlen vom November 1932 nicht einmal 9 Prozent.

Max Braun ist der meistgehaßte Mann der saarländischen Nationalsozialisten. Sie diffamieren ihn bereits Ende der 20er Jahre als „unproduktiven

Ausbeuter", als „Bonzen", „Betrüger" und „Arbeiterverräter". Für sie ist er frankophil und ein „Hergeloffener", nicht besser als ein Jude. Die Mobilisierung von Klassenvorurteilen und sozialem Neid, von Ethnozentrismus und Antisemitismus gerade vor dem Hintergrund der großen Krise bereitet publizistisch seine spätere Verfolgung und versuchte Vernichtung vor. „Herr Braun ist jedem echten Talmudjuden gleichzusetzen", schreibt 1928 der „alte Kämpfer" und erste inoffizielle Gauleiter der saarländischen NSDAP im „Saardeutschen Leuchtturm", „denn er versteht es genau wie diese, die Wahrheit mit der Lüge zu vertauschen und dem ausgehungerten, versklavten Volke die Lüge als Wahrheit fein frisiert vorzusetzen. Es vergeht fast kein Tag, an dem er nicht irgendeine erlogene Untat über die Hakenkreuzler in seinem Schmierblatt bringt". Einmal werde der Tag kommen, da das Banner des Nationalsozialismus siegreich über Deutschland wehen wird: „Dann werden wir aufräumen mit all jenen Volksverrätern und unproduktiven Ausbeutern."(116)

Im April 1931 veranstaltet die Saarbrücker Ortsgruppe der NSDAP im städtischen Saalbau einen „Deutschen Abend", in dem sie das Schauspiel „Der Bonze" zur Aufführung bringt. Das Stück schildert — wie es in der Vorlage, im 1930 in Berlin erschienenen Roman „Der Bonze" von Felix Riemkasten heißt — „den Aufstieg des Untermenschen zum Bonzen". Es handelt vom Aufstieg des „Volkswille"-Redakteurs Karl Könnermann und vom Lehrer Brahm, der seit 10 Jahren ruhig im sozialistischen Lager wirkte und sich langsam zum „Bonzen" entwickelte. Da sich das Theaterstück nach Auffassung der Direktion des Innern bei der saarländischen Regierungskommission gegen Max Braun und seine Frau richtet und den Tatbestand des § 183 StGB erfüllt, zudem die Sittlichkeit gefährdet, werden weitere Aufführungen verboten.(117) Braun wird Adressat von Morddrohungen. „Nähen Sie Ihr Todenhemd", heißt es. „Wir knallen auch Dich mal über den Haufen." Die Nazis fordern, „kräftige Männerfäuste" gegen ihn zu erheben, „die ihn für immer und ewig aus dem Saargebiet hinausbefördern".(118)

Daß dies keine leeren Drohungen sind, zeigt sich einige Wochen später. In der Nacht vom 28. zum 29. April 1931 belagern Nazis und Hugenbergs Stahlhelm-Leute gemeinsam das Haus der Arbeiterwohlfahrt in Saarbrücken, in dem sie den SPD-Chef vermuten, der aber nicht mehr im Hause ist.(119)

Braun fühlt sich noch sicher und dem nationalsozialistischen Gesindel intellektuell haushoch überlegen. Was er an der reichsdeutschen Sozialdemokratie kritisiert, das Wettrennen um die nationale Zuverlässigkeit, holt ihn in seinem publizistischen Abwehrkampf selbst ein. Auch er leidet letztlich unter dem Zwang, sich vom historischen Stigma des „vaterlandslosen Gesellen" zu befreien und mit der NSDAP um das Prädikat des „besseren Deutschen" zu streiten. Nationale Resentiments werden gegen die Saar-Nazis ins Feld geführt. Die NSDAP wird als frankophil, undeutsch und kriminell attackiert. „Ein Nazi-Spitzenkandidat ist Franzose! Der einzige Ausländer auf den Landesrats-Wahlvorschlägen" kommentiert die „Volksstimme" die NSDAP-Liste von 1932(120) und appelliert: „Niemand an der Saar wählt die Franzosenliste der Nationalsozialisten!" Für die SPD ist die Partei Hitlers „die Partei des Landes- und des Hochverrats, die die deutsche Saar ebenso verraten würden, wie sie Südtirol verraten haben".(121) Sie erinnert zurück an die „Affäre Richert", die 1923 die finanziellen Verbindungen zwischen der Münchener Hitlerbewegung und der französischen Grubenverwaltung in Saarbrücken offengelegt hatte. Der „Halbtscheche Hitler" wird attackiert und auf die fremd klingenden Namen von Darré und Spaniol verwiesen. Die beiden Spitzenkandidaten der Saar-NSDAP werden von der „Volksstimme" als Scheckbetrüger vorgestellt. Von Hitler spricht Braun nur als von dem „Ausländer"; Goebbels ist ein „Mäusedompteur" und „schlechte Rasse"; Frick sei reif für den § 51. Hinter der Mobilisierung nationaler Ressentiments und moralischer Überlegenheitsgefühle tritt die rationale politische Auseinandersetzung zurück. Moralisierende Einschätzungen und Begriffe dominieren klare analytische Interpretationen. In der saarländischen NSDAP „spielen ehemalige Saarbündler eine besondere Rolle", berichtet die „Volksstimme" und überzieht die Partei Hitlers mit Hohn, weil sie sich der Regierungskommission gegenüber verpflichtet habe, „kein Wort über die Bergwerksdirektion, überhaupt kein Wort über irgendwelche Saarzustände und Verhältnisse zu sprechen".(122)

2. Der Abstimmungskampf

Am 30. Januar 1933 wird Adolf Hitler von Hindenburg, dem „Gamaschenkopf mit dem Brett vor der Stirn" (Max Braun), zum Reichskanzler ernannt. Noch zwei Jahre sind es nun bis zur Abstimmung der Saarbevölkerung über ihr weiteres politisches und nationales Schicksal. Die von Max Braun immer wieder propagierte Kopplung seines Bekenntnisses zur Rückgliederung an ein demokratisches Deutschland führt zunächst noch

Abb. 13: SPD-Aufmarsch im Juni 1933 in Güdingen anläßlich einer antifaschistischen Kundgebung des Agitationsbezirks Obere Saar: 1. Reihe v.l.n.r.: Fritz Dobisch, Max Braun, Richard Pfaff; 2. Reihe v.l.n.r.: Heinrich Lieser, Hugo Brück, Heinrich Wacker

Abb. 14: Antifaschistische Kundgebung der SPD am 27. August 1933 in Neunkirchen mit Max Braun als Redner

Deutsche Freiheit

Einzige unabhängige Tageszeitung Deutschlands

Nr. 272 — 2. Jahrgang | Saarbrücken, Donnerstag, 6. Dezember 1934

Zuchthaus für rassengemischte Liebe

Reichstagsbrandstifter entlarvt

Schule, Peitsche und Judenmann

Den „Grenzland" zum Gruß

Schacht siegt

Rücktritt maßgebender NSDAP.-Wirtschaftsführer

Sturz „alter Kämpfer"

Der Fall Brückner: wegen nationalsozialistischer Betätigung abgesetzt und ausgestoßen

Auch in Danzig!

Die neuen Gesetze

Professor Leisegang

Dank des Vaterlandes

Abb. 15: Titelseite der "Deutschen Freiheit" vom 6.12.1934

nicht dazu, die bisherige Haltung der SPD in der nationalen Frage zu korrigieren. Noch steht die Saar-SPD zur Rückgliederung und hofft wie ihr Parteivorsitzender, daß auch die Hitlerregierung das Schicksal so vieler Weimarer Regierungen teilt und bald ein Ende finden wird. Zudem werde sich drüben in Deutschland schon bald wieder die Vernunft durchsetzen. „Unser armes Volk, unser armes Land wird schon bald erkennen, auch wenn man es blind, stumm und taub gemacht hat, welche verbrecherischen Scharlatane es heute führen . . . “, schreibt Max Braun optimistisch.(1) In einer Erklärung vom 8. April 1933 weist die Saar-SPD jeden Zweifel an ihrer nationalen Zuverlässigkeit zurück und betont, „daß die Sozialdemokratie auch in Zukunft für die restlose Rückgliederung des Saargebietes an Deutschland eintritt“.(2) Parallel aber attackiert sie — wie auf ihrem Parteitag vom 11. Februar 1933 — heftig die neue Reichsregierung, beklagt, daß die Freiheit im tiefsten Todeskampf liegt und beschließt, mit Entschiedenheit den Kampf gegen die Nazis fortzuführen.(3)

Den neuen Herren in Berlin geht man zunächst noch gemeinsam aus dem Wege. Als Vizekanzler von Papen und Reichsarbeitsminister Seldte aus Anlaß der Trauerfeierlichkeiten für die Opfer der Gaskesselexplosion in Neunkirchen, bei der 80 Arbeiter ums Leben gekommen sind, das Saargebiet besuchen und am 14. Februar 1933 zu einem Presseempfang einladen, bleiben auf Betreiben Brauns die Vertreter von SPD, Zentrum und Liberalen demonstrativ fern: ein deutlicher Affront gegen die neue Regierung. „Da ich die Abneigung führender Zentrums-(politiker) und auch eines Teiles der Liberalen gegen die Abenteuerpolitik Papens, verbunden mit einer persönlichen Abneigung gegen diesen Typus Herrenclub kannte“, schreibt Braun in seinen Erinnerungen, „rief ich sofort den politischen Leiter des größten Zentrumsblattes wie auch des großen liberalen Blattes an, und wir verständigten uns dahin, daß wir die beiden Hitlerquislings schneiden und die gesamte übrige Presse zu der gleichen Haltung überzeugen wollten. Wir erreichten auch, daß von den 29 Zeitungen des Saargebietes ganze drei Vertreter bei Papen und Seldte erschienen: Der Chefredakteur des liberalen Blattes, das Reichseigentum war und der sich deshalb nicht ganz absentieren konnte, schickte seinen Lokalreporter, der sonst über die Veranstaltungen der Kaninchen- und Ziegenzuchtvereine zu berichten hatte, der zweite war der Lokalredakteur eines Dillinger Blattes, das bis zum Regierungsantritt Hitlers ausgesprochen französisch-separatistisch gewesen war, und der dritte vertrat ein katholisches Neunkircher Blatt (. . .) Diese Demonstration gegen die Abgesandten Hitlers war so blamabel, daß Papen und Seldte alle weiteren Versuche aufgaben . . . "(3a)

Die kämpferischen Töne der „Volksstimme" und Brauns Verhalten bleiben nicht folgenlos. Bereits am 24. Februar wird als eine der ersten Zeitungen im Reich die Saarbrücker „Volksstimme" verboten. In seiner Entgegnung auf die von Otto Wels im Reichstag vorgetragene Ablehnung des Ermächtigungsgesetzes kommt Hitler am 23. März auf die „Volksstimme" zu sprechen: „Ich habe Ihre Zeitung im Saargebiet gelesen, Herr Abgeordneter, und dieses Blatt treibt nichts anderes als dauernden Landesverrat . . . "(4) Die lauten und kritischen Stimmen aus der saarländischen SPD passen so gar nicht in die auf Mäßigung und Besonnenheit abzielende Politik des Berliner SPD-Vorstandes, der hofft, durch sein Verhalten Hitler zu beschwichtigen und den Organisationsapparat der Partei so vor dem Verbot zu bewahren. Otto Wels schickt Wilhelm Sollmann nach Saarbrücken, der die saarländische SPD auf Parteikurs einschwören und die Kritik aus dem Saargebiet unterbinden soll. „Einer der Abgesandten des Parteivorstandes, Reichstagsabgeordneter und ehemals Leiter der Westabteilung im Innenministerium, kam an die Saar und erklärte mir im Auftrage des Parteivorstandes: Hitler und Göring hätten in Besprechungen mit führenden Partei- und Reichstagsfraktionsmitgliedern erklärt, sie würden über die Behandlung und die Zukunft der Sozialdemokratischen Partei mit sich reden lassen, wenn die Partei es fertig bringe, die ‚wilde Opposition' des saarländischen Führers der Sozialdemokratie abzustellen und insbesondere die ‚landesverräterische Drohung' einer Abrechnung mit Hitler bei der Saarabstimmung zu beseitigen."(4a) Sollmann findet kein Gehör in Saarbrücken. Vielmehr erscheint der Parteivorstand Braun immer mehr als „5. Kolonne Hitlers", dessen Politik die Etablierung der neuen Regierung fördert. Der Konflikt zwischen der Berliner Parteispitze, die schon bald nach Prag emigrieren muß, und dem saarländischen Vorstand unter Max Braun zeichnet sich ab. Die Kapitulation der reichsdeutschen Sozialdemokratie vor Hitler radikalisiert ihn in seinen Vorstellungen, leitet die langsame Loslösung von Berlin bzw. Prag ein und begünstigt die Konzeptualisierung einer eigenständigen Politik getreu nach Brauns Motto: „Lieber republikanisch sterben, als faschistisch verderben."

Die Kritik an der Kapitulation der SPD vor Hitler

Nach den Erfahrungen des 2. Mai 1933 — der Zerschlagung der Freien Gewerkschaften nur einen Tag nach ihrer öffentlich bekundeten Loyalität gegenüber der neuen Regierung — attackiert die „Volksstimme“ die sozialdemokratischen Gewerkschaftsführer. „Sie haben (. . .) nichts anderes mehr im Sinne gehabt, als den deutschen Arbeitern wenigstens den äußeren Rahmen der gewerkschaftlichen Organisation für bessere Zeiten zu retten. Sie haben in dieser Absicht die äußerste Selbstverleugnung geübt. (. . .) Sie sind soweit gegangen, den Gewerkschaftsmitgliedern selbst die Teilnahme an der offiziellen, von den Nationalfaschisten annektierten Maifeier zu empfehlen. Am 1. Mai wehte auf allen Gewerkschaftshäusern die Reichsfahne des Dritten Reiches. Aber alle diese Selbstverleugnung hat gar nichts genützt. Einen Tag später sind die deutschen Gewerkschaften zerschlagen worden. Eine sehr eindringliche Lehre“, resümiert die „Volksstimme“: „Es ist nutzlos, sich dem Faschismus zu beugen, aussichtslos, mit ihm zu praktizieren.“(5) In dieselbe Bresche schlägt Braun, der am 19. Mai 1933 die Zustimmung der sozialdemokratischen Reichstagsfraktion zur außenpolitischen Regierungserklärung Hitlers vom 17. Mai kritisiert. Ein Teil der SPD-Funktionäre, schreibt er, ist den „harten Konsequenzen“ der Erkenntnis ausgewichen, daß das Wesen des Faschismus die restlose Ausrottung und Vernichtung jeder Opposition ist und habe Zuflucht genommen „in die Illusion eines loyalen oder halbloyalen oder durch Zugeständnisse und Kompromisse erkauften und stillschweigend geduldeten Fortbestandes“. Dies sei und bleibe „Vogel-Strauß-Politik“. „Erreicht haben diese Genossen mit ihrer willfährigen Haltung *nichts* — aber sie haben die Mißkreditierung der Partei in einem Augenblick verstärkt, in dem wie zuvor die 100 prozentige Notwendigkeit einer Einheitsaktion und Einheitsdemonstration erforderlich gewesen wäre.“ Die SPD-Abgeordneten hätten lieber durch Abwesenheit demonstrieren sollen, daß hier eine „traurige Grotesk-Komödie“ gespielt werde. Braun fragt seine Genossen, ob das Lehrstück vom 1. und 2. Mai nicht genug Anschauung geboten habe, um auch äußerlich die letzten Brücken zu dem nationalsozialistischen Terrorsystem abzubrechen.(6)

Das SPD-Verbot vom 22. Juni 1933 macht Rücksichtnahmen auf die reichsdeutsche Mutterpartei nun völlig unnötig. Die saarländische SPD reagiert mit der Einrichtung eines Hilfsfonds für diejenigen Genossen, die ihrer Heimat den Rücken kehren müssen. Sie fordert zu „werktätiger Solidarität“ auf und bittet, Geld- und Sachspenden bei der Arbeiterwohlfahrt, im SPD-Parteisekretariat, in den beiden sozialdemokratischen Buchhandlungen und auf den Büros des Bergarbeiterverbandes abzugeben.(7) Bereits einige Tage vor dem SPD-Verbot hat am Fronleichnamstag eine Konferenz des Agitationsbezirks Brebach-Fechingen in der SPD-Hochburg Güdingen eine Resolution verabschiedet, die der saarländischen SPD im Freiheitskampf des deutschen Volkes eine „besondere Aufgabe“ zuweist. Unter dem Vorsitz Brauns hat man festgestellt, daß der Umbau der autokratischen Monarchie zur demokratischen Republik mit der Etablierung des Nationalsozialismus endgültig gescheitert sei und die Arbeit nun einem neuen, einem sozialistischen Deutschland zu gelten habe. Monate bevor das „Prager Manifest“ der Exil-SPD, der SOPADE, sich zum revolutionären Sozialismus bekennen wird, haben die Delegierten in Güdingen die Erkenntnis formuliert: „Die SPD der bürgerlich-demokratischen Arbeit ist tot; es lebe die SPD des sozialistischen Kampfes.“ „Die sozialdemokratische Front im Saargebiet steht“, kommentiert die „Volksstimme“.(8)

Die Trennung der Saar-SPD von der SOPADE

Bis sie wirklich steht, vergehen allerdings noch einige Wochen. Gefördert wird die Verselbständigung der saarländischen Sozialdemokratie durch eine Verordnung der Regierungskommission vom 31. Mai 1933, die zum Schutz saarländischer Verbände und Vereine vor der nationalsozialistischen Gleichschaltungswelle, deren vereinsrechtliche Selbständigkeit und Trennung von den reichsdeutschen Zentralen vorschreibt. Schon im Juni trennt sich das Reichsbanner von seiner inzwischen verbotenen Mutterorganisation im Reich und nennt sich — da die Zeit schwarz-rot-goldener Kompromisse vorbei sei — in „Sozialistischer Schutzbund“ um. Am 2. November schließen sich die nichtgleichgeschalteten Freien Gewerkschaftsverbände aus dem Saargebiet zu einer selbständigen Landesorganisation, zur „Freien Gewerkschaftsfront“, zusammen.(9) Am 12. November schließlich trennt sich die Saar-SPD auf einem außerordentlichen Parteitag organisatorisch von dem Prager SOPADE-Vorstand und konstituiert sich als eigenständige „Sozialdemokratische Landespartei des Saargebietes“ unter Max Braun, die eine eigene Mitgliedschaft in der Sozialistischen Arbeiter-Internationale anstrebt. Der langjährige Parteisekretär Mössinger wird durch den aus Idar-Oberstein stammenden und an die Saar emigrierten ehemaligen SPD-Reichstagsabgeordneten Emil Kirschmann ersetzt, der nun einer der wichtigsten Kampfgefährten Brauns wird und dessen Verhältnis sich zu den „Pragern“ dadurch merklich abkühlt. Der in Saarbrücken anwesende Parteivorsitzende Otto Wels ist mit der Verselbständigung der Saar-SPD insofern einverstanden, als er sich ein Entgegenkommen Brauns bei der Regelung finanzieller Fragen — besonders der Gesellschafteranteile der „Deutschen Freiheit“ — erhofft.(10)

Braun formuliert erstmals die zentrale europäische Bedeutung der bevorstehenden Saarabstimmung, indem er erklärt: „Jede Schlacht, die an der Saar verloren wird, ist ein Verlust der europäischen Demokratie. Jeder Sieg an der Saar ist ein Triumph Europas! (. . .) Der Hitler, der jemals die Saar bekäme, bliebe an der Saargrenze nicht stehen, sondern mit dem Schlüssel der Ludwigskirche würde er den Versuch machen, in das Straßburger und Metzer Münster einzudringen!“ Mit Bezugnahme auf das Wort von Perikles „Das Geheimnis der Freiheit ist der Mut“ fordert er: „Entschlossener, rücksichtloser Kampf gegen den Faschismus unter Einsatz unseres eigenen Lebens bis zum endgültigen Sieg der Freiheit!“(11) Die Konzentrierung der nun selbständigen Saar-SPD auf dieses große Ziel und das Eingeständnis des Scheiterns der Weimarer Demokratie haben in den nächsten Monaten Folgen für die Organisationsstruktur der saarländischen Sozialdemokratie. Vom traditionellen Parteientypus der parlamentarischen Repräsentanz verändert sie sich zu einem aktiven Agitationsverband.

Die „Deutsche Freiheit“ als Organ der revolutionären SPD

Agitation nach innen und außen ist notwendig: die Durchsetzung der neuen Politik unter den Mitgliedern und Anhängern der saarländischen SPD und die Besinnung auf die revolutionäre Sozialdemokratie unter den Freiheitskämpfern im Reich. Diesem letztgenannten Ziel dient die Herausgabe der „Deutschen Freiheit“, die am 20. Juni 1933 erstmals erscheint, primär für den Vertrieb in Hitlerdeutschland — besonders in den Grenzgebieten zum Saarrevier — gedacht ist und den sozialdemokratischen Widerstand gegen den Nationalsozialismus aktivieren soll. Noch vor der Einrichtung des Prager SOPADE-Büros hat Otto Wels in Gesprächen mit den an die Saar emigrierten Reichstagsabgeordneten Marie Juchacz, Wilhelm Sollmann und Emil Kirschmann die Herausgabe dieses neuen sozialdemokratischen Presseorgans verabredet und die Chefredaktion Max Braun übertragen, unter dessen Leitung nun Sollmann und der Journalist Georg Beyer arbeiten, die allerdings beide keine Anhänger von Brauns neuem Linkskurs sind und zusehen müssen, wie dieser die neue Zeitung zur Durchsetzung seiner eigenen politischen Vorstellung benutzt. Da für die Verteilung der „Deutschen Freiheit“ ein offenes Vertriebssystem nicht in Frage kommt, richtet Braun im Haus der Saarbrücker SPD ein Grenzsekretariat ein, das unter der Führung Emil

Kirchmanns steht und die technischen Voraussetzungen für den Absatz der Zeitung in Deutschland schaffen soll. Kirschmann sammelt hier erste wichtige Erfahrungen für seine später erfolgreiche Grenzarbeit im elsässischen Mühlhausen.(12)

Während der Chefredakteur des in Prag erscheinenden offiziellen SPD-Organs „Neuer Vorwärts", Friedrich Stampfer, die „Deutsche Freiheit" — die „einzige unabhängige Tageszeitung Deutschlands", wie sie sich im Untertitel nennt — begrüßt und ihr einen guten Start wünscht, sieht sich der in Berlin verbliebene ehemalige SPD-Reichstagspräsident Paul Löbe nicht in der Lage, an dem neuen Blatt mitzuarbeiten.(13) Noch bevor Stampfer im „Neuen Vorwärts" zu erkennen gibt, daß die verfassungsloyale Reformarbeit der SPD an die Existenz einer demokratischen Republik gebunden war und deren Beseitigung nun die Rückbesinnung auf die revolutionäre Sozialdemokratie erfordert(14), schreibt die „Deutsche Freiheit" unter der Überschrift „Die Revolution lebt!" am Tage nach dem SPD-Verbot: Unsere alten Organisationsformen sind zerbrochen. „Die Sozialdemokratie ist aus der Legalität, ist aus jeder Arbeit im Staate und für den Staat hinausgedrängt. Sie hat keine Wahl mehr; die Arbeit der Sozialdemokratie kann nur noch illegal, ihr Kampf um Deutschland, um dessen sozialistische Erneuerung kann nur noch revolutionär sein."(15) Der Faschismus stelle alles auf den Kopf, notiert die Zeitung wenige Tage später. In Annäherung an Löwenheims „Neu Beginnen" heißt es: „Das dichte Netz legaler Organisationen — der Panzer des Proletariats gegen alle Anschläge des Klassenfeindes — wird zum Bleigewicht, das die Bewegungsfreiheit der proletarischen Avantgarde hemmt und sie, ohne ihr Schutz bieten zu können, organisatorisch und politisch zu Boden drückt."(16)

Mit ihrem Bekenntnis zur illegalen revolutionären Arbeit nimmt die „Deutsche Freiheit" vorweg, was der SOPADE-Vorstand im Januar 1934 parteioffiziell im „Prager Manifest" verkündet. Max Braun begrüßt geradezu euphorisch die programmatische Erklärung von Prag und lobt sie als ein „revolutionäres Dokument, wie es in der Geschichte der Sozialdemokratie bisher nicht vorhanden war. Die reformistischen Programme der Nachkriegszeit sind vollkommen verlassen". Während das Erfurter SPD-Programm von 1891 von der „naturnotwendigen Entwicklung" sprach, betone das Prager Manifest viel stärker den Willensfaktor: den Willen zur politischen Freiheit. Und er lobt das „eindeutige Bekenntnis zu einer revolutionären sozialistischen Diktatur" als einen Lernfortschritt aus dem größten Fehler des Jahres 1918: dem Versäumnis der restlosen

Zerschlagung des alten wilhelminischen Staatsapparates.(17) Im Arrangement der reaktionären Eliten von gestern mit den Alliierten des Weltkrieges — ein Beispiel hierfür ist Hermann Röchling — sieht Max Braun eine der Ursachen des Scheiterns der Republik von Weimar.(18) Der Sieg über den Faschismus, folgert er daher, „kann und darf nicht auch die Wiederholung jenes verhängnisvollen alliierten Fehlers bringen, wiederum Vertrauen in *die* zu setzen, die die einzig Verantwortlichen dieses Krieges sind: Die deutschen Chauvinisten . . . "(19) Die von Braun befürwortete „revolutionäre sozialistische Diktatur" schließt jedoch Menschen- und individuelle Freiheitsrechte nicht aus, sondern schafft Braun zufolge allererst die Bedingungen ihrer Entfaltung. Für den Neubau der revolutionären Sozialdemokratie bedeutet dies der „Deutschen Freiheit" zufolge, daß diese schärfer „antidemokratisch" und schärfer „liberalistisch" sein müsse oder wie Max Braun an anderer Stelle betont: Die zum Sturz des Faschismus notwendige proletarische Revolution müsse so demokratisch wie nur möglich und so „diktatorisch" wie notwendig sein.(20)

Zunächst geht es darum, Brauns neue linkssozialistische Position in der eigenen Partei durchzusetzen und ein geschickt eingefädeltes Spaltungsmanöver der Gestapo abzuwehren. Dieser ist es gelungen, den Geschäftsführer des „Volksstimme"-Verlages, Ernst Klopfer, für sich zu gewinnen, der als Gegner Brauns bekannt ist. Klopfer nährt das Gerücht, Max Braun habe zur Finanzierung seines aufwendigen Lebenswandels Gelder unterschlagen. Er unterbreitet Otto Wels in Prag den Plan, Braun als Chefredakteur zu entlassen. Ihm gelingt es mit seinem Intrigenspiel, die innerparteilichen Widersacher des SPD-Chefs wie Wilhelm Sollmann, den ehemaligen Vorsitzenden Valentin Schäfer und Georg Beyer — an dem sich Braun später rächen wird — auf seine Seite zu ziehen und so die innerparteilichen Gegensätze zu verstärken. Nachdem die Intrigen und Absichten offenkundig geworden sind, wird Klopfer am 18. Mai 1934 als Geschäftsführer entlassen. Valentin Schäfer kommt einem Parteiausschluß durch eine Austrittserklärung zuvor. In einem „offenen Brief", den die gleichgeschalteten Blätter abdrucken, erhebt er schwere Vorwürfe gegen Max Braun. Durch das Auffliegen der Gestapo-Pläne ist die Oppositionsgruppe gegen den Vorstand der SPD-Saar restlos kompromittiert. Sollmann und Beyer geben ihren Widerstand gegen die Politik Brauns auf. Die SOPADE zieht sich aus der Saar-Poltik zurück. Die führende Rolle des saarländischen SPD-Chefs wird nicht mehr in Frage gestellt. Max Braun geht innerparteilich gestärkt aus der „Klopfer-Affäre" hervor.(21) In der Öffentlichkeit jedoch bleibt der Verdacht hängen, er habe Gelder unterschlagen. Das Bild vom „Bonzen“ und „Arbeiterverräter“, der auf Kosten der Arbeiterschaft in Saus und Braus lebt, verfestigt sich. Und noch etwas kommt hinzu: Klopfer gelingt es, die finanziellen Verbindungen Brauns zu französischen Stellen aufzudecken. Das verstärkt das Klischee vom „Vaterlandsverräter“ Braun in der gleichgeschalteten Öffentlichkeit.

Der Hintergrund ist folgender: Die engagierte Linkspolitik Brauns und der zunehmende Terror der Saar-Nazis haben zu einem rapiden Rückgang der Abonnenten und Inserenten der „Volksstimme“ und zu einer Erosion der SPD-Mitgliederschaft geführt. Die Auflagenhöhe der „Volksstimme“ ist von täglich 10 000 Exemplaren auf die Hälfte zurückgegangen. Zahlreiche Geschäftsleute inserieren nicht mehr, da sie den Boykott durch die gleichgeschaltete Käuferschaft befürchten. Die Zahl der aktiven und beitragszahlenden Sozialdemokraten liegt nur mehr bei etwa 1000.(22) Die finanzielle Misere der Partei ist offenkundig, zumal auch neue Aufgaben auf die saarländische SPD, wie die Betreuung der etwa 600 sozialdemokratischen Reichsemigranten dazugekommen sind, die ihre Mittel völlig aufbrauchen. Um das Weitererscheinen der beiden SPD-Blätter „Volksstimme“ und „Deutsche Freiheit“ zu erreichen, hat der Internationale Gewerkschaftsbund unter seinem Generalsekretär Walter Schevenels finanzielle Unterstützung versprochen, die jedoch letztlich ausbleibt. In dieser schwierigen Situation springen im Herbst 1933 französische Stellen ein, die Braun für seine beiden Zeitungsprojekte nun regelmäßig größere Geldbeträge zukommen lassen(23), was auch die Gestapo erfährt. Obwohl zwischen SPD und französischer Bergwerksdirektion, über die die Gelder ausgezahlt werden, absolute Geheimhaltung vereinbart ist, um die saarländische Sozialdemokratie in der Öffentlichkeit nicht zu kompromittieren, werden die Transaktionen bekannt und verstärken den Eindruck, als mache Max Braun mit dem französischen „Erbfeind“ und seinem Vortrupp an der Saar, der Bergwerksdirektion, gemeinsame Sache gegen Deutschland. Das verschärft die Isolierung in der Öffentlichkeit.

Von der Massenpartei zum Agitationsverband

Demgegenüber ist Braun in seiner Partei der unangefochtene „Führer“. Dies ist auch eine Folge der Umstrukturierung der Saar-SPD zu einem Agitationsverband, der geradezu Brauns agitatorische Fähigkeiten fordert und fördert. Das gesamte Parteileben konzentriert sich nur noch auf seine Person. Ein zeitgenössischer Beobachter schreibt: „. . . eine Partei wie früher, die über einen ansehnlichen Organisationsapparat mit Referentenstab verfügte, der überall zugleich Versammlungen abhalten und Agitation treiben konnte, das gab es nicht mehr; heute steht und fällt die sozialistische Bewegung mit Max Braun."(24) Die gesamte SPD-Propaganda ist auf ihn zugeschnitten. Er beherrscht die Kundgebungen und Versammlungen und nimmt als „Führer" der „Freiheitsfront" die Ovationen seiner Anhänger entgegen. „Als Höhepunkt kam Max Braun an die Reihe", berichtet Siegmann über eine SPD-Funktionärsversammlung im Hause der Arbeiterwohlfahrt. „Mit fabelhafter Rhetorik putschte er die Versammelten auf, redete etwas von einer kleinen Mehrheit oder großen Minderheit (. . .) und erreichte großen Beifall." Während in der saarländischen Bevölkerung das Ansehen der SPD immer weiter sinke, stehe Max Braun vor der kleinen Partei als Sieger.(25) „Der Max Braun, der konnte *begeisternd* zu Leuten sprechen", erinnert sich auch Else Fuchs und ihr Mann, wie sie Sozialdemokrat seit mehr als 50 Jahren, fügt hinzu: „Max Braun war ein phantastischer Redner. Der konnte mitreißen. Die ganze Versammlung ist stürmisch mitgegangen. Der konnte begeisternd reden. (. . .) Die ganze Jugend hat hinter ihm gestanden. Das Reichsbanner damals, die SAJ — die waren begeistert von Max Braun."(26) Sein vom Sozialistischen Schutzbund und von Fahnenträgern begleiteter, durch Fanfarensignale angekündigter Einmarsch und seine brillant formulierte freie Ansprache sind Höhepunkte jeder SPD-Kundgebung. Das Herausstellen seiner Person und die Verehrung durch die übriggebliebenen Parteigenossen nimmt teilweise Züge eines Personenkultes an.

„Hitler bedeutet Krieg!"

Obwohl 1935 die Abstimmung über die Zukunft des Saargebietes ansteht, vermeidet Braun zunächst noch mit Rücksichtnahme auf die SOPADE und, um dem Vorwurf der nationalen Unzuverlässigkeit den Boden zu entziehen, eine klare Festlegung in der Abstimmungsfrage. Dies ist Taktik. Tatsächlich steht seit Sommer 1933 für ihn fest, daß eine Rückgliederung der Saar an das nationalsozialistische Deutschland nicht in Frage kommt. Hintergrund dieser Ablehnung ist seine europäische Utopie. Kampf für Europa und Kampf für eine hitlerfreie deutsche Saar gehören für ihn untrennbar zusammen: Hitler bedroht Europa; er gefährdet die Verständigung mit Frankreich und läßt die Verwirklichung der Brückenfunktion des Saargebietes in immer weitere Ferne rücken. Europa begreife noch nicht, schreibt er in der „Deutschen Freiheit", daß Hitler

Krieg bedeute: „Es ist beunruhigt, es fühlt sich bedroht, aber es sträubt sich noch zu glauben, was unumstößlichere Gewißheit ist als die meisten Glaubensbekenntnisse: *Hitler ist der Krieg!* Die Ideologie des Nationalsozialismus ist die Verherrlichung des Krieges. Ihre Urforderung ist daher die innere Kriegsvorbereitung in der hundertprozentigen Auffüllung und Auslösung des Wehrwillens." Alle Friedensbeteuerungen aus Hitlers Mund — das verkenne Europa — seien nur Taktik. Der „verbrecherische Machtwahn" des Nationalsozialismus werde „nicht einen Augenblick davor zurückschrecken, um der Machtbehauptung im Innern willen den Krieg nach außen hin zu suchen . . . !" Und dieser Krieg werde in einem noch „katastrophaleren Zusammenbruch" enden als 1918.(27) Die Erneuerung Europas basiere auf der Vernichtung des Faschismus. Deutsch-französische Verständigung als stärkster Garant des Weltfriedens sei auf Dauer nur zwischen einem demokratischen Frankreich und einem demokratischen Deutschland möglich. „Der Weg zur deutschen Freiheit wie zur europäischen Aussöhnung geht daher nur über die Leichen der faschistischen Nachtwächter", betont Braun in seinem Leitartikel für die erste Nummer der „Deutschen Freiheit".(28) Bezogen auf die Saar schreibt er: „Es ist eine dringende Aufgabe europäischer Friedenssicherung, die neuen Kriegshetzer und Kriegstreiber Europas unter keinen Umständen an die Saar zu lassen."(29) Ein faschistisches Saargebiet werde Hitler zu weiteren Okkupationen ermuntern. Daher sei der „Freiheitskampf um die deutsche Saar gegen den Hitlerbarbarismus" ein „Stück europäischen Kampfes gegen Anarchie und alle destruktiven Tendenzen" und für nationalen und internationalen Zusammenschluß. Wenn dieser scheitere, marschiere Hitler geradezu „in das zweite noch schärfere Versailles hinein"(30), mit noch schlimmeren Folgen für die Menschen an der Saar als 1918.

Der Kampf gelte nicht dem „Deutschland Goethes, Kants, Marx' und Engels", sondern dem „zutiefst undeutschen Faschismus".(31) Hitler sei der Untergang Deutschlands, ruft Braun den 15 000 Menschen in der Hüttenstadt Neunkirchen zu, die sich hier am Tag der Saarkundgebung mit Hitler am Niederwald-Denkmal zu einer antifaschistischen Gegendemonstration eingefunden haben. Nur der sei wahrhaft deutsch, der gegen Hitler stehe. Drei Aufgaben weist er dem bevorstehenden Saarkampf zu: den „letzten Zipfel hitlerfreien Bodens" „mit Zähnen und Klauen und mit Einsatz aller Mittel" zu verteidigen; das kleine Land an der Saar nicht zum „Kampfgebiet eines neuen imperialistisch-chauvinistischen pangermanistischen Nationalismus gegen Frankreich", sondern zum „Ausfalltor der

Abb. 16:

Max Braun als Redner

Abb. 17:

Abb. 18:

Abb. 19:

Abb. 20: Titelblatt des Status-quo-Aufrufes zur Großkundgebung am 6.1.1935 im Saarbrücker Kieselhumes-Stadion

deutschen Freiheit gegen die Hitler-Despotie zur Wiedereroberung des wahren deutschen Volksstaates" werden zu lassen. „Im Sinne dieser drei Aufgaben vereinigen wir uns heute in dem Schwur: Niemals Hitlerterror über die freie Saar! Niemals wieder Kriegsaufmarschgelände gegen das demokratisch-pazifistische Frankreich! Niemals Kapitulation gegenüber der Hitler-Despotie! aber Kampf, unerbittlichen Kampf um Freiheit, Gleichheit, Brüderlichkeit für eine freie Saar als eines der Unterpfänder für ein späteres neues, freies, sozialistisches Deutschland und ein durch Frankreich und Deutschland geeinigtes Europa!"(32) Im Anschluß an diesen Schwur weiht Braun eine riesige rote Fahne als Symbol der internationalen Arbeiterschaft, der Völkerverständigung und des Völkerfriedens und als Freiheitsbanner in der Entscheidungsschlacht gegen den Faschismus. Um auch im Reiche Hitlers vom Schwur der Neunkircher Freiheitskundgebung zu künden, steigen Hunderte Luftballons in den Himmel, die der Wind in Richtung Deutschland treibt.(33)

Was der Appell für eine freie deutsche Saar aber für die in 1 1/2 Jahren anstehende Abstimmung konkret bedeutet, läßt Braun zunächst noch ebenso offen wie die Kommunisten, die eine „rote Saar in einem sozialistischen Rätedeutschland" propagieren. Bereits im Frühherbst 1933 aber scheinen die Würfel im saarländischen SPD-Vorstand gefallen zu sein, sich nun auch öffentlich gegen eine Rückgliederung an Hitlerdeutschland auszusprechen. Mit Bezug auf den soeben erfolgten Austritt Deutschlands aus dem Völkerbund erklärt Max Braun auf einer SPD-Kundgebung im großen Saal der Saarbrücker Arbeiterwohlfahrt: „Als Herr Hitler in Genf die Tür zuknallte (. . .), schlug er zugleich das Rückgliederungstor der Saar ins Hitlerreich zu! (. . .) Solange dieses Blut- und Henkerregime Deutschland vergewaltigt, ist an eine Rückkehr des Saargebietes nicht zu denken." Die Saar von Hitler frei zu halten, erfordere „neue Formen der Organisation, der Methode und der Propaganda".(34)

Für Max Braun ist der Faschismus ein Rückfall in die Geschichte des vorbürgerlich-absolutistischen Zeitalters: in die Barbarei. Gegenüber dem großen Befreiungswerk der französischen Revolution spiele die „nationale Erhebung" eine „mittelalterliche Rolle". Aber so wie die Bastille ihren Bastillesturm erlebt habe, so würden auch die neuen Machthaber in Deutschland ihren 14. Juli erleben.(35) Das Gesetz zur Gleichschaltung des Reiches und der Länder mit dem Ende jeder kommunalen Selbstverwaltung wertet er als ein Zurück hinter die Stein-Hardenbergschen Reformen.(36) Die schon 1933 massiv einsetzende Verfolgung der jüdischen Bevölkerung ist für ihn tiefstes Mittelalter. Diese „Kulturschande“ werde die ganze deutsche Nation noch auszulöffeln haben, „wenn das ‚Dritte Reich‘ bereits im Raritätenkabinett und Panoptikum Unterschlupf gefunden haben wird“.(37)

Braun attackiert im Landesrat das Schweigen der Liberalen und der Zentrumskatholiken und beklagt, daß gerade diejenigen, die immer das Wort der Freiheit und des Deutschtums auf ihren Lippen führen, in der Stunde der wirklichen Bedrohung Deutschlands und seiner Freiheit schweigen: „Warum finden Sie da kein Wort des Protestes, warum geht ein Teil von ihnen, deren Glaubensgenossen drüben in der schamlosesten und unmenschlichsten Weise behandelt worden sind, jetzt mit den Henkern der eigenen Kameraden in eine Front . . . ?“(38)

Als Zielscheibe des Nazi-Terrors

Diese, vom Zentrum nach außen repräsentierte, in Wirklichkeit von den Saar-Nazis und von reichsdeutschen Stellen beherrschte Rückgliederungsfront, die „Deutsche Front“, entfaltet in jenen Wochen und Monaten einen Terror, den die Region bis dato — selbst in die Zeiten der Besatzung — nicht erlebt hat.(39) Er reicht vom psychischen Druck, über die gesellschaftliche Ausgrenzung und Ächtung bis hin zum Verlust des Arbeitsplatzes und zur physischen Attacke. Max Brauns engagiertes öffentliches Auftreten gegen die neuen Herren im Reich macht ihn zur Hauptzielscheibe des „Deutschen Front“-Terrors. „Der Kampf gegen den Führer der saarländischen Freiheitsbewegung, Max Braun, hat unerhörte Formen angenommen“, heißt es im Januar 1934 in einer an den Genfer Völkerbundsrat adressierten Denkschrift der Saar-SPD. „Bereits in unserer Eingabe vom 16. September mußten wir darauf hinweisen, daß gegen ihn in einem Plakatanschlag und einem Flugblatt der Nationalsozialisten eine Kopfprämie von 3000 Franken ausgesetzt wurde. Mittlerweile aber hat die Verhetzung außerordentliche Fortschritte gemacht und höchst gefährliche Situationen geschaffen. Ganz offen und unverhüllt drohen die Nationalsozialisten mit der Entführung oder dem Mord an Braun als dem Führer der Sozialdemokratischen Partei des Saargebietes. Noch vor kurzem wurde in einer Gerichtsverhandlung durch eidliche Zeugenaussagen festgestellt, daß Nationalsozialisten in einem öffentlichen Lokal erklärt hatten: ‚Die letzte Stunde von Max Braun hat bald geschlagen. Die Rückgliederung im Jahre 1935 wird er nicht mehr erleben. Er wird demnächst totgeschlagen werden‘.“(40) Den Morddrohungen gegen

Braun wird in der Öffentlichkeit visuell Nachdruck verliehen. Die Nazis meinen es ernst. In saarländischen Gemeinden werden symbolische Galgen errichtet, an denen, unter dem Gespött junger Männer, Strohpuppen, die den SPD-Chef darstellen, „hingerichtet" werden. Hitlers „Völkischer Beobachter" berichtet über einen Maibaum in Quierschied, an dem Max Braun als Puppe erhängt, baumelt.(41) An der Diskontoecke in der Saarbrücker Innenstadt wird am 19. Juli 1934 in aller Öffentlichkeit eine symbolische Hinrichtung Brauns vorgenommen(42), ohne daß die Polizei einschreitet. „. . . Und wer möchte bei der milden Hand der Völkerbundspolizei nicht wetten, daß man den Mann in wirklicher Gestalt an einem schönen Tag ermordet finden wird?" fragt sich ein Schweizer Journalist angesichts dieses Vorfalls.(43) Auf den Straßen sind überlebensgroße Figuren aufgemalt, die Braun darstellen und ihm ein gewaltsames Ende versprechen. Aufschriften fordern: „Nieder mit dem Maxismus!" Haufenweise gehen Drohbriefe ein, berichtet die „Volksstimme". Die Regierungskommission sieht sich gezwungen, Landjäger zum persönlichen Schutz Brauns abzukommandieren, die ihn rund um die Uhr begleiten. Auch seine Partei stellt ihm eine „Leibwache" zur Verfügung, die ihm bei Fahrten übers Land zur Seite steht.

Die öffentliche Attacke isoliert den SPD-Mann auch im privaten Leben. Braun wird wie ein Aussätziger behandelt. Auf Betreiben der Saar-Nazis darf er nicht mehr an den Ausschußsitzungen im Saarbrücker Stadtparlament teilnehmen, dem er seit Jahren als Stadtverordneter angehört. Der Automobilclub des Saargebietes verweigert ihm die Mitgliedschaft.(44) Sogar Friseure quittieren ihm den Dienst. „Mein Friseur, bei dem ich seit Jahren Kunde war, schickte mir eines Tages die Utensilien, die ich bei ihm stehen hatte, mit einem für den ungehemmten Terror der Nazis bezeichnenden Briefe zurück. In dem Brief hieß es unter anderem, daß er zu seinem Bedauern gezwungen sei, mich zu bitten, sein Geschäft nicht mehr zu frequentieren. Es sei auf ihn ein so starker Druck ausgeübt worden, daß er das Schlimmste befürchten müsse, wenn er nicht auf meine Kundschaft verzichte! (. . .) Gleichzeitig ließ mir der Obermeister der Friseurinnung sagen, daß zu seinem und der meisten anderen Friseure tiefstem Bedauern keiner von ihnen mehr riskieren könne, mich zu seinen Kunden zu zählen. (. . .) Man habe ihnen nicht nur mit dem Einwerfen ihrer Fensterscheiben und der Plünderung ihrer Geschäfte gedroht, sondern auch mit der Verfemung ihrer Familien und der Bedrohung an Leib und Leben."(45)

Nur knapp entgeht Max Braun am 15. Dezember 1933 einem Bombenanschlag. Durch einen Zufall wird eine Explosion verhindert. Brauns heute in der DDR lebende Sekretärin erinnert sich: „Da kam z. B. 1933 — an die Arbeiterwohlfahrt war das gerichtet, die Post hab ich ja aufgemacht — ein Paket, was ich aufgemacht hab, zum Glück nicht sehr schnell. Da war eine Bombe fabriziert. Wenn das geklappt hätte, wär' das ganze Haus der Arbeiterwohlfahrt in die Luft gegangen. Da war eine Flasche drin aus Steingut, die war mit Dynamit gefüllt, oben ein Pfropfen drauf. Auf der anderen Seite eine Reibefläche aus hartkörnigem Glaspapier und auf der anderen Seite ein Bündel Streichhölzer. Wenn ich das Paket schnell aufgemacht hätte und die Zündhölzer hätten sich entzündet, wär das explodiert."(46) Der Täter ist schnell ermittelt. Ein Postbeamter in Neunkirchen kann sich an einen jungen Arbeitslosen erinnern, der das Paket bei ihm aufgegeben hat. Trotz der eindeutigen Mordabsicht wird der 21jährige Angeklagte vom Saarbrücker Schwurgericht freigesprochen. Ohne daß der Anwalt des Angeklagten vom Gericht unterbrochen wird, kann dieser erklären: „Jeder von uns würde es gern sehen, wenn dem Herrn Max Braun eines Tages etwas zustieße."(47) Hitlergegner können von der gleichgeschalteten Saar-Justiz kaum mehr Recht erwarten. In einer „Bilanz des Saar-Terrors" konstatiert Braun: „Das Vertrauen des nichtnationalsozialistischen Teils der Saarbevölkerung in eine objektive und absolut zuverlässige Beachtung der Funktionen von Rechtsprechung und Polizei ist deshalb nicht mehr vorhanden . . . "(48) Der Terror der „Deutschen Front" habe alle Gebiete des öffentlichen und privaten Lebens erfaßt. Die zum Zwecke der Vorbeeinflussung und Verfälschung der Abstimmung praktizierte Androhung von Repressalien, die Drohung mit gegenwärtiger und zukünftiger Existenzvernichtung, die Verfemung und Ächtung als „Landesverräter" und nicht zuletzt die Androhung schwerster Gewalttaten trage zumindest nach außen unverleugbare Erfolge davon.(49)

Gegen den Nazi-Terror an der Saar

Auf Bitten Brauns richtet im August 1934 das von Willi Münzenberg in Paris ins Leben gerufene „Welthilfskomitee für die Opfer des Hitlerfaschismus", dem der Vizepräsident des englischen Oberhauses Lord Dudley Marley vorsteht, einen Untersuchungsausschuß ein, der sich speziell dem Terror der Saar-Nazis widmen soll und von Marley selbst geleitet wird. Mitte September tagt die Kommission mehrere Tage im Haus der Saarbrücker Arbeiterwohlfahrt und befragt 40 Opfer des nationalsozialistischen Terrors. Die Mitglieder kommen zu dem Ergebnis, daß angesichts der ihm vorgetragenen Fälle eine freie und geheime Abstimmung — wie sie das Saarstatut des Versailler Vertrages fordert — ernstlich gefährdet ist.(50)

Angesichts dieser sich bereits seit Sommer 1933 abzeichnenden Gefährdung der Abstimmung 1935 und, um sich in der Abstimmungsfrage nicht konkret auf eine unpopuläre Entscheidung festlegen zu müssen, favorisieren Braun und der SPD-Vorstand zunächst eine Verschiebung der Abstimmung bis zu einem Zeitpunkt, an dem Deutschland wieder frei ist. „Wir fordern Aussetzung der Abstimmung bis zu dem Zeitpunkt, wo die Saarbevölkerung völlig unbeeinflußt abstimmen kann", heißt es in einem Rundschreiben der Saar-SPD zum Jahresbeginn 1934.(51)

Mitte Januar 1934 weilen Hermann Petri, SPD-Vorstandsmitglied und Landesratsabgeordneter, und Max Braun in Genf und machen sich beim Völkerbund für eine Verlegung des Abstimmungstermins stark, finden aber kein Gehör. Im Mai wagen sie einen neuen Vorstoß. Sie koppeln nun das Abstimmungsdatum an die Erfüllung von Garantien durch den Völkerbund. „1. Hundertprozentige Garantierung der Freiheit, der Geheimhaltung und der Unbeeinflußbarkeit der Abstimmung und Festsetzung des Abstimmungsdatums, nachdem diese Forderungen erfüllt sind. 2. Vollkommener Schutz von Leben und Eigentum aller Saareinwohner vor, während und nach der Abstimmung (. . .) 3. Schaffung realer Garantien für die Zeit nach der Abstimmung (. . .) durch das Vorhandensein einer tatsächlichen Macht für die Dauer eines mehrjährigen Übergangsregimes, unbeschadet des Abstimmungsergebnisses und der nachherigen Entscheidung des Völkerbundsrates."(52) Die beunruhigenden Nachrichten und die Denkschriften der Linksparteien über die Gefährdung einer freien und geheimen Abstimmung veranlassen den Rat zwar, gewisse Garantien zu geben und die Abstimmung durch eine internationale Abstimmungstruppe überwachen zu lassen, den alltäglichen Terror der „Deutschen Front" bekommt er damit aber nicht unter Kontrolle, auf ein Übergangsregime läßt er sich nicht ein. Brauns Hoffnungen auf eine Intervention des Völkerbundes zugunsten der Hitlergegner an der Saar zerplatzen. Anfang Juni legt der Rat den Abstimmungstermin auf den 13. Januar 1935 fest.

Von der Freiheitsfront zur Einheitsfront

Der SPD — wie der KPD — bleibt nun nichts anderes mehr übrig, als sich auf eine der drei im Saar-Statut vorgegebenen Entscheidungsalternativen — Angliederung an Frankreich, Rückgliederung nach Deutschland, Beibehaltung der Völkerbundsherrschaft also Status quo — festzulegen. Da für beide Linksparteien weder eine Angliederung an Frankreich, noch eine Rückgliederung nach Hitlerdeutschland in Frage kommt, bleibt nur die Status quo-Lösung offen. Wie sehr diese Formel aber in der saarländischen Öffentlichkeit negativ besetzt ist, schreibt später der Chronist der „Deutschen Front": „Die Bevölkerung witterte hinter der Formel Status quo etwas Französisches, etwas ganz Fremdes, Unbehagliches, das hörte sich so an, als ob fremde Besatzungen, eine fremde Sprache und fremde Verwaltung damit zusammenhingen."(53) Daß dieses auch Max Braun weiß, zeigt sein Kommentar zur Genfer Entscheidung, in der er das Wort Status quo noch vermeidet und lediglich postuliert: „Die Freiheitsfront des Saargebietes stimmt für eine freie deutsche Saar." Während die „Deutsche Front" unter ihrem heimlichen Leiter Joseph Bürckel, dem NSDAP-Gauleiter der benachbarten Pfalz, versucht, die Abstimmungsentscheidung zu entpolitisieren, auf die Alternative „Für Deutschland oder für Frankreich" zu reduzieren und damit nationale Gefühle und Ressentiments zu mobilisieren, geht es nach Braun um eine explizit politische Frage: „Für oder gegen Hitler, für oder gegen Konzentrationslager, für oder gegen Versklavung und Knechtschaft, für oder gegen Stumm-Hilger-System, für oder gegen Wirtschaftsnot, für oder gegen Chaos und Untergang!"(54) Die sozialdemokratische Freiheitsfront schließt sich in einem Aufruf ihrem Vorsitzenden an und konkretisiert die Parole von der freien deutschen Saar, „die der letzte Zufluchtsort deutscher Freiheit und freien deutschen Geistes auf deutschem Boden sein soll bis zu dem Tage, an dem ein wieder frei gewordenes Deutschland in ehrlicher dauernder Verständigungsbereitschaft mit einem ebensolchen Frankreich eine endgültige politische und wirtschaftliche Einordnung der Saar zwischen beiden Völkern ermöglicht".(55)

Daß dieser Kampf um eine freie, deutsche Saar von der kleinen, zudem durch Terror und Mitgliederschwund stark gebeutelten Saar-SPD alleine nicht zu gewinnen ist, ist den Verantwortlichen klar. Die SPD braucht Bündnispartner. Obwohl es seit Januar 1934 Kontakte zur Kommunistischen Partei gibt, macht die irreale Politik der KPD, die noch immer die Parole von der „roten Saar in einem roten Rätedeutschland" propagiert und führende Sozialdemokraten als Volksbetrüger, Lohnraubbonzen, Agenten des französischen Imperialismus oder als Sozialfaschisten diffamiert, konkrete Vereinbarungen zunichte. Umgekehrt erschwert

Die AZ Arbeiterzeitung

Tageszeitung der Kommunistischen Partei für die werktätige Bevölkerung

Wir müssen Thälmann wie eine Schlacht gewinnen

Saarbrücken, Juli 1934 | Sondernummer | 13. Jahrgang

An das Saarvolk!

Aufruf der Kommunistischen und Sozialdemokratischen Partei des Saargebietes

Das furchtbare Verbrechen der Hakenkreuz-Despotie treibt unser deutsches Volk in die Katastrophe. Mit Abscheu und tiefster Empörung blickt das Saarvolk auf die Mordbarbarei Hitlers, deren beispiellose Bestialität durch die letzten blutigen Ereignisse in ihrer grauenerregenden Scheußlichkeit vor der ganzen Welt enthüllt wurde. Niemals war es deutlicher, daß Hitler der verächtliche Knecht der Bank- und Börsenfürsten, der Schwerindustrie und der ganzen Reaktion in Deutschland ist. Hunderte der ältesten seiner Kameraden in der SA, die er noch vor kurzem als „Garanten der nationalsozialistischen Revolution" bezeichnet, läßt er heute niederkartätschen, weil sie die Einlösung der „sozialistischen" Versprechungen und die Einhaltung des „unabänderlichen" Programms, für dessen Durchführung er mit seinem Leben einstehen wollte, forderten!

Niemals darf die deutsche Saar an dieses Regime von Henkern und Abenteurern ausgeliefert werden. Weil wir unser deutsches Volk lieben, weil wir es vor neuen Kriegsschrecken bewahren und weil wir es aus der modernen Leibeigenschaft des reaktionärsten Kapitalismus unserer Tage befreien wollen, — deshalb kämpfen wir für die Niederlage und den Sturz der Hitlerdiktatur.

Stürmisch entfaltet sich die kämpfende Einheitsfront an der Saar gegen den Hitlerfaschismus. Schon marschieren sozialdemokratische und kommunistische Arbeiter Schulter an Schulter und ihre prachtvolle Aktionseinheit übt eine tiefe Wirkung auf die bisher verführten Werktätigen der sogenannten „Deutschen Front" aus. In dem Willen, diese Einheitsfront zu einer

unwiderstehlichen Flut des antifaschistischen Kampfes

anschwellen zu lassen, haben die Sozialdemokratische und die Kommunistische Partei des Saargebietes beschlossen, gemeinsam den Kampf gegen den Anschluß des Saargebietes an ein Hitler-Deutschland zu führen, und im Falle einer Abstimmung für die Formel: „Beibehaltung der bestehenden Rechtsordnung" als dem verhältnismäßig günstigsten Kampfboden für die Werktätigen einzutreten und für das Selbstverwaltungs- und Selbstbestimmungsrecht der deutschen Saarbevölkerung zu kämpfen.

Um Hitler an der Saar zu schlagen, rufen die Kommunistische Partei und die Sozialdemokratische Partei die Arbeiter und das ganze Saarvolk zur Durchführung von gemeinsamen Aktionsmaßnahmen, gemeinsamen Kundgebungen, Versammlungen und Demonstrationen gegen den Faschismus, für die Befreiung aller antifaschistischen Gefangenen, insbesondere Thälmanns, Torglers, Nierendorfs, Ossietzkys, Klüß usw. auf.

Bildet im ganzen Saargebiet einheitliche Kampfkomitees gegen den Anschluß an ein Hitler-Deutschland!

Vereinigt euch zum Selbstschutz aller Antifaschisten für die Sicherung von Leben, Wohnung und Eigentum gegen den Terror der Hitlerbanden!

Kämpft für die Versammlungs-, Demonstrations-, Presse- und Koalitionsfreiheit, gegen die Faschisierung von Verwaltung, Justiz und Exekutive und deren Terror gegen die Antifaschisten, für die Entfernung aller faschistischen Elemente aus diesen Körperschaften, für die Ausmerzung aller Gleichschaltungsmaßnahmen der Hitlerfront.

Schließt euch fest und restlos zum gewerkschaftlichen Kampf zusammen. Kämpft für die Erhöhung der Löhne, Renten und Unterstützungen und die Verbesserung aller sozialen Errungenschaften, gegen faschistischen Betriebsterror und für den möglichst lückenlosen Zusammenschluß aller Arbeiter, Angestellten und Beamten in den Gewerkschaften unter Bekämpfung aller Gelben

Die Sozialdemokratische und Kommunistische Partei erklären, daß sie ungeachtet ihres Willens die Aktionseinheit der sozialdemokratischen und kommunistischen Arbeiter herzustellen, ihre prinzipielle Auffassung über das Ziel und die Taktik der sozialistischen Arbeiterbewegung und ihre organisatorische Selbständigkeit aufrechterhalten.

An das ganze Saarvolk wenden wir uns zur Aufrichtung einer wuchtigen und allumfassenden

antifaschistischen Front!

Es geht um die Existenz und das Wohl unserer deutschen Saarheimat und unseres ganzen deutschen Volkes!

Deshalb vorwärts, Antifaschisten in Stadt und Land. Getragen von unserer Siegesgewißheit wollen wir Hitler schlagen!

Es lebe die kämpfende Einheitsfront der Werktätigen, es lebe die antifaschistische Front!

Für die Kommunistische Partei Saargebiet:
Fritz Pfordt

Für die Sozialdemokratische Landespartei Saargebiet:
Max Braun

Abb. 21: Bekanntgabe der Bildung der Status-quo-Front in einer Sondernummer der "Arbeiterzeitung" vom 4.7.1934

Abb. 22: Fritz Pfordt, Politischer Leiter der KPD-Saar und Mitunterzeichner des Einheitsfront-Aufrufs, auf der Kieselhumes-Kundgebung des Status quo am 6.1.1935

auch die Haltung der Prager SOPADE eine Annäherung. Zwar bekennt sich das „Prager Manifest" zur revolutionären Sozialdemokratie, einen gemeinsamen Kampf mit den Kommunisten gegen Hitler aber lehnt es ab: „Das kann nicht das Ziel des großen Freiheitskampfes gegen den faschistischen Staat sein, daß an Stelle des faschistischen das bolschewistische Arbeiterzuchthaus gesetzt wird." Kampf sowohl dem „reaktionären Hitlersozialismus wie gegenüber dem kommunistischen Hitlerillusionismus", fordert das Manifest.(56) 15 Jahre gegenseitigen Bekämpfens lassen sich selbst angesichts des Terrors in Deutschland nicht von heute auf morgen vergessen. Der Antikommunismus sitzt der Saar-SPD tief in den Knochen. Gleichwohl werden die Verhandlungen fortgeführt. Immer wieder betont Braun, daß er und seine Partei bereit seien, in der Einheitsfront der Arbeiterparteien mitzuwirken, wenn die KPD den Bruderkampf und die Beschimpfungen führender SPD-Leute einstelle. Dies geschieht im Mai 1934. Die saarländische KPD-Zentrale erhält Order, sich offen für die Beibehaltung des Status quo zu erklären — was am 6. Juni 1934 im Saarbrücker „Stiefel" tatsächlich passiert — und ein Abkommen mit der SPD-Saar vorzubereiten. Parallel dazu wird die Gruppe um den bisherigen Bezirkssekretär Lorenz entmachtet, der als Protagonist einer auf die Wiedervereinigung des Saargebietes mit dem Reich hinzielenden Politik gilt. Lorenz wird durch den früheren Eisenbahnwerkstättenarbeiter, Leninschüler und Organisationssekretär der KPD-Saar Fritz Pfordt ersetzt. Bereits Anfang Juni — unmittelbar nach Bekanntgabe des Abstimmungsdatums durch den Völkerbundsrat — meldet Brauns „Deutsche Freiheit", beide Parteien stünden vor „verantwortlichen Entschließungen": „Die Kommunistische Partei Deutschlands ist fest mit uns entschlossen, das Arbeitsvolk an der Saar dem deutschen Sklavenregime nicht preiszugeben. (. . .) Eines aber tut not: Zusammenschluß aller sozialistischen und kommunistischen Kräfte auf das nächste gemeinsame Ziel: In dem Willen, die faschistische Front zu schlagen, ist volle Einigkeit da. Sie muß in einem Waffenstillstand zwischen Sozialdemokraten und Kommunisten, auf das Saarziel begrenzt, zum Ausdruck kommen."(57) Vier Wochen aber dauert es noch, bis das „Waffenstillstandsabkommen" formell unterzeichnet wird. Impulse erhält die Einigung durch eine spontane Einheitsfront-Demonstration anläßlich der Rückkehr saarländischer Arbeitersportler am 25. Juni von einem internationalen Sportfest in Belgien. Wie die „Deutsche Freiheit" berichtet, ziehen 10.000 Menschen durch die Saarbrücker Innenstadt und fordern den Sturz Hitlers durch die kommunistisch-sozialdemokratische Einheitsfront.(58)

In diesen Tagen trifft auch Herbert Wehner, zu jener Zeit Mitglied der illegalen Berliner Landesleitung der KP, in Saarbrücken ein. Im Auftrage des Zentralkomitees der KPD soll er dafür sorgen, daß sich die saarländische Partei nun voll und ganz auf die Vorbereitung des Abstimmungskampfes konzentriert. Gemeinsam mit Anton Switalla, einem Hamburger KP-Funktionär — der faktisch die Leitung der Saar-KPD in Händen hält — unterbreitet er der sozialdemokratischen Parteiführung am 29. Juni Vorschläge für ein formelles Einheitsfrontabkommen.(59) Bereits am Tage des sogenannten Röhm-Putsches, am 30. Juni 1934, kommt es zu einer ersten gemeinsamen Einheitsfrontkundgebung im Saarbrücker Arbeiterviertel Burbach, einer KP-Hochburg, auf der Max Braun und der neue KP-Chef Pfordt sprechen. Der Arbeiter Pfordt ist dem brillanten Redner Braun rhetorisch weit unterlegen. „Mit Pfordt mußte ich anfänglich jede Rede Wort für Wort ausarbeiten", erinnert sich Herbert Wehner später, „mußte ihm dann — nach der Kundgebung — auseinandersetzen, welche Wirkung die einzelnen Stellen der Rede gehabt hatten und ihn überhaupt dazu trainieren, neben dem ausgezeichneten Redner Braun auftreten zu können."(60) Herbert Wehner und Max Braun werden sich in den nächsten Jahren noch öfter begegnen und zusammenarbeiten. „Das Verhältnis zu den sozialdemokratischen Leitern Max Braun, Kirschmann, Denicke (dem früheren Redakteur der ‚Gesellschaft', damals unter dem Namen Decker schreibend) Wacker und dem Jugendsekretär Braun war korrekt und ganz von dem Willen zu positiver Zusammenarbeit im Rahmen der aktuellen Aufgaben geprägt", notiert Wehner rückblickend weiter.(61)

Am 2. Juli einigen sich die Spitzen beider Parteien formell und am 4. Juli 1934 treten sie mit einer ersten Proklamation an die Öffentlichkeit, in der sie sich für die Beibehaltung der Völkerbundsherrschaft „als dem verhältnismäßig günstigsten Kampfboden für die Werktätigen" aussprechen, Demonstrationen für die Freilassung aller antifaschistischen Gefangenen in Deutschland und die Bildung von Schutzformationen an der Saar fordern. Beide Parteien erklären, „daß sie ungeachtet ihres Willens, die Aktionseinheit der sozialdemokratischen und kommunistischen Arbeiter herzustellen, ihre prinzipielle Auffassung über das Ziel und die Taktik der sozialistischen Arbeiterbewegung und ihre organisatorische Selbständigkeit aufrechterhalten".(62) Konkret beschränkt sich diese erste Einheitsfront der beiden Arbeiterparteien in Europa auf die Vorbereitung und Durchführung größerer Kundgebungen und Demonstrationen, auf den Versammlungsschutz und auf gemeinsame diplomatische Interventionen beim Völkerbund in Genf.

Hitlers „fünfte Kolonne"

Die Einheitsfront von Sozialdemokraten und Kommunisten bleibt weitgehend unter sich. Sie findet kaum Anhänger in den anderen politischen Lagern oder bei den Kirchen. Es ist schon schwer genug für Braun, dieses Einheitsfront-Experiment in der eigenen Partei durchzusetzen. Der zweite Mann hinter Braun und Exponent des Gewerkschaftsflügels in der Partei, der Bergarbeiterverbandsvorsitzende Julius Schwarz, macht — wie Zeitgenossen sagen — nur mit dem Verstand, nicht aber mit dem Herzen mit. Schwarz ist Werbeversuchen von den verschiedensten Seiten ausgesetzt. Die Nazis versuchen diesen nationalen Mann, der noch am 24. Mai 1933 erklärt hat, die Saar-SPD werde sich zu Deutschland bekennen, völlig unabhängig davon, wer gerade in Deutschland Kanzler ist(63), mit Geld zu ködern. Sie scheitern. Nun wird der ehemalige Vorsitzende des Deutschen Bergarbeiterverbandes Fritz Husemann von den Nazis unter einem Vorwand an die Saar geschickt, um — wie Braun notiert — „uns die Bergarbeiterorganisation auszuspannen und sie zu einem modus vivendi mit Hitler zu bringen". Obwohl Husemann Braun seit 1925 kennt, geht er ihm bei seinen Aufenthalten an der Saar 1933 und 1934 aus dem Weg.(64) Julius Schwarz, Husemanns Verhandlungspartner, steht nur aus Pflichtbewußtsein und Solidarität zur Entscheidung der Partei, gemeinsam mit den Kommunisten für den Status quo zu kämpfen. Er repräsentiert die alte Gewerkschaftsgarde in der saarländischen Sozialdemokratie, der nicht nur Brauns Annäherung an den einst verhaßten politischen Gegner, sondern auch dessen Politik der Aussöhnung mit Frankreich zu weit geht, und die lieber auf ihre Verdienste beim Kampf gegen den „französischen Imperialismus" im Saargebiet der 20er Jahre verweist.

Vorentscheidend für das spätere Abstimmungsergebnis ist es, daß es der Anti-Hitler-Koalition nicht gelingt, in das katholische Lager einzudringen. Zwar gibt es eine „zufriedenstellende Zusammenarbeit" zwischen Max Braun und Johannes Hoffmann, einem der Führer der sich organisierenden Opposition unter den Saarkatholiken, die prinzipielle Reserviertheit der saarländischen Katholiken und ihres Klerus gegenüber der jahrelang als gottlos diffamierten Sozialdemokratie aber vermag auch diese nicht zu durchbrechen.

Vollends aussichtslos wird die Sache des Status quo, als sich die beiden Bischöfe von Trier und Speyer gegen die katholische Opposition um Johannes Hoffmann und für Hitler entscheiden. Nur vereinzelt schließen sich katholische Pfarrer — wie der Missionspater Hugolinus Dörr — der Status quo-Bewegung an und treten gemeinsam mit Kommunisten und Sozialdemokraten auf Versammlungen auf. Dörr wird hierfür später mit dem Leben bezahlen. In einer Rede vor dem Landesrat am 30. August 1934 lobt Max Braun das Engagement des Geistlichen: „Dieser katholische Priester und Missionar, der sich um der Wahrheit, um seines Gewissens und seines göttlichen Lehrauftrags willen durch nichts, auch nicht durch die Morddrohung seiner Gegener, abhalten läßt, das Evangelium der Wahrheit zu verkünden, genießt in meinen Augen (. . .) mehr Achtung, Wertschätzung und Anerkennung, als jene gleichgeschalteten Feiglinge, die um ihres bißchen Lebens und Einkommens willen in schlotternder Angst vor den Barbaren hingingen, ihren Heiland und ihr Evangelium verrieten und sich, 150prozentig gleichschaltend, vor dem Hakenkreuze auf den Bauch warfen, während sie ihr Christuskreuz versteckten! Dieser Gottesmann hat für die Annäherung und Aussöhnung zwischen marxistischem Proletariat und der Kirche Christi mehr getan, als Ihr unwürdiges Gewinsel und Gewedel um die Gunst des Neuheidentums im ‚dritten Reiche' jemals zustande bringen wird!"(65)

Neben dem Bergarbeiterführer Husemann, den beiden Bischöfen Sebastian und Bornewasser zählt Max Braun auch den Führer der Bekenntniskirche Pfarrer Niemöller und den Geschäftsführer des Central-Vereins deutscher Staatsbürger jüdischen Glaubens, den Rechtsanwalt Bruno Weil aus Saarlouis, zur „5. Kolonne" Hitlers an der Saar. „Niemöller erklärte den Pfarrern der Bekenntniskirche der Saar, die bislang mit uns marschiert waren, daß nur das Prinzip der religiösen Freiheit die Bekenntniskirche von Hitler trenne, daß er aber in außenpolitischen Fragen mit Hitler grundsätzlich derselben Meinung sei."(66) Niemöllers Engagement führt dazu, daß bis auf drei Pfarrer der Bekennenden Kirche an der Saar alle anderen zur „Deutschen Front" abwandern.

Bruno Weil trägt derweil den etwa 5000 saarländischen Juden die Auffassung vor, daß sich Hitler gegenüber den reichsdeutschen Juden erkenntlich zeigen wolle, wenn sie bei der Saarabstimmung für ihn stimmen. Weder Weil, noch Niemöller, noch den beiden Bischöfen und Husemann bringt der Liebesdienst für Hitler etwas sein. Weil muß Deutschland 1935 verlassen; Niemöller kommt in „Schutzhaft"; den Bischöfen werden die Konfessionsschulen genommen; Husemann wird von den Nazis 1935 im KZ erschlagen.

Resonanz findet Max Braun lediglich bei einigen frankophilen Gruppen für den Status quo. Im lothringischen Forbach führt er vertrauliche Gespräche mit Vertretern der „Arbeitsgemeinschaft zur Förderung saarländischer Interessen". Er tritt als Redner auf Veranstaltungen der „Saarländischen Sozialistischen Partei" auf und knüpft Kontakte zur „Saarländischen Wirtschaftsvereinigung".(67) Politisch folgenreich ist dies nur insofern, als es sein Image als „Vaterlandsverräter" in der gleichgeschalteten Bevölkerung weiter verfestigt. Die „Frankophilen" sind im Saargebiet die politischen Sündenböcke schlechthin.

Die Propaganda für den Status quo

Am 26. August 1934 laden die beiden Status quo-Parteien ihre Anhänger zu einer Kundgebung nach Sulzbach ein. Es wird die größte Anti-Hitler-Demonstration, die das Saargebiet jemals gesehen hat. Zu Fuß, zu Bus, per Bahn kommen etwa 50 000 saarländische, reichsdeutsche und lothringische Hitlergegner zum Schießstand im Sulzbacher Wald und legen ein Bekenntnis für eine freie deutsche Saar ab. Der Sulzbacher SPD-Vorsitzende Richard Kirn eröffnet die Kundgebung. Massenchöre der Arbeitersänger, Vorträge von Agit-Prop-Gruppen und von Erich Weinert vorgetragene Gedichte bilden das kulturelle Rahmenprogramm der Kundgebung. Stürmisch begrüßt, spricht neben Fritz Pfordt für die KPD Pater Dörr für die Opposition im katholischen Lager. Ein Tränengasanschlag läßt Unruhe aufkommen. Sprechchöre werden vorgetragen:

„Hitler bringt Euch Hunger,
Hitler bringt Euch Not,
Hitler, der bringt Knechtschaft, Zuchthaus und kein Brot.
Hitler: Hunger; Hitler-Not;
Hitler: Handbeil, Zuchthaus, Tod.

Armes deutsches Vaterland,
Du bist in Verbrecherhand.
Grausam deine Herren,
feige deine Knechte,
geschundene Proleten,
zertret'ne Menschenrechte."(68)

Höhepunkt des großen linken Sulzbacher Volksfestes ist die Ansprache Brauns, in der er die Status quo-Parole begründet und schlagwortartig seine Vorstellung eines freien Saarstaates präzisiert. Der durch weitgehende Selbstbestimmung und Mitwirkung des Saarvolkes, durch Gesinnungs- und Meinungsfreiheit, durch Koalitionsfreiheit und durch moderne Sozial- und Arbeitsgesetze charakterisierte und um die Hebung des Lebensstandards der Bevölkerung durch planwirtschaftliche Regelungen und Anleihen bemühte Saarstaat sei „nicht die Verlängerung des aufgeklärten Absolutismus durch eine ausländische Regierungskommission im Auftrage des Völkerbundes", sondern werde sich von diesem fundamental unterscheiden.(69) Das im Dezember veröffentlichte „Programm der Einheitsfront nach dem Siege" betont darüberhinaus die staatliche Selbstverwaltung der bislang von Frankreich verwalteten Saargruben und die Säuberung des Staatsapparates von Nationalsozialisten.(70) In den politischen Auseinandersetzungen spielt dieses Programm keine Rolle. Für die Masse geht es um die einfache Alternative: Deutschland oder Frankreich.

Gegen diese Reduktion, gegen die von Bürckel und Goebbels betriebene Emotionalisierung und Ästhetisierung der Saarabstimmung erhebt Max Braun die Stimme der Vernunft. Er verkennt, daß die Mehrheit der Saarländer nicht gewohnt ist, politisch zu denken und zu differenzieren. Seine Argumente bleiben unverstanden. Der Terror der Rückgliederungsfront baut Hemmschwellen auf, überhaupt eine Veranstaltung des Status quo zu besuchen. Die von Tag zu Tag immer mehr absehbare Isolierung der saarländischen Hitlergegner in der Öffentlichkeit versucht er, durch verstärktes persönliches Engagement zu kompensieren. Täglich — z. T. mehrfach am Tage — tritt er als Redner auf Status quo-Veranstaltungen im gesamten Saargebiet auf und appelliert an die politische Vernunft seiner Zuhörer. Die, die er mit seinen Artikeln und Reden erreicht, sind von ihm begeistert. Für die anderen bleibt er der „Vaterlandsverräter", dem man das Schlimmste wünscht. Den Graben zwischen Vernunftappell und naivem Gefühl kann er nicht überbrücken. Fast täglich schreibt er einen Leitartikel für die „Volksstimme" und die „Deutsche Freiheit". Er spricht vor dem Saarparlament und dem Saarbrücker Stadtrat; reist zu Konsultationen mit Vertretern des Völkerbundes nach Genf; ist Delegierter seiner Partei im Juni '34 bei der Birminghamer Friedenskonferenz und wird im Foreign Office von Mister Eden empfangen; organisiert internationale Pressekonferenzen im Pariser Hotel Lutetia, in denen er den Nazi-Terror an der Saar anklagt und internationale Solidarität fordert; empfängt ausländische Journalisten, Schriftsteller und Filmteams, denen er Rede und Antwort steht. Bis spät in die Nacht hinein — immer von seinen Schutzleuten umgeben — ist er für die Sache des Status quo unterwegs.

Für Deutſchland . Gegen Hitler

Max Braun • Fritz Pfordt

halten Ansprachen in fast allen Kundgebungen

KUNDGEBUNGEN

Samstag, den 1. 12.

Merzig : - Uhr, „Gambrinushalle"
Kleinottweiler : 20 Uhr, Lokal Wwe. Klein, Hauptstraße
Güchenbach : - Uhr, Lokal Strempel
Gersweiler : 20 Uhr, Lokal Weinkauf, „Zur Post"
Spielmannszug Groß-Saarbrücken

Sonntag, den 2. 12.

Saarlouis : 17.30 Uhr im „Saalbau"
Homburg : 14.30 Uhr, im Saalbau
Hühnerfeld : 15.30 Uhr, im Lokal Schaumlöffel, Grühlingstr.
Wemmetsweiler : 20 Uhr, Lokal Altenhofer, Hauptstr. 36
Clarenthal : 16 Uhr, im Lokal „Zum weißen Roß"
Geislautern : 20 Uhr, Lokal Turnhalle Pitz
Hangard : 15 Uhr, Lokal Hanauer, Ziehwaldstraße
Landsweiler : 15 Uhr, Lokal Walter, „Pfälzer Hof"
Kleinblittersdorf : 20 Uhr, Lokal Doub, Hauptstraße

Jägersfreude : 20 Uhr, Lokal Gottschalk
Scheidt : 20 Uhr, Lokal „Stiefeler Schloß"

Erich Weinert rezitiert in:
Gersweiler, Wemmetsweiler, Clarenthal, Hangard, Kleinblittersdorf, Homburg und Jägersfreude.

Theo Maret: in Saarlouis.

Redner: Max Braun, Fritz Pfordt, Wilhelm Kaupp, Hermann Henneike, Peter Kuhn, R.-A. Lehmann, Fritz Bäsel, Max Bock, Gustav Regler, Fritz Dobisch, August Hey, Philipp Daub, Karl Etienne, Heinrich Sommer, Angele Braun, Hermann Petri, Peter Baumann, Luise Schiffgens, Julius Schwarz, Artur Manbar, Heinr. Barth, Fritz Nikolay, Paul Vaders, Erich Honnecker.

Abb. 23: Kundgebungskalender des Status quo vom 1.12.1934

Abb. 24: Angela und Max Braun auf der Kieselhumes-Kundgebung des Status quo am 6.1.1935

Die gesamte Person identifiziert sich mit dem Kampf. An ein Privatleben ist nicht mehr zu denken. Er gibt seine Wohnung in der Saarbrücker Riottestraße 14 auf, da er dort nicht mehr sicher ist. Seine Mutter in Neuss kann er nicht mehr besuchen. Er trifft sie ein letztes Mal im schweizerischen Gersau am Vierwaldstädtersee anläßlich einer Visite beim Völkerbund in Genf. „An was ich mich erinnere, war die Abschiedsszene, weil ich das Gefühl hatte, Onkel Max hat die Idee und die Mutter auch, wir sehen uns nie mehr wieder."(71) Sie sehen sich nicht mehr wieder! Und auch der briefliche Kontakt wird durch die Gestapo unterbunden. Im Juli 1941 stirbt die Mutter in Neuss.

Am Abstimmungstag, dem 13. Januar 1935, ist es an der Saar ruhig: die Ruhe vor dem großen Sturm. Hektische Wochen, geprägt durch das Hin- und Herschwanken zwischen Optimismus und Resignation, liegen hinter Max Braun, der aufgrund der Bestimmungen des Saar-Statuts des Versailler Vertrages selbst nicht abstimmungsberechtigt ist. Für Ruhe und Besinnung bleibt an diesem verschneiten Sonntag aber keine Zeit. Die reichsdeutschen Rundfunksender setzen mit abenteuerlichen Falschmeldungen über das Schicksal führender Status quo-Funktionäre ihre psychologische Kriegsführung fort. Mal erfahren die Rundfunkhörer an der Saar, Braun habe einen Nervenzusammenbruch erlitten und sei in eine Heilanstalt eingeliefert worden; dann teilt man ihnen mit, er habe den KPD-Chef Fritz Pfordt erschossen; schließlich verkündet ein Sender, Max Braun habe sich an Bord der „Ile de France" nach den Vereinigten Staaten eingeschifft.(72) Um diese Meldungen augenscheinlich zu dementieren, fahren Fritz Pfordt und Max Braun den ganzen Tag im offenen Wagen durch das Saarbrücker Stadtgebiet.(73)

Trotz der von den Nazis zur Schau gestellten Siegeszuversicht glaubt Max Braun auch am folgenden Tag noch immer an eine Chance für den Status quo. Hoffnungsvoll und in guter Stimmung hat man sich zu einer Konferenz in der Brauerstraße zusammengefunden und berät, was am nächsten Tag — dem Tag der Verkündung des Abstimmungsergebnisses — geschehen soll. „Max Braun sprach über die Möglichkeiten, die die Abstimmung in sich schlösse, alle Fälle wurden durchgesprochen, nur der eine Fall, der eintrat, wurde von keinem erwähnt . . . "(74) Völlig weltfremd erklären Braun und Pfordt in der „Volksstimme", die am frühen Morgen des kommenden Tages erscheinen wird: „Die Einheitsfront hat einen gewaltigen Sieg errungen." Schon jetzt stehe fest, daß Hitler an der Saar eine verheerende Niederlage erlitten habe. Der Kampf gehe weiter.

Das Abstimmungsergebnis vom 15. Januar

Für den Tag der Stimmenauszählung, den 15. Januar, lädt Max Braun seine Anhänger in den großen Saal der Arbeiterwohlfahrt in der Hohenzollernstraße ein. Er selbst begibt sich zunächst zum Auszählungslokal in die „Wartburg", um der Bekanntgabe des Abstimmungsergebnisses beizuwohnen, darf aber den Saal nicht betreten. Nur der „Deutschen Front" angenehme Journalisten haben Zutritt. Braun protestiert gegen seinen Ausschluß beim Präsidenten der Abstimmungskommission des Völkerbundes, der ihm aber nur lapidar erwidert, seine Anwesenheit könne zu Zwischenfällen führen, die unbedingt vermieden werden müßten. Braun fährt zurück in die Hohenzollernstraße. Unter denen, die hier das Ergebnis erwarten, befinden sich die bereits vor Hitlers Sturmtruppen an die Saar geflohenen Reichsemigranten, für die sich nun entscheiden wird, ob sie ein zweites Mal ihre Koffer packen müssen oder ob ein Sieg des Status quo die Chance erhöht, Hitler zu stürzen und in die Heimat zurückzukehren. Wie Georg Glaser, gelernter Silberschmied und emigrierter Hitlergegner aus dem Reich, später mitteilt, wird kurz vor sieben Uhr der Lautsprecher eingeschaltet: „ . . . Max Braun trug eine Armbinde. Er stand vor dem Lautsprecher, als die Ziffern ausgeschrien wurden. Nie in meinem Leben habe ich einen Menschen so plötzlich erstarrt, so versteinert gesehen. Er war bleich, kein Tropfen Blut mehr in seinen Lippen. Er zitterte und konnte kaum die Worte herausbringen, um zu sagen: ‚Genossen, für lange Zeit ist es aus!'"(75) Zu den vor dem Haus versammelten Anhängern spricht er ein letztes Mal. Walter Fuchs erinnert sich: „Da waren wir vielleicht ein paar Hundert Leute dort. Da kann ich mich noch genau daran erinnern. Er hat das Ergebnis der Abstimmung bedauert. Da weiß ich noch seine Worte, die er gebraucht hat: ‚Heute, wo wir nichts mehr zu bieten haben als den Stolz der Verfolgten und den Trotz der Geächteten, heute zeigen sich unsere wahren Freunde und Genossen.' Das waren die Worte, die er gebraucht hat."(76) Während man sich mit einem letzten Kampflied Mut macht, löst sich die Versammlung auf der Straße auf: „Leute traten sich auf die Füße, ohne sich zu entschuldigen. Wir waren kaum noch dreißig Mann, als wir die letzten Worte des Liedes sangen. Die Straßen rings um die Arbeiterwohlfahrt waren mit abgerissenen Armbinden übersät."(77)

Resignation und die Sorge um die eigene Existenz macht sich breit. Soll man fliehen oder bleiben? Ist die Abstimmung überhaupt mit rechten Dingen vor sich gegangen, oder haben die Nazis das Ergebnis manipu-

Die Saar Volksstimme

Nr. 12 | Saarbrücken, Dienstag, 15. Januar 1935 | 27. Jahrgang

Wir kämpfen weiter!

Morgen: Die Parole nach der Wahl

Alle in die Kundgebungen der Einheitsfront!

Der Wahlakt des 13. Januar ist vorüber. Die Einheitsfront hat einen gewaltigen Sieg errungen. Schon jetzt steht fest, trotz Terror, trotz Provokationen, trotz der Schlammflut von Lügen der „deutschen Front" und der Goebbels-Sender, hat Hitler an der Saar eine Niederlage erlitten. Ohne Hitler wäre die Saarbevölkerung einstimmig für den Anschluß gewesen. Hitler hat den Anschluß durch seine Politik, durch den grausamen Terror im „dritten Reich", durch die Unterdrückung jeder Meinungs- und Gewissensfreiheit, durch Zerschlagung und Zerstörung der Gewerkschaften und durch eine wirtschaftliche und politische Katastrophenpolitik verhindert.

Heute erneuern wir unsern Schwur: Nie zu Hitlers! Niemals wird die Saar an Hitler fallen! Kein Stück des Saarbodens darf von den braunen Tyrannen verwüstet werden.

Eine neue Etappe des gewaltigen Kampfes unserer Einheitsfront beginnt. In geschlossenen Reihen tragen wir unsere Freiheitsfahne weiter voran und rufen das ganze werktätige Saarvolk auf, sich unserem Kampfe anzuschließen zur Brechung des braunen Terrors, zur Durchführung der politischen und wirtschaftlichen Forderungen, wie sie im Programm der Einheitsfront nach dem Sieg des Status quo niedergelegt sind.

Werktätiges Saarvolk!

Dienstag vormittag 10 Uhr auf in die Kundgebungen der Einheitsfront an den noch näher zu bezeichnenden Orten. Wir feiern unsere Siege und schmieden die Waffen, mit denen wir unser Ziel erreichen werden: Die endgültige Niederlage Hitlers, die Befreiung Deutschlands vom Joche der braunen Tyrannei.

Ihr Kämpfer in der Einheitsfront, Ihr Gewerkschaftler habt Heldentaten im Kampf und im Opfern bewiesen. Weiter voran! Schließt fester die Reihen! Mobilisiert Zehntausende in die Kundgebungen der Einheitsfront in allen Orten des Saargebietes. Die Führer der Einheitsfront sprechen zu Euch.

Die Einheitsfront hat beschlossen, um jeden weiteren Versuch des braunen Terrors zu brechen, einen eigenen Ordnungsdienst zu schaffen. In diesen Ordnungsdienst gehören alle Freiheitskämpfer! Diese Maßnahme ist notwendig geworden, nachdem die Behörden den SA.-Ordnungsdienst gewähren lassen.

Die Röchling und Stumm schließen zwangsweise ihre Betriebe mit der Absicht, die Belegschaften aufzuputschen für Teilnahme an Terroraktionen gegen die Einheitsfront. Sorgt dafür, daß die Belegschaftsvertreter teilnehmen an den Kundgebungen der Einheitsfront. Verteidigt und schützt die Arbeiterwohnungen, verteidigt und schützt eure Organisationen, verteidigt und schützt euer eigenes Leben.

Der Kampf geht in strengster Disziplin und in geschlossenen, unzertrennbaren Reihen weiter! Wir halten die Saar! An unserer Kraft werden alle Provokationen scheitern! Einheitsfront auf den Kampfposten!

Einheitsfront:

Max Braun. Fritz Pfordt.

Nicht erfüllt!

Saarbrücken, den 14. Januar 1935.

Der Friedensvertrag hat der Saarbevölkerung eine geheime, freie und unbeeinflußte Abstimmung zugesichert. Nach dem Verlauf des Abstimmungstages steht endgültig fest: Diese Voraussetzungen der Volksabstimmung sind nicht erfüllt worden. Die Abtretung der Polizeibefugnisse an den nationalsozialistischen Ordnungsdienst war nur das letzte Glied in der langen Kette der Verfehlungen und Mißbräuche, durch welche die im Vertrag festgelegten Voraussetzungen unwirksam gemacht wurden.

Um diese Voraussetzungen zu sichern, hat der Völkerbundsrat auf seiner Junitagung die beiden unmittelbar interessierten Regierungen veranlaßt, gewisse Verpflichtungen zu übernehmen. Die hitlerdeutsche Regierung hat sich nicht im geringsten an ihre Verpflichtungen gehalten. Sie hat nicht, wie sie versprochen hat, auf jeden direkten oder indirekten Druck verzichtet, sondern einen ungeheuren Druck in jeder Form und in immer steigerndem Maße ununterbrochen ausgeübt. Lange Zeit hat die Abstimmungskommission mit unbegreiflicher Geduld die unzulässigen Einmischungen der hitlerdeutschen Regierung einfach nicht beachtet. Als sie dann versuchte, in den Fragen des Rundfunkes und des Druckes seitens der Bischöfe die übelsten Mißbräuche abzustellen, hat sie keinen aber auch gar keinen Erfolg gehabt. Der Rundfunk blieb bis zur letzten Minute das, was er war. Die Bischöfe haben nichts getan, um ihre völlig unzulässige von der Hitlerregierung erpreßte Einmischung wieder gut zu machen. Diese Einmischung der Bischöfe hat zur Folge gehabt, daß ein großer Teil der Saarbevölkerung über die wahre Bedeutung der Abstimmung nicht aufgeklärt werden konnte und unter den stärksten Gewissenszwang gesetzt wurde. Das geschah unter der Duldung der Abstimmungskommission, die, wie gesagt, nur sehr verspätet — acht Tage vor der Abstimmung einen mißglückten Versuch machte, die Bischöfe zur Neutralität zu bewegen.

Die Abstimmungsberechtigten, die aus dem Reiche kamen, hatten überhaupt keine Möglichkeit gehabt, sich über die Lage des Saargebietes und über die Fragen der Abstimmung aufklären zu lassen. Im Reiche wurden sie absolut einseitig nur durch die gleichgeschaltete Presse und durch den reichsdeutschen Rundfunk unterrichtet. Bei ihrer Ankunft im Saargebiet wurden sie von Anfang an zu Gefangenen der braunen Front gemacht. Mit der Unterstützung der Polizei wurde ihr Empfang zu einer ausschließlichen Angelegenheit der Nazis. Durch den Einsatz des nationalsozialistischen Ordnungsdienstes als eine Art Hilfspolizei wurde ihnen das Saargebiet als ein von Hitler schon so gut wie erobertes Land präsentiert. In diesem Falle darf man nicht nur von der Duldung der Behörden, sondern auch von unzulässiger Wahlbeeinflussung durch die Behörden sprechen.

Wurde schon die ganze Zeit dem Terror der braunen Front kein wirsamer Widerstand geleistet, so wurde dieser Terror in der nächsten Woche von den Behörden direkt unterstützt. Von der Kapitulation der Polizei vor der braunen Front während der ersten (verbotenen) Kundgebung bei dem Empfang der Deutsch-Amerikaner ab bis zur Uebergabe der Polizeibefugnisse an den nationalsozialistischen Ordnungsdienst am Abstimmungstage, geschah wirklich alles, um bei der Bevölkerung den Eindruck zu erwecken, daß die Nationalsozialisten schon zu einer regierenden Gewalt geworden und daß ihre Gegner völlig schutzlos dem Terror ausgeliefert seien. Kein Wunder, daß nicht nur die objektiven ausländischen Beobachter, sondern auch, wie die Baseler „National-Zeitung" das meldet und was wir bestätigen können, ein Mitglied der Abstimmungskommission schon einige Tage vor dem Abstimmungstermin feststellen mußte, daß von einer freien und unbeeinflußten Abstimmung keine Rede sein kann. Dieses Mitglied der Abstimmungskommission hat auch die Aussetzung des Abstimmungstermines verlangt, ist aber mit diesem Verlangen bei seinen Kollegen offenbar nicht durchgekommen.

Es bleibt die Forderung der „geheimen" Abstimmung. Wir erkennen gerne an, daß die Abstimmungskommission sich besondere Mühe gegeben hat, das Geheimnis der Abstimmung zu sichern. Sie hat eine vorzügliche technische Organisation geschaffen, hat aber viel zu wenig die psychologischen Faktoren, die von allergrößter Wichtigkeit sind, berücksichtigt. Sie konnte es deshalb nicht verhindern, daß die braune Front durch ihre Formulare bei ihren Mitgliedern den Eindruck zu erwecken vermochte, daß sie auch während der Wahlhandlung unter schärfster Beobachtung stünden. Namentlich das Verlangen, die Gründe für die

Vor den Augen der Welt

Keine unbeeinflußte Abstimmung

Saarbrücken, 14. Jan. An anderer Stelle haben wir über die tiefbedauerliche Tatsache berichtet, daß der braune Ordnungsdienst unter Duldung aller Instanzen sich die Polizeigewalt im Saargebiet am Tage der Abstimmung und kurz vorher angemaßt hat. Wie recht wir mit diesen unseren Ausführungen haben, ergibt ein Bericht der Baseler „National-Zeitung" in dem heutigen Montagblatt. Darin heißt es:

Kopfschüttelnd stand man am Samstag vor dem Gebäude des Hauptbahnhofs in Saarbrücken und betrachtete sich die Maßnahmen der hohen Abstimmungskommission. Zwar hatte sich die Regierungskommission endlich entschlossen, während der Ankunft der Züge mit den Abstimmungsberechtigten aus dem Reiche, den Bahnhofsplatz und die Zugangsstraßen absperren zu lassen. Wäre das nicht geschehen, so hätten wir wahrscheinlich die schönsten Unruhen erlebt, denn die Zeichen standen in den letzten Tagen auf Sturm! Sogar die Beamten der am Bahnhofsplatz gelegenen französischen Grubendirektion, die sich in ihrer persönlichen Sicherheit bedroht sahen, intervenierten bei dem französischen Mitglied der Regierungskommission, Minister Morize, und forderten von ihm, daß er sofort Schritte in Paris unternehme zu ihrem Schutz.

Die Lage war so kritisch, daß, wie kurz gemeldet, die Kommission des Völkerbundes allen Ernstes erwogen hatte, an den Völkerbund wegen einer

Vertagung der Abstimmung

heranzutreten. Es erschien einigen Mitgliedern unmöglich, unter dem herrschenden Terror die Freiheit der Abstimmung zu garantieren.

Am Samstag war es äußerlich ruhig. Und auch ein Wunder war über Nacht geschehen! Dieselben Leute, die in den letzten Tagen mit lärmenden Demonstrationen die Straßen unsicher machten und ihre politischen Gegner niederschlugen,

die getarnte SS. und SA. versah in einer beinahe lückenlosen Uniformierung den Ordnungsdienst. Sie sperrte Straßen und Plätze ab, begrüßte die Ankommenden aus dem Reiche mit einem „Heil Hitler" und erweckte bei ihnen den Eindruck, daß hier an der Saar die Sache im Grunde bereits entschieden sei. Innerhalb der polizeilichen Absperrung wurde das Propagandamaterial der „deutschen Front" verteilt.

Man muß sich fragen, ob die Herren der Abstimmungskommission, wenn sie von diesen Vorgängen überhaupt Kenntnis hatten, noch nicht auf den Gedanken gekommen waren, daß mit der Zulassung eines derartigen, völlig überflüssigen Ordnungsdienstes **nicht allein eine Partei begünstigt wurde, sondern auch eine psychologische Beeinflussung der Abstimmungsberechtigten erfolgte.**

Ihr Korrespondent hat eine Fahrt durchs Saargebiet gemacht, um festzustellen, wie es auf dem Lande aussieht. Aber was kann man viel sehen an einem Tage? Es gibt Journalisten, welche, wenn sie nichts gesehen haben, behaupten, es käme auch nichts vor an

Terrorakten.

Zunächst habe ich eines festgestellt: Auf den Plakattafeln, welche den beiden Parteien für den Abstimmungskampf zur Verfügung gestellt wurden, sind die Anschläge der „deutschen Front" unversehrt, diejenigen der Einheitsfront aber meist abgerissen. Es gibt Orte, in welchen weder Zeitungen noch Propagandamaterial der Einheitsfront oder des christlichen Volksbundes verteilt werden konnten, weil die Schlagerkolonnen der „deutschen Front" es mit Gewalt verhinderten...

Ich konnte einen dieser furchtbar zugerichteten Zeitungs-

(Fortsetzung siehe nächste Seite)

Abb. 25: Letzte Nummer der "Volksstimme" vom 15.1.1935

Abb. 26: Abrechnungsdrohung: Galgen mit dem Symbol der Eisernen Front, den drei Pfeilen

Abb. 27: Status quo-"Hinrichtung" nach Bekanntgabe des Abstimmungsergebnisses in den Straßen Saarbrückens

liert? Viele können der offiziellen Bekanntgabe des Ausgangs des Saarreferendums durch den schwedischen Vorsitzenden der Abstimmungskommission Rhode keinen Glauben schenken. Von 559 541 Abstimmungsberechtigten sollen 477 119 — das wären mehr als 90 % — für den Anschluß des Saargebietes an Hitlerdeutschland gestimmt haben, unter ihnen mehr als 2/3 der Anhänger der beiden Linksparteien von KPD und SPD. Das Ergebnis inspiriert zu Gerüchten und Vermutungen. Eine Niederlage der Linken kann und darf es nicht gegeben haben.

Während sich die Versammlung in der Arbeiterwohlfahrt aufzulösen beginnt, die wenigen standhaften Sozialdemokraten und Kommunisten versuchen, möglichst unerkannt nach Hause zu eilen, beherrscht schon der Siegestaumel der „Deutschen Front" — der Verlierer von morgen — die Straßen. „Die Massen gebärdeten sich noch übergeschnappter als die, die ich am 30. Januar 1933 durch die Straßen Berlins hatte ziehen sehen", schreibt Karl Retzlaw, Emigrant aus Frankfurt, später.(78) Die Anspannung der letzten Wochen und Monate entlädt sich in spontanen „Status-Quo-Beerdigungen" und symbolischen „Hinrichtungen" der Anführer der saarländischen Anti-Hitler-Koalition. Einer der vielen Demonstrationszüge zieht zur Arbeiterwohlfahrt, wo man Max Braun und seine „Separatistenschar" vermutet. „Uniformierte SS- und SA-Leute bildeten die Spitze, dann kamen Hitlerjugend und BdM und dann folgte ein großer unbedeckter Lastwagen, auf dem ein Galgen aufgestellt war, und auf dem Bock saß neben dem Wagenlenker ein SS-Mann als katholischer Priester verkleidet im vollen Priesterornat. Neben dem Galgen hielten 4 SS-Männer eine lebensgroße Puppe gefesselt zwischen sich, die ein riesiges Schild um den Hals trug mit der Aufschrift ‚Max Braun'. Hinter dem Wagen schritt ein johlendes Gesindel, das aus allem Abschaum einer Großstadt zusammengekehrt war und das einen tollen Lärm veranstaltete."(79) Max Braun beobachtet seine eigene „Hinrichtung", „die dem Saarvolk den ersten Vorgeschmack von dem gab, was es erwartete", vom Fenster des Gebäudes der Arbeiterwohlfahrt aus und gesteht später, „daß Verachtung und Mitleid in mir einen Kampf führten. Ich hatte diesen Menschen mit allen Propagandamitteln, die uns zur Verfügung standen, immer wieder gesagt: ‚Hitler — das ist der Krieg!' Und bei diesem grotesken Schauspiel wurde mir klarer als je zuvor, daß derselbe Hexentanz in gleicher Verruchtheit eines Tages sich über die Grenzen hinaus begeben und noch wilder und hemmungsloser gegen Europa und die übrige Welt im Amoklauf losgehen würde".(80)

Der Aufzug vor der Arbeiterwohlfahrt wiederholt sich dreimal. Beim zweitenmal geht Max Braun selbst auf die Straße, um seine Schutzbündler, die sich bereits in einem Handgemenge mit den Nazis befinden, zurückzuholen und — wie Max Braun wohl weiß — von der Völkerbundspolizei keinen Schutz erwarten dürfen.

Am Spätnachmittag des 15. Januar erscheint der Kabinettschef und oberste Ministerialdirektor der Völkerbundsregierung, Heimburger, bei Braun und erklärt ihm, daß ihn der Präsident der Regierungskommission bitte, noch vor Einbruch des Abends das Saargebiet zu verlassen. Er habe mit den Nazis eine Vereinbarung getroffen, wonach sich keinerlei Ausschreitungen mehr ereignen würden, falls — so die Forderung der Nazis — Max Braun sofort das Saargebiet verlasse. Nach kurzer Beratung mit seinen Vorstandskollegen nimmt Braun den Vorschlag von Knox an, übergibt das Haus — in dem wenige Monate später der Goebbelsrundfunk sein Hauptquartier aufschlägt — dem herbeigeeilten Polizeipräsidenten von Saarbrücken und einigen Beamten der Saarregierung und besteigt den Wagen seines Bruders, mit dem er in Richtung französische Grenze abfährt. Persönliche Dinge und die umfangreiche Bibliothek Brauns müssen in der Redaktion der „Volksstimme" zurückbleiben. In der Vorstadtstraße gerät der Wagen mit den Gebrüdern Braun zwischen einen Nazifackelzug, an dessen Spitze ein Galgen getragen wird, an dem eine Max-Braun-Puppe baumelt. Der Siegestaumel hat die Menschen blind gemacht. Der SPD-Führer und sein Bruder können unerkannt die Stadtgrenze erreichen und die Grenze nach Frankreich passieren. Für Heinz Braun ist es die zweite Flucht vor Hitler. Bereits 1933 hat der Magdeburger Anwalt, ehemals Mitglied des Bundesvorstandes des Reichsbanners, Hitlerdeutschland verlassen müssen. Angela Braun und die Freundin von Max Braun, die junge Lydia Melchior, folgen den Brüdern einige Stunden später ins Exil.

Der Ausgang der Saarabstimmung ist für Max Braun *das* Schlüsselerlebnis seiner politischen Biographie. Die Ursachen des Scheiterns seines Engagements für eine freie deutsche Saar wird er nie wirklich begreifen, zu sehr steckte er selbst mitten in dieser historischen Entscheidungsschlacht, die Hitler diesen folgenschweren innen- und außenpolitischen Erfolg verschafft. Der Terror der letzten Wochen macht sich bemerkbar. Fast paranoid sieht sich Braun von allen Seiten hintergangen und umstellt: von Hitlers „5. Kolonne" aus Geistlichen, Juden und eigenen Genossen; von den gleichgeschalteten Polizei- und Kommunalorganen; vom obersten Polizeichef des Völkerbundes, dem englischen Major Hennessy. Dieser habe es geschehen lassen, daß der aus Tausenden SA- und SS-Männern formierte „Ordnungsdienst“ der „Deutschen Front“ am Abstimmungstage die Straßen beherrschte und zu dem „gewaltigen psychologischen Eindruck“ führte, „daß Hitler praktisch bereits die Macht an der Saar ausübe und von niemandem mehr an der Durchführung irgendwelcher Absichten gehindert“ wurde.(81) Aber all das wird — so Braun — in den Schatten gestellt durch das, was in der Nacht nach der Abstimmung in den Kellern der „Wartburg“ geschah: die Fälschung des Abstimmungsergebnisses.

Bereits in Genf, wohin er unmittelbar nach Bekanntgabe des niederschmetternden Abschneidens des Status quo von Forbach aus abreist, deutet er Journalisten gegenüber an, daß es zu Unregelmäßigkeiten gekommen sei. In einem Brief an Thomas Blanc vom 12. 2. 1935 wird er konkreter: „Unterdessen stellt sich immer mehr heraus, daß wir alle und mit uns die Welt das Opfer eines großen Nazibetruges geworden sind. Es mehren sich täglich die Indizien, die beweisen können, daß die Saarabstimmung einen kleinen ‚Reichstagsbrand‘ erlebt hat. Bis jetzt können wir zwar nur eine Menge von Indizien anführen, aber es sind solche darunter, die ganz große Rückschlüsse erlauben: Vielleicht gelingt es uns zu beweisen, daß in der Wahlnacht die Urnen umgetauscht worden sind! Schwer belastet ist übrigens auch der Polizeichef Major Hennessy aus den bisherigen Feststellungen hervorgegangen. Doch darüber demnächst mehr.“(82)

Mehr darüber erfahren zwei Monate später die Leser skandinavischer Zeitungen. Auf Einladung norwegischer und schwedischer Sozialisten weilt Max Braun im April 1935 im Norden Europas und referiert vor Arbeitern und Politikern über die angebliche Manipulation der Saarabstimmung. Kern von Brauns These ist die Behauptung, die Wahlurnen seien von reichsdeutschen SS-Angehörigen am Tage nach der Abstimmung ausgewechselt worden, wobei der norwegische Offizier der internationalen Polizeitruppen zur Sicherung der Abstimmung, Jonas Lie, der spätere Polizeiminister Quislings in Norwegen, und Hennessy assistiert hätten.(83) Braun publiziert seine Manipulationsthese u. a. in der „Neuen Weltbühne“(84) und widmet ihr in seinen Londoner Erinnerungen allein drei Kapitel.

Brauns Behauptung, die auch nach dem Kriege noch verschiedentlich propagiert wird(85), ist niemals stichhaltig belegt, aber auch nie wirklich widerlegt worden. Dem Völkerbund jedenfalls werden gesicherte

Erkenntnisse über eine Manipulation der Abstimmung nicht vorgelegt. Für Max Braun bleibt die These vom „kleinen Reichstagsbrand an der Saar“ ein Erklärungsmuster, mit dem er das Unvorstellbare rational zu erklären versucht. Er verkennt die Wucht des Nationalgefühls, vor dem er selbst jahrelang gewarnt hat. Er unterschätzt die Wirkung der mobilisierten Ängste und überschätzt den politischen Reifegrad der saarländischen Arbeiterschaft. Er übersieht, daß die Nazis schon lange vor der eigentlichen Abstimmung durch die vielfältigen Formen von Propaganda und Terror ihr Ergebnis abgesichert haben. Folgenreich ist sein Nichtbegreifen des „Saargeheimnisses“ insofern, als es dazu führt, daß er die Widerstandspotentiale nach 1935 an der Saar und im Reich falsch einschätzt und seine Politik immer wieder auf eine Neuauflage der Saar-Einheitsfront hinausläuft.

Differenzierter bewerten Brauns Prager Parteigenossen die Ursachen des Scheiterns des Status quo an der Saar. Es ist keineswegs Schadenfreude, die hier aufkommt, hat die SOPADE doch immer vor einer Einheitsfront mit den Kommunisten gewarnt. Curt Geyer, alias Max Klinger, hebt in der wohl differenziertesten und einfühlsamsten Analyse des Saarkampfes in der in Karlsbad erscheinenden „Zeitschrift für Sozialismus“ hervor, daß trotz der ungünstigen Ausgangsvoraussetzungen der Kampf aufgenommen werden mußte: „Solange es in diesem Gebiete noch Reste demokratischer Freiheiten gab, mußten sie verteidigt werden. Es mußte der Versuch gemacht werden, die Liebe zur Freiheit, die Bejahung moralischer und humanitärer Werte in der Politik zu mobilisieren gegen den Druck der reinen Machtideologie, eine Gesamtopposition gegen das Hitlersystem zu sammeln.“(86) Die Gründe, daß dieser Kampf mit einer Niederlage endete, sieht Geyer primär in der Mobilisierung des Nationalgefühls durch die „Deutsche Front“, dem in den vergangenen Jahren der Völkerbundsherrschaft alle Saarparteien kräftig Vorschub geleistet hätten, und im mangelnden Willen zur Freiheit. „Der glänzende Kampf hat nicht einmal in der Arbeiterschaft des Saargebietes eine Explosion des Willens zur Freiheit hervorgerufen. Das ist eine ernste Warnung vor jeder Form der Revolutionsromantik, vor illusionären Erwartungen und revolutionären Wunderhoffnungen.“ Der Saarkampf habe gezeigt, „daß die gegenwärtige Apathie der großen Masse gegenüber dem Verlust der Freiheit nicht durch kurzfristigen propagandistischen Vorstoß überwunden werden kann. Der Verlust der Freiheit, seine erdrückenden Folgen, das Elend, die Unwürdigkeit, die Erbärmlichkeit des Lebens in der Knechtschaft muß erlebt seien, sie muß aus unmittelbarem Erlebnis wie Feuer brennen, wenn der revolutionäre Wille zur Wiedereroberung der Freiheit sich entzünden soll".(87)

Beides — die Macht des Nationalgefühls und den unterentwickelten Willen zur Freiheit selbst im eigenen Lager — hat Max Braun verkannt. Seine Vorstellungen eines freien, sozialistischen Europas eilen den Menschen an der Saar und den Regierungen der europäischen Nachbarstaaten, auf die er hofft, weit voraus. „Die Freiheitsfront kämpfte an der Saar nicht nur für die Freiheit des deutschen Volkes", schreibt die „Sozialistische Aktion" nach der Saarabstimmung, „sondern für die Idee der europäischen Demokratie. Aber selbst in diesem Kampfe war die Freiheitsfront allein. Bei den demokratischen Großmächten Europas überwog das Verlangen, mit der Abstimmung an der Saar die Saarfrage endgültig zu liquidieren".(88) Aber auch das Bündnis mit den Kommunisten bleibt nicht ohne Kritik. Während die „Sozialistische Aktion" der Saar-KPD Anerkennung zollt, da sie sich den taktischen Geboten des Kampfes angepaßt und für ein reformistisches Saarprogramm, für Demokratie und religiöse Toleranz ausgesprochen habe, wird zugleich festgestellt, daß die sozialdemokratisch-kommunistische Einheitsfront ohne Einfluß auf die schwankenden und indifferenten Massen blieb: „Daraus läßt sich immerhin die Lehre ziehen, daß eine einfache Addierung von Sozialdemokraten und Kommunisten nicht ohne weiteres eine Machtverstärkung bedeutet."(89) Für die SOPADE ist Max Brauns Saar-Experiment gescheitert; für ihn selbst ist es ein Opfer von Terror und Manipulation geworden. Einer Neuauflage der sozialdemokratisch-kommunistischen Einheitsfront widmet er daher im französischen Exil schon bald wieder seine ganze Kraft.

III. FORBACH UND METZ (1935 — 1936)

Die Flucht nach Frankreich

Die Wahl Frankreichs als Zufluchtsland der Status quo-Anhänger von der Saar hat naheliegende Gründe: die Möglichkeit, schnell und ohne größere Reisen auf sich zu nehmen, Deutschland zu verlassen; die räumliche Nähe zur saarländischen Heimat, die Kontakte zu Verwandten und zurückgebliebenen politischen Freunden auch weiterhin erlaubt; die deutsche Sprache, die im nahen Lothringen noch gesprochen wird; die seit Jahren gewachsenen politischen Beziehungen der saarländischen Linksparteien und Gewerkschaften zu den lothringischen Genossen und Kameraden; kurzum: die Vertrautheit mit dem Gebiet jenseits der Grenze. Im März 1935 beziffert Max Braun die Zahl der aus dem Saargebiet geflüchteten Mensen auf 6000(1), unter ihnen eine Gruppe österreichischer Sozialisten, die nach den Februar-Kämpfen von 1934 ihren Kampf gegen Hitler an der Saar fortgesetzt haben, und vermutlich etwa 1000 reichsdeutsche Emigranten, die nun zum zweitenmal — und es ist nicht das letzte Mal — vor den Nazis fliehen müssen.(2) Das Internationale Nansenamt zählt bis Mai 1935 offiziell 3500 „reine" Saarflüchtlinge. Im Oktober spricht es von „4000 odd refugees".(3) Etwa 2500 Saaremigranten haben aus politischen Gründen ihre Heimat verlassen. Die Kommunisten bilden den größten Block der „Politischen". Etwa 400 bis 500 Sozialdemokraten einschließlich der Familienangehörigen schließen sich Max Braun an und gehen den unsicheren Weg in die Emigration.(4) Im Januar 1938 schätzt Braun die Zahl der Saaremigranten auf rund 8000.(5) Die meisten von ihnen sind Juden.(6) Bereits bis Ende Mai 1936 ist die Hälfte der vor der Abstimmung an der Saar lebenden Juden ausgewandert. Von ehemals 4600 saarländischen Juden registrieren die Behörden im Mai 1939 nur noch 482.(7) Frankreich ist für viele Juden nur Durchgangsstation auf dem Weg nach Palästina oder nach Übersee.

Wie Wilhelm Sollmann, der ehemalige Redakteur der „Deutschen Freiheit", am 31. März 1935 an Paul Hertz in Prag schreibt, gehen Saaremigranten aber auch „rudelweise" an die Saar zurück, „weil die Braut oder die Frau schreibt, weil der Schwiegervater beerdigt werden muß oder aus ähnlichen Gründen".(8) Die Situation in den französischen Auffanglagern wirkt ernüchternd.

Seit den Tagen Heinrich Heines und Karl Marx' hat sich im klassischen europäischen Asylland Frankreich einiges verändert. In der Tradition der französischen Revolution hatte Frankreich seine Grenzen ohne Rücksicht auf soziale Herkunft und politische Weltanschauung den Verfolgten Europas geöffnet. Hier leben jetzt eine Million Weißrussen, die ihre Heimat 1917 verlassen haben, sowie Zehntausende armenische und italienische Emigranten, die dem Völkermord der Türken bzw. dem Faschismus Mussolinis entkommen sind. Etwa 6 Prozent der französischen Bevölkerung sind Ausländer, als 1933 die Emigration aus Deutschland einsetzt. Paris wird — wie Willi Münzenberg, der große Propagandist der kommunistischen Arbeiterbewegung und spätere Kampfgefährte Brauns, bereits im Mai 1933 schreibt(9) — das Zentrum der deutschen politischen Emigration. Zwei Drittel aller deutschen Flüchtlinge des Jahres 1933 zieht es ins benachbarte Frankreich. Mit der Ermordung der SA-Führer Ende Juni 1934 setzt eine zweite Emigrationswelle ins westliche Nachbarland ein und mit der Saarabstimmung 1935 eine dritte Fluchtwelle, so daß der Schriftsteller Heinrich Mann die Zahl der deutschen Emigranten 1935 in Frankreich auf 35 000 Menschen schätzt, von denen wiederum etwa 7000 bis 9000 politische oder weltanschauliche Gegner des Nationalsozialismus sind(10) und aus Sicht der Regierung einen potentiellen Unruheherd in Frankreich bilden.

Den französischen Aufenthaltsbestimmungen liegt das Fremdengesetz von 1849 zugrunde. Danach hat jeder Fremde innerhalb von acht Tagen nach Ankunft im Lande beim Präfekten des betreffenden Départements eine Aufenthaltsgenehmigung, die „carte d'itentité", zu beantragen. Ob diese Bescheinigung ausgestellt wird oder nicht, ob sie gegebenenfalls wieder eingezogen wird, hängt ganz vom Willen des jeweiligen Präfekten ab, der direkt dem Innenminister untersteht. Eine „carte d'identité" ist drei Jahre lang gültig und wird für ein Département ausgestellt. Sie erhält vornehmlich der, der nachweisen kann, daß er selbst für seinen Lebensunterhalt sorgen kann. Die Aufenthaltsgenehmigung kann aber auch entzogen und damit die Ausweisung verfügt werden, wie die deutsche Emigrantenzeitung „Der Gegenangriff" notiert: „Unerwünschte politische Betätigung, strafbare Handlungen oder Betteln, unerlaubte Arbeit oder Zeitungsverkauf, wirtschaftliche Not und Inanspruchnahme französischer Wohlfahrtseinrichtungen, aber auch allgemeine Gründe können dazu führen, daß die Préfecture die Ausweisung eines Emigranten als lästigem Ausländer verfügt."(11)

Hat man die „carte d'identité" 1932 noch schnell und ohne Schwierigkeiten erhalten, war die weißrussische Emigration vom französischen Bürgertum noch mit offenen Armen empfangen worden, so begegnet die deutsche Emigration seit 1934 einer starken Welle der Fremdenfeindlichkeit, einem weit verbreiteten Antisemitismus und der Opposition organisierter reaktionärer und faschistischer Gruppen. Der Skandal um den rumänischen Hochstapler Stavisky hat den Antisemitismus angeheizt. Stavisky war Jude. Die Regierung wurde durch die Affäre kompromittiert und mußte zurücktreten. Im Oktober 1934 haben kroatische Nationalisten, die dem faschistischen Geheimbund Ustascha angehören, den zu einem Staatsbesuch in Marseille weilenden jugoslawischen König ermordet. Bei dem Attentat kommt der französische Außenminister Barthou ums Leben, der den deutschen Flüchtlingen wohlgesonnen war. Die französischen Behörden antworten auf die beiden Morde mit einer Ausweisungswelle.

Zweierlei Frankreich

Fremdenfeindlichkeit, behördliche Restriktionen und die sich gegen die deutsche Emigration formierende Reaktion kennzeichnen die Situation, die die saarländischen Emigranten 1935 vorfinden. Auch Max Braun macht die Erfahrung, nicht nur mit offenen Armen empfangen zu werden: „Kaum hatte ich in Forbach vorübergehend Wohnung genommen, als auch schon die lothringischen Autonomisten, wahrscheinlich von deutscher Seite dazu angestachelt, ihre Demonstrationen gegen meine Anwesenheit begannen. (. . .) Bereits in der ersten Woche brach eines Nachts ein Höllenlärm vor meinem Hause aus und die Schreie: ‚Heraus mit Braun aus Frankreich!' und ‚Max Braun nach Moskau!' wurden im Sprechchor eine halbe Stunde lang wiederholt."(12) In der nächsten und der übernächsten Nacht wiederholt sich das Spektakel. Diesmal fliegen Pflastersteine und mit Steinen gefüllte Konservenbüchsen und zertrümmern die Fensterläden von Brauns Domizil. „Ich war darauf gefaßt, daß der Mob im nächsten Augenblick durch die Fenster zu ebener Erde eindringen werde und entsicherte meinen Revolver. In diesem Augenblick kam ein Capitain der französischen Garnison vorbei. Er zog seine Waffe, vor der der Mob zurückwich, und rief laut in die Nacht: ‚Es ist eine Schande, daß ein Mann wie Max Braun, der das unbeschränkte Gastrecht Frankreichs genießt und dessen Tapferkeit gegen Hitler unsere höchste Achtung verdient, auf französischem Boden so beleidigt wird. Wenn die Polizei nicht Ordnung schaffen kann oder will, das Militär kann es!' "(13) „Max Braun unerwünscht" überschreibt die „Deutsche Front" einen Artikel über Brauns Flucht nach Forbach und zitiert dann zustimmend die deutschfreundliche „Forbacher Bürgerzeitung": „Es hat in unserer Bürgerschaft großes Erstaunen und dann eine begreifliche Erregung ausgelöst, daß der Führer der unterlegenen saarländischen Einheitsfront, Max Braun, sich in unserer Gemeinde häuslich niedergelassen hat." Braun werde — so die „Bürgerzeitung" — „fast von der Gesamtheit unserer Bevölkerung als sehr unerwünscht in unserer Gemeinde empfunden. Die Verwaltung nimmt eine schwere Verantwortung auf sich, wenn sie diesen Zustand duldet". Die Zeitung appelliert an die politischen Verantwortlichen Forbachs, Max Braun ins Landesinnere Frankreich zu deportieren, um ihm die Möglichkeit zu nehmen, von der Grenze aus, unter dem Schutz des französischen Staates gegen Deutschland zu „intrigieren".(14)

Auch nachdem Max Braun im Sommer 1935 von Forbach aus in ein Landhaus nach Moulin-les-Metz übergesiedelt ist, wo er gemeinsam mit seiner Frau Angela, mit Emil Kirschmann, Georg Denicke und Marie Juchacz — der Gründerin der Arbeiterwohlfahrt in Deutschland, deren Sohn hier ein Gut verwaltet — in einer Art Kommune lebt, lassen die Angriffe der Forbacher Presse gegen ihn nicht nach. Wieder wird das Diffamierungsmuster des Bonzentums bemüht: während die armen Saaremigranten unter bescheidenen Verhältnissen auf Kosten Frankreichs ihr Leben fristeten, habe sich Braun vom Gelde der Arbeiterschaft eine komfortable Villa in einem großen Park erworben, wo er nun mit seinem „Hofstaat" lebe und gegen Deutschland hetze.(15) Auch den französischen Behörden ist die Metzer Kommune nicht ganz geheuer, die sie von der Suretè überwachen läßt.

Bereits am 20. Januar 1935 hat Max Braun ein Telegramm des Staatsministers Herriot erhalten, in dem dieser bittet, ihn möglichst umgehend in Paris aufzusuchen. Herriot — Minister ohne Geschäftsbereich in der Regierung Laval — empfängt Braun wenige Tage später in seinem Amt und spricht ihm das Bedauern der Regierung über die Zwischenfälle in Forbach aus. „Die französische Regierung lege Wert darauf, mir zu erklären," so Braun in seinen Erinnerungen, „daß ich mich in Frankreich aufhalten könne, wo ich wolle. Auch sei bereits Anweisung gegeben, daß ich alle Papiere erhalten könne, die ich für eine ungehemmte Bewegungsfreiheit in Frankreich wie zu Auslandsreisen nötig haben würde".(16) Max Braun ist fortan — völlig im Unterschied zu den anderen deutschen Emigranten — ein mit Sonderrechten und Vergünstigungen ausgestatteter privilegierter Flüchtling. Das begünstigt Neid und Haß auch im eigenen politischen Lager. Herriot versichert Braun, daß Frankreich ein Land sei und bleibe, das jeden Kampf für Freiheit und Demokratie zu schätzen und zu honorieren wisse. Besonders Brauns Engagement im Saarabstimmungskampf findet Herriots Anerkennung und Hochachtung. Der Minister legt dem Sozialdemokraten schließlich die Naturalisation nahe, die dieser aber ablehnt. Zwar stehe, so Braun in seiner Entgegnung auf den Vorschlag Herriots, einem gebürtigen Rheinländer Frankreich als Land der Freiheit, der Gleichheit und der Brüderlichkeit besonders nahe, Deutschland — dem „anderen Deutschland" — aber in dieser schweren Stunde den Rücken zu kehren, komme für ihn nicht in Frage: „Ich dächte nicht daran, den Kampf gegen Hitler und die Nazis, die die Verderber meines Vaterlandes seien, auch nur einen Tag einzustellen, aber dieser Kampf muß gerade von Deutschen geführt werden, und ich würde mir wie ein Fahnenflüchtiger vorkommen, wenn ich mich jetzt nicht zu meinem Volke und meinem Lande bekennen würde."(17)

Das andere Frankreich, das dem politischen Emigranten aus Deutschland skeptisch und ablehnend gegenübersteht, lernt Braun auch in Paris kennen. Ein Vertreter des Ministerpräsidenten Laval erklärt Braun verlegen, daß man ihm natürlich Asyl gewähren werde, er seinen Kampf gegen Hitler von französischem Boden jedoch nicht fortsetzen könne. „Er müsse mich sehr nachdrücklich darauf aufmerksam machen, daß die freundschaftlichen Beziehungen zwischen Frankreich und Deutschland, die sich durch die Bemühungen des Herrn Ministerpräsidenten sehr gebessert hätten, irgend eine politische Tätigkeit von mir unmöglich machten."(18) Braun erwidert dem Regierungsbeamten, daß er nicht die Absicht habe, sich in die Politik Frankreichs einzumischen, daß er für sich aber das Recht aller politischen Emigranten der Geschichte in Anspruch nehme, „meinen Kampf für die Wiederherstellung von Freiheit, Demokratie und Recht in meinem Vaterlande fortzusetzen. Wenn das mit der Meinung des Herrn Ministerpräsidenten Laval nicht zu vereinbaren sei, würde ich eher die Ausweisung aus Frankreich in Kauf nehmen, als eine Gesinnung aufgeben, für deren Durchsetzung ich soeben mein Vaterland verlassen hätte".(19)

Daß Max Braun nicht gewillt ist, seinen Kampf gegen Hitler einzustellen, hat er bereits am 18. Januar 1935 vor internationalen Journalisten in Genf deutlich gemacht. Gemeinsam mit Johannes Hoffmann ist er nach Genf gereist, um den Völkerbund zu ersuchen, alles nur Denkbare zum Schutz der Status quo-Anhänger zu unternehmen. Daneben aber komme es darauf an, „illegale Organisationen der Einheitsfront" zu schaffen, die in dem von Hitler besetzten Saarland gemeinsam mit der Arbeiterschaft den Kampf gegen die faschistische Barbarei fortführen werden. „In keinem Fall, betonte Braun, darf der Ausgang der Abstimmung gegen den

Gedanken der Einheitsfront ausgenutzt werden. Wir haben gemeinsam gekämpft, werden gemeinsam weiterkämpfen und gemeinsam siegen."(20) Tatsächlich bildet die Erklärung von Genf das politische Programm Brauns für die nächsten Jahre: Schutz und Versorgung der Saaremigranten *und* Festhalten am Gedanken des gemeinsamen Widerstandes bis zum endgültigen Sturz der Hitlerdiktatur.

Damit unterscheidet sich Braun von saarländischen Sozialdemokraten wie Richard Pfaff, Regierungsoberinspektor im Dienste der Regierungskommsission und Vorsitzender des SPD-Unterbezirks Saarbrücken-Stadt, und Bernhard Schneider, Mittelschullehrer und von 1928 bis 1932 Mitglied der SPD-Landesratsfraktion, die in einem Aufruf vom 28. Januar 1935 in der NS-Presse, ohne von ihrer Partei hierzu legitimiert zu sein, erklären, die Saar-SPD existiere nicht mehr, und von ihren Parteigenossen fordern, im Lande zu bleiben und sich künftig loyal jeder Angriffe und Propaganda gegen das NS-Regime zu enthalten.(21) Nachdem Pfaff Ende Februar 1935 seinen Dienst quittieren muß, da sein Verhalten von den neuen Machthabern nicht honoriert wird, emigriert auch er.(22) Schneider wird ihm folgen. Die Erklärung der beiden Sozialdemokraten hat insofern „Erfolg", als sich schon bald SPD-Ortsvereine, Volkschöre, Arbeitersportvereine und -samariterbünde förmlich auflösen und SPD-Gemeinderäte ihr Amt niederlegen.(23) „Die beiden Beamten haben sich zu ihrer Erklärung bewegen lassen", vermutet der „Neue Vorwärts", „weil sie hofften, dadurch einige tausend Saarländer vor dem Elend der Emigration zu bewahren und die ‚Deutsche Front' von Rachefeldzügen gegen die Sozialdemokraten abzuhalten. Ob sich diese Erwartung erfüllen wird, wenn erst die Regierungskommission und die Völkerbundstruppen abgezogen sein werden, muß nach allen Erfahrungen im Dritten Reich bezweifelt werden. (. . .) Die Sozialdemokratie des Saargebietes hat niemanden beauftragt, Verhandlungen mit der ‚Deutschen Front' zu führen. *Sie denkt nicht daran, den Kampf gegen das ‚dritte Reich' einzustellen*", stellt der „Neue Vorwärts" richtig.(24) Und auch die nach Frankreich emigrierten Mitglieder des SPD-Landesvorstandes unter ihrem Vorsitzenden Braun erklären am 24. Februar 1935 in der ersten Nummer der „Nachrichten aus dem Saargebiet", daß man in einer Sitzung beschlossen habe, die Partei auch unter den Bedingungen von Exil und Illegalität fortzuführen.(25) Nicht in die Emigration gehen besonders ältere Sozialdemokraten wie die ehemaligen SPD-Vorstandsmitglieder Franz Osterroth, Valentin Schäfer, Julius Schwarz oder Gewerkschafter wie Anton Heugel. Sie fühlen sich — wie Karl Berg, Sozialdemokrat und

Gewerkschaftssekretär, sagt — in der Region verwurzelt und empfinden für Frankrich nicht unbedingt Sympathie.(26)

Französische Behörden, die im Dezember 1934 noch mit einer Massenemigration von 40000 bis 50000 Saarländern gerechnet haben, machen zunächst den Völkerbund rechtlich und finanziell für die Saarflüchtlinge verantwortlich, ohne eine besondere Verantwortung Frankreichs für sie anzuerkennen. Bis Ende 1935 stellt der Völkerbund daher für Saareinwohner deutscher Abstammung sogenannte Saarpässe mit zweijähriger Gültigkeit aus, die jedoch ziemlich wertlos sind, da sie von vielen Ländern nicht anerkannt werden.(27) Erst die Verordnung der französischen Regierung vom 6. Februar 1935 stellt die Ausstellung von Aufenthaltsgenehmigungen für Saarländer in das Ermessen der jeweiligen Präfekten. Die Lage für Saaremigranten bleibt schwierig: Da sich viele bei den deutschen Behörden nicht ordentlich abgemeldet haben, sondern das Land Hals über Kopf verlassen haben, verfügen sie nur selten über ordentliche Personaldokumente, ohne die es keine Aufenthaltsgenehmigung gibt. Ohne Aufenthaltsgenehmigung bekommt man keine Arbeit, und ohne Arbeit hat man kein Einkommen und fällt den Wohlfahrtsorganisationen zur Last, was wiederum die Erteilung einer Aufenthaltsgenehmigung erschwert. Die begehrte „carte d'identité", die zudem noch 230 Franc kostet, erhalten nur wenige Saaremigranten. Viele sind mittellos, halten sich illegal in Frankreich auf und sind gezwungen, von unterbezahlter Schwarzarbeit zu leben.

Die SPD-Beratungsstelle für Saaremigranten

Angesichts des herrschenden Verordnungswirrwarrs und der Rechtsunsicherheit ist es notwendig, sich der Emigrationsproblematik anzunehmen. Bereits unmitelbar nach der Bekanntgabe des Abstimmungsergebnisses richtet Max Braun daher gemeinsam mit Emil Kirschmann und Johanna Kirchner, einer Reichsemigrantin aus Frankfurt a. M., die bereits während des Saarkampfes für ihn gearbeitet hat(28), in der Forbacher Rue Nationale 41 eine „Beratungsstelle für Saarflüchtlinge" ein. Das Plazet hierzu hat Braun bei seinen Gesprächen Ende Januar 1935 in Paris erhalten.

Hauptaufgabe der Beratungsstelle ist es, alle Emigranten — unabhängig von ihrer politischen Überzeugung — in sozialen und rechtlichen Angelegenheiten zu beraten und zu betreuen und ihnen gegebenenfalls auch einmal finanziell unter die Arme zu greifen. Reichsemigranten sind hiervon zunächst ausgenommen, werden später aber in die Regelung einbezogen und können die Hilfe der Beratungsstelle in Anspruch nehmen. Um möglichen diplomatischen Konflikten aus dem Wege zu gehen, erklärt sich der Internationale Gewerkschaftsbund (IGB) bereit, als Träger der Beratungsstelle zu fungieren. Unterstützt wird er hierbei von der Sozialistischen Arbeiterinternationale und dem Prager SOPADE-Vorstand. Finanzielle Hilfe erhält die Beratungsstelle vom internationalen Matteotti-Fonds und von der französischen Gewerkschaft CGT. Daß diese Selbsthilfeorganisation der Saaremigranten auf einigermaßen gesicherten finanziellen Füßen steht, hat sie Walter Schevenels, dem Sekretär des Internationalen Gewerkschaftsbundes, zu verdanken, der gleichzeitig Treuhänder des Matteotti-Flüchtlingsfonds ist und sich auch beim Prager SOPADE-Vorstand für eine finanzielle Beteiligung einsetzt. Im Juli 1935 besucht er Forbach und überzeugt sich davon, „daß die Forbacher Beratungsstelle tatsächlich eine äußerst nützliche, ja, für die ersten kommenden Monate notwendige Einrichtung ist".(29)

Im Team der Forbacher Beratungsstelle arbeiten erfahrene sozialdemokratische Politiker, Gewerkschaftsfunktionäre und ehemalige Mitarbeiterinnen der Arbeiterwohlfahrt. Johanna Kirchner verfügt über Erfahrung in der sozialen Betreuung von Hilfsbedürftigen. Käthe Fey, ehemalige Mitarbeiterin im Parteibüro des saarländischen SPD-Vorstandes, beschafft beim französischen Konsulat in Saarbrücken ordnungsgemäße Personaldokumente, die die Emigranten zur Beantragung einer Aufenthaltsgenehmigung benötigen. Emil Kirschmann bringt Verwaltungserfahrung und Rechtskenntnisse ein und kümmert sich vorrangig um die finanzielle Ausstattung der immer in Geldsorgen befindlichen Einrichtung. Richard Kirn als Bergarbeitergewerkschaftssekretär kennt sich hervorragend in Versicherungs- und Rentenangelegenheiten aus und berät die etwa 200 emigrierten Rentenempfänger.(30) Zusammen mit ihm arbeitet der Neunkircher Gewerkschaftssekretär Hermann Petri, dessen Spezialgebiet das Knappschaftsversicherungsrecht ist.(31) Heinrich Hünnekens, Bezirksleiter des freigewerkschaftlichen Maschinisten- und Heizerverbandes an der Saar, kennt sich gut in wirtschaftlichen Dingen aus und bemüht sich um die Vermittlung von Arbeitsstellen für die Emigranten, nachdem die französische Regierung um die Jahresmitte 1935 die Zahlung von Arbeitslosenunterstützung einstellt.(32) Max Braun — zusammen mit Kirschmann Leiter der Forbacher Einrichtung — bringt sein Ansehen in der französischen Öffentlichkeit ein und vertritt die Beratungsstelle gegenüber Behörden und Völkerbund. Auch finanziell unterstützt er sie, so als er ihr 3000 Mark zur Verfügung stellt, die er während

Abb. 28: Emigranten verlassen nach dem 15.1.1935 das Saargebiet

Abb. 29: Saarländische Emigranten treffen am 21. Januar 1935 in Toulouse ein

Nachrichten von der Saar

Nr. 19 7.August 1935

DER DANK AN DEN SAARBERGMANN

Mehr Feierschichten, grössere Haldenbestände.

Die "FRANKFURTER ZEITUNG" vom 24. Juli berichtet in ihrem Handelsblatt wörtlich:

> Die Saargruben förderten im Juni 815 858 t gegen 888 086 t im Mai; die fiskalische Koksproduktion betrug 13 371 gegen 13 254 t; die Brikettfabrikation wurde noch nicht wieder aufgenommen. Arbeitstäglich belief sich die reine Kohlenbeförderung auf 36 849 (36 746) t. Die Belegschaft wurde im Monatsverlauf um 141 Arbeiter von 43 928 auf 44 069 Bergarbeiter erhöht. Die Haldenbestände erhöhten sich für Flammkohlen um 25 000 t, während sie für Koks infolge der Sommerrabatte um 3 000 t zurückgingen. Nach dem Situationsbericht der Fachgruppe Bergbau war im Saarrevier die Absatzlage für die Flammkohlengruben im Juni ebenso ungünstig wie im Vormonat. Trotz der wenigen Arbeitstage mussten auf diesen FEIERSCHICHTEN eingelegt werden. Im Monatsverlaufe konnten die Wasserfrachten wieder aufgenommen werden, nachdem die Instandsetzungsarbeiten am Saarkohlenkanal beendigt waren.

Wie sagte Herr GÖBBELS in seiner berühmten Rede im vorigen Jahr in Zweibrücken? "Wenn wir in Deutschland 2 Millionen Arbeitslose mit Leichtigkeit untergebracht haben, dann wird es uns wohl auch gelingen, die 40 000 Saarländer, die heute noch arbeitslos sind, mit Arbeit zu versorgen."

Aus 40 000 Arbeitslosen sind 70 000 geworden und das Dritte Reich mit seiner "Totalen Macht" hat, wie die dürren Berichte der letzten Monate zeigen, noch nicht einmal fertiggebracht, den Absatz der tausend Tonnen Saarkohle sicherzustellen. Sollten vielleicht die anderen Kohleproduzenten, die der Saarkohle unzählige Hindernisse in den Weg legen, doch noch stärker sein als die Regierung mit der "totalen Macht"?

:.:.:

NACH DEM STREIK BEI RÖCHLING

Auf der VÖLKLINGER HÜTTE wurden vier SA.- und drei SS.-Leute aus dem Arbeitsverhältnis entlassen. Sie wurden durch Beamte der GESTAPO aus dem Werk herausgebracht. Von einem Ausschluss aus der Organisation ist bis jetzt nichts bekannt geworden. Die Entlassenen galten als "Rädelsführer" bei den verschiedenen Streiks.

Inzwischen hat der "Betriebsführer", Herr von GEMMINGEN, einen neuen Anschlag herausgebracht, wonach von weiteren (weiterern! ist gut) Lohnerhöhungen keine Rede sein könne. Und wer sich nicht fügt, der wird entlassen. Das weitere kommt dann von selbst.

DER BETRUG AN DEN ARBEITSLOSEN

Bei der Auszahlung der Erwerbslosenunterstützung am 24.Juli wurden nicht, wie sonst üblich, sechs sondern nur fünf Tage ausgezahlt. Es wurde durch Anschlag und mündliche Mitteilung bekannt gegeben, dass "bis auf weiteres" - man spricht von sechs Wochen - diese Methode beibehalten werde, "um auf diese Weise für den Arbeitslosen einen kleinen Sparfonds anzulegen".

Abb. 30: Titelblatt der "Nachrichten von der Saar" vom 7.8.1935 einer Vortragsreise durch Skandinavien gesammelt hat.

„Das Sozialdezernat einer Kleinstadt", schreibt Axel Redmer in seiner Kirschmann-Biographie, „hätte kaum mehr Aufgaben haben können als die Beratungsstelle, die ohne hauptamtliche Kräfte auskam, aber sehr wirkungsvoll und unbürokratisch arbeitete."(33) Wie unbürokratisch es zugeht, zeigt der Bericht des Saaremigranten Paul Siegmann, der die Beratungsstelle aufsucht: „Nun kam ich vor einen poweren Laden, der Schaukasten mit Pappe zugestellt, davor nichts als das Wörtchen ‚Büro', die Türe stand halb auf, ich trat ein, vor einem Tisch saßen vier, fünf Männer, warteten in gedrückter Stimmung. Sie hatten mit der Ausweisung durch französische Behörden zu rechnen, weil die Emigrationsgründe nicht ausreichten und die Franzosen strenger siebten. Hinter dem Ladentisch stand Johanna Kirchner, jammerte in ihrer Art über viel ‚Arbeit' wir frozzelten, mir kam alles erbärmlich vor, hinter einer dünnen Wand klapperte eine Schreibmaschine, trotz Johannas Geheimnistuerei ging ich hin und fand Käthe Fey, sie fertigte eine Namensliste an, später kam R. dazu, damit war das halbe Parteibüro aus Saarbrücken wieder beieinander . . . "(34)

Um die Versorgung der Saaremigranten mit ordentlichen Papieren kümmert sich derweil Max Braun. Am 14. Mai 1935 übermittelt er im Auftrag der Beratungsstelle dem Völkerbund zu dessen bevorstehender Sitzung ein Memorandum, in dem er um die Klärung folgender Punkte bittet: Paßfrage der Saaremigranten, Vertretung der Saareinwohner und -emigranten vor dem Obersten Abstimmungsgericht, Schutz vor Repressalien gegenüber den zurückgebliebenen Status quo-Anhängern; Arbeitsbeschaffung in den Emigrationsländern.(35) Am 24. Mai beschließt der Völkerbund daraufhin, die Saaremigranten den russischen und armenischen Flüchtlingen gleichzustellen und sie dem Internationalen Nansenamt zu unterstellen. Sie sollen künftig den Nansen-Paß erhalten, der von Fridtjof Nansen geschaffen, ein von allen im Völkerbund vertretenen Staaten anerkannter Reisedokumenten-Ersatz für staatenlose Flüchtlinge ist.(36) Mit Erlaß vom 7. September 1935 dehnt die französische Regierung die Gültigkeit des Nansen-Passes auf die Saarflüchtlinge aus.(37) Die Ausstellung des Passes erfolgt jedoch keineswegs automatisch. Finanziell bessergestellte Saaremigranten erhalten ihn leichter als andere. Nur etwa 1200 in Frankreich lebende Saarländer kommen in den Besitz des begehrten Dokuments. In einer Denkschrift vom 19. Januar 1936 macht Max Braun den Völkerbund auf die Schwierigkeiten beim Ausstellen des Nansen-Passes aufmerksam und bittet, die im Prinzip beschlossene Sache zügiger zu handhaben und zu erleichtern.(38)

Braun bemüht sich, die Lage der noch in Lagern lebenden Saaremigranten zu verbessern. Für eine skandinavische Parteizeitung schreibt er: „Das einzige, worum uns unsere Flüchtlinge bitten, sind Bücher, Zeitschriften und etwas Kleingeld zur Bestreitung der unumgänglichsten und primitivsten Bedürfnisse, die über Essen und Schlafen hinausgehen." Die Forbacher Beratungsstelle tue zwar alles, was sie kann, auf die Hilfe „unserer Genossen aus verschiedenen Ländern Europas in echt internationaler Solidarität" aber könne nicht verzichtet werden.(39)

Parallel zur Einführung des Nansen-Passes für die Saarflüchtlinge lösen die französischen Behörden bis zum 20. September 1935 alle 67 Saarflüchtlingslager auf.(40) Die prinzipiellen Probleme sind damit nicht gelöst. Wie einem Schreiben Johanna Kirchners an das Nansen-Amt zu entnehmen ist, verfügen die meisten Saaremigranten nach wie vor über keinen Paß, der ihnen Freizügigkeit gestattet, verweigern die meisten Völkerbundsstaaten den Saarländern die Einreise, sind die Flüchtlinge noch immer nicht in die sozialen Schutzeinrichtungen ihrer Gastländer einbezogen und ist das große Problem der Arbeitsvermittlung noch längst nicht gelöst.(41)

Eine Denkschrift der Beratungsstelle vom 7. Dezember 1935 macht den Völkerbund auf das in den Verträgen von Rom und Neapel den Saareinwohnern zugesicherte Schutzjahr aufmerksam, das am 29. Februar 1936 zu Ende geht. Max Braun und seine Genossen befürchten, daß mit der Beendigung der Arbeit des Obersten Abstimmungsgerichtshofes, der über die Wahrung der Rechte der Status quo-Anhänger zu wachen hat, eine neue Flüchtlingswelle droht. Mit Gewaltmaßnahmen und Übergriffen auf die zurückgebliebenen Status quoler sei zu rechnen.(42)

Ein im Auftrag der Beratungsstelle von Max Braun an den Völkerbund gerichteter Appell vom 19. Januar 1936 fordert für die Zeit nach Ablauf des Schutzjahres die Einrichtung einer Instanz, bei der die in ihren politischen und religiösen Rechten verletzten Saarländer Schutz finden können. Außerdem bittet Braun den Völkerbund, sich für eine Generalamnestie der politischen Gefangenen beim Reichskommissar für das Saarland einzusetzen und an die Mitgliedsstaaten zu appellieren, die Grenzen für die zu erwartenden neuen Saarflüchtlinge offenzuhalten.(43)

Die „Nachrichten von der Saar"

Um die über ganz Frankreich verstreuten Saarländer miteinander in Verbindung zu halten, sie über wichtige Fragen der französischen Emigrantengesetzgebung und über Maßnahmen und Hilfsangebote der Forbacher Beratungsstelle zu informieren, nicht zuletzt, um sie über die Vorgänge in ihrer saarländischen Heimat zu unterrichten, gibt die Beratungsstelle seit dem 24. Januar 1935 ein hektographiertes Blättchen mit dem Titel „Nachrichten aus dem Saargebiet" heraus, das ab Nr. 3 „Nachrichten von der Saar" heißt, maschinenschriftlich vervielfältigt wird und zunächst im wöchentlichen Rhythmus, später unregelmäßig erscheint.(44) Die Redaktion liegt in den Händen Max Brauns. Hünnekens recherchiert Artikel über das nationalsozialistische Saargebiet, indem er die NS-Presse auswertet und aus dem Lande eintreffende Emigranten über die Verhältnisse in Deutschland befragt. Er beauftragt gezielt sozialdemokratische Genossen wie Hugo Brück, Besucher aus dem Saarland und Grenzgänger „über die dortige Lohn- und Preisentwicklung und über die Behandlung der Arbeiter im rückgegliederten Gebiet" zu befragen.(45) Johanna Kirchner schreibt die von Max Braun verfaßten Texte auf Matrizen. Hermann Petri und Heinrich Hünnekens vervielfältigen das Nachrichtenblättchen auf einem Handabzugsapparat in der Wohnung Hünnekens, machen es als Streifbandzeitung versandbereit und geben es zur Post. Das Nachrichtenblatt erreicht alle diejenigen Saaremigranten, die der Forbacher Beratungsstelle namentlich bekannt sind.(46) Richard Kirn und Hermann Petri steuern Artikel über Versicherungsfragen bei, die die Saaremigranten betreffen und veröffentlichen als Beilagen Merkblätter, die über die Aufrechterhaltung der Anwartschaften der Invaliden-, der Angestellten- und der Knappschaftsversicherung aufklären.(47) Maßregeln, wie man sich als Emigrant im Gastland zu verhalten habe, erscheinen.(48) Emigranten, die auf der Flucht Angehörige oder Freunde verloren haben, bedienen sich durch Suchanzeigen des Nachrichtenblattes.

Den Schwerpunkt der Berichterstattung aber bilden — wie der Titel ankündigt — die Nachrichten aus der Heimat. Und die sehen eigentlich gar nicht schlecht aus. Zumindest geben sie Hoffnung, vielleicht schon bald nach Hause zurückkehren zu können. Man macht sich lustig über die pfälzische „Fremdherrschaft" an der Saar („Uff die Bääm, die Pälzer kumme!"), berichtet über die mangelnde Massenbasis der Saarnazis besonders unter den Arbeitern der großen Betriebe, wertet jeden Anschlag eines antifaschistischen Flugblattes oder Plakates als den Beginn der großen Abrechnung mit Bürckel und Hitler, freut sich insgeheim über die zu Lasten der Rückgliederungsanhänger gehende Lohn-

und Preisentwicklung und registriert erste Anzeichen der Aufrüstung. Trotz der bei fast allen Emigrationsblättern festzustellenden Unterschätzung der sozialen Basis des Nationalsozialismus und der parallelen Überschätzung oppositioneller Regungen bleiben Brauns „Nachrichten von der Saar" eines der wichtigsten Dokumente über das Alltagsleben im zurückgegliederten Saarland des Jahres 1935. Der Volksgerichtshof stellt später fest, daß das Nachrichtenblatt „durch und durch deutschfeindlich und besonders gegen das nationsozialistische Regierungssystem eingestellt (war). Es berichtete in hetzerischer und gehässiger Weise über angebliche Vorgänge im Saargebiet nach der Rückgliederung sowie im sonstigen Reichsgebiet".(49)

Parallel zu den „Nachrichten von der Saar" erscheint seit dem 11. August 1935 die „Freiheit-Korrespondenz", die eine gemeinsame Gründung der in Moulins-les-Metz lebenden Leiter der Forbacher Beratungsstelle Max Braun und Emil Kirschmann ist. Für die ersten 10 Nummern dieser bis 1940 erscheinenden und primär für den Vertrieb im Exil bestimmten Korrespondenz zeichnet Max Braun verantwortlich. Später gibt sie Emil Kirschmann allein heraus und verbreitet sie über seinen Mühlhausener Grenzapparat nach Deutschland.(50) Die „Freiheit-Korrespondenz" — ab 1936 durch einen eigenen Gewerkschaftsdienst ergänzt — ist eine der am besten unterrichteten Exilzeitungen, besonders was die soziale Lage in den westlichen Reichsteilen betrifft. Daß sowohl die „Nachrichten von der Saar" wie die „Freiheit-Korrespondenz" regelmäßig auch zur Verbreitung nach Deutschland gelangen, bestätigen zahlreiche Beschlagnahmungsbescheide der Saarbrücker Gestapo und des Reichssicherheitshauptamtes der SS. Am 4. Mai 1937 teilt die Saarbrücker Gestapo dem Berliner Gestapoamt mit, Exemplare der „Freiheit-Korrespondenz" würden in Untergestellen von Eisenbahn-Waggons von Lothringen aus ins Saarland eingeschmuggelt.(51)

Für die übrigen deutschen Emigranten in Frankreich gibt die Beratungsstelle seit Sommer 1935 auch das ebenfalls hektographierte Blättchen „Informationen von Emigranten für Emigranten" heraus, das ab Juli 1936 in der gemeinsamen Redaktion von Max Braun, Kurt Funk — i. e. Herbert Wehner —, August Hartmann und Albert Grzesinski hergestellt, in Paris erscheint und das erste sozialdemokratisch-kommunistische Einheitsfrontorgan im französischen Exil darstellt.(52)

Die unter dem Druck der existentiellen Not in den Flüchtlingslagern schnell auseinandergefallene saarländische Einheitsfront(53) erhält durch die Arbeit der Forbacher Beratungsstelle — ganz im Sinne von Brauns Erklärung vom 18. Januar 1935 — neue Impulse. Da sich auch die kommunistische Rote Hilfe in Forbach um Saaremigranten kümmert, kommt es notwendigerweise zu Kontakten mit ihr, zumal man ja im Saarkampf in vielerlei Fragen durchaus vertrauensvoll zusammengearbeitet hat und sich persönlich seit Jahren kennt. Wie der Volksgerichtshof ermittelt, arbeitet die SPD-Beratungsstelle darüberhinaus eng mit der in Forbach angesiedelten Grenzstelle und späteren Abschnittsleitung der KPD für den Bereich der Saarpfalz unter Otto Niebergall zusammen.(54)

Auf die vom französischen Innenministerium verfügte Schließung der Flüchtlingslager bis zum 20. September 1935 und die Aussiedlung der saarländischen und reichsdeutschen Flüchtlinge aus dem lothringischen Grenzgebiet — Frankreich bemüht sich um eine Normalisierung seines Verhältnisses zu Hitlerdeutschland — reagieren Forbacher Beratungsstelle und Rote Hilfe mit einem Abkommen zur Zusammenarbeit in der Emigrantenbetreuung. Die Rote Hilfe kommentiert dies als „Schritt vorwärts in der Einheitsfront".(55)

Die zunehmend auch politischen Aktivitäten der in Forbach agierenden saarländischen Sozialdemokraten veranlassen die französischen Behörden, die Forbacher Beratungsstelle am 30. April 1936 zu schließen. Offiziell wird die Maßnahme mit dem Ablauf des Schutzjahres begründet. Tatsächlich paßt der von Lothringen ausgehende Exilwiderstand nicht in die von Paris aus betriebene Appeasement-Politik. Die Mitarbeiter der Beratungsstelle werden aufgefordert, einen Aufenthaltsort außerhalb des grenznahen Moselle-Départements zu suchen.

Auf ausdrücklichen Wunsch Max Brauns bleibt Johanna Kirchner in Forbach und führt gemeinsam mit Emil Kirschmann illegal die Beratungsstelle als politisches Grenzsekretariat der saarländischen Sozialdemokraten fort. Der Volksgerichtshof bestätigt später, daß die Beratungsstelle nach ihrer Schließung 1936 „illegal als Grenzstelle der SPD bestehen" blieb und eng mit der Emigrantenleitung der KPD in Paris zusammenarbeitete. „Vor allem setzte sie ihren Pressefeldzug gegen das nationalsozialistische Deutschland fort."(56) Das offizielle SOPADE-Grenzsekretariat für den südwestdeutschen Raum befindet sich in Luxemburg und wird von dem ehemaligen badischen SPD-Vorsitzenden Georg Reinbold geleitet, den die Saarländer aber weitgehend isoliert haben und dessen Saarberichterstattung selbst von Paul Hertz in Prag als dürftig eingeschätzt wird.

Um die sozialpolitisch wichtige Arbeit Richard Kirns sicherzustellen, arbeitet dieser nun offiziell für die CGT und engagiert sich in gewerkschaftlichen Exilorganisationen — wie dem Arbeitsausschuß freigewerkschaftlicher Bergarbeiter Deutschlands und dem Koordinierungsausschuß deutscher Gewerkschafter in Frankreich —, die sich u. a. um die Verstärkung des gewerkschaftlichen Widerstandes an der Saar kümmern und in den Aktionen der saarländischen Grenzgänger 1937 auch Erfolge vorzuweisen haben. Johanna Kirchner widmet sich nun u. a. der Versorgung der an der Saar zurückgebliebenen Genossen mit illegalen Tarn- und Zeitschriften.(57) Zur Schulung der SPD-Funktionäre an der Saar erhält sie ab August 1936 monatlich 150 Exemplare der „Sozialistischen Aktion“, die inzwischen der Gruppe „Neu Beginnen“ nahesteht, die sie an Genossen im Saarland weiterleitet.(58) Emil Kirschmann vertreibt von hier aus 5000 Exemplare der Tarnschrift „Deutsch ist die Saar“(59) und unterstützt die demonstrierenden Saar-Grenzgänger im Frühjahr 1937 durch die Herausgabe der Tarnschrift „Luftschutz! Das Gebot der Stunde“.(60) Wie der Gestapo-Spitzel „S-15“ der Saarbrücker Gestapo im August 1937 berichtet, betreibe Emil Kirschmann zur Schulung emigrierter Gewerkschaftsfunktionäre in Forbach ein eigenes Heim, in dem diese nicht nur Sprachunterricht erhalten, sondern auch als Agenten und Kuriere in „spionagepolizeilicher Hinsicht“ ausgebildet würden. Unterhalten würde das Emigranten-Schulungsheim aus Mitteln des IGB.(61) Schon die Beratungsstelle in der Rue Nationale ist von der Gestapo observiert worden. In der Nacht zum 26. April 1936 hat sie einen Einbruch angezettelt, um die umfangreiche Korrespondenz und die Dokumentensammlung der Beratungsstelle in die Hand zu bekommen. Die beiden Täter werden jedoch gestellt.(62)

Neben den Aufgaben in der Emigrantenbetreuung und der Versorgung der im Lande gebliebenen Sozialdemokraten mit illegalen Schriften ist die Forbacher Beratungs- und spätere Grenzstelle für Max Braun von zentraler politischer Bedeutung, da er mit ihr über einen von der SOPADE unabhängigen Nachrichten- und Organisationsapparat verfügt, ohne den sein weiterer politisch-publizistischer Kampf gegen den Nationalsozialismus in Deutschland und seine Unabhängigkeitsbestrebungen innerhalb der deutschen emigrierten Sozialdemokratie undenkbar wären. Mit den von den Forbachern geknüpften Verbindungen „ins Land“ und den von ihnen recherchierten Nachrichten erhöht sich Brauns Image in der politischen Emigration in Frankreich. Zugleich findet er bei den Forbacher Sozialdemokraten Unterstützung für seine Bemühungen, die an der Saar gescheiterte Einheitsfront im Exil wieder zu beleben.

Max Braun führt das Leben eines privilegierten Emigranten in Frankreich. Er kennt keine Geldsorgen, muß nicht ständig um seine Ausweisung fürchten, verfügt über eine schöne Wohnung, verkehrt in vornehmen Hotels und kann sich sogar Ferien an der Côte d'Azur leisten. Das verbittert manche anderen Emigranten. Die französische Lebensart kommt Brauns Mentalität entgegen. Er arrangiert sich mit den neuen Verhältnissen, vergißt dabei aber nicht das bittere Los der großen Mehrheit der deutschen Emigranten, die vielfach um ihre nackte Existenz kämpfen.

IV. PARIS (1936 — 1940)

Das „Office Sarrois“

In einem Rundschreiben vom Mai 1936 versprechen die Mitarbeiter der Forbacher Beratungsstelle den Saaremigranten, trotz der Schließung ihrer Einrichtung und dem damit verfügten Ende der „Nachrichten von der Saar“ dafür Sorge zu tragen, „daß die sachliche Unterrichtung fortgesetzt werden kann und auch die Betreuung, d. h. in erster Linie die Wahrnehmung Eurer Interessen, keine nennenswerte Unterbrechung erfährt“.(1) Mit dem Weitererscheinen der „Informationen von Emigranten für Emigranten“ — nun als Volksfrontorgan — ist die sachliche Unterrichtung der Saarflüchtlinge gewährleistet.

Und auch eine neue Beratungsstelle ist mit dem Amtsantritt der französischen Volksfrontregierung unter dem Sozialisten Leon Blum in Sicht. Max Braun und Blum kennen und schätzen sich seit langem. Das erleichtert die Verhandlungen. Überhaupt setzt nun in Frankreich eine spürbare Verbesserung der Rechtslage der deutschen Emigranten ein.(2) Im Einvernehmen mit dem Internationalen Nansenamt und dem Völkerbundsrat richtet die Front-Populaire-Regierung Blums das „Office pour les Réfugiés Sarrois“ — kurz: „Office Sarrois“ — ein, das nach dem Modell der Ämter für die russischen und armenischen Flüchtlinge arbeiten soll. Wie die „Pariser Tageszeitung“ meldet, solle das neue Flüchtlingsbüro in Zusammenarbeit mit den Beauftragten des Nansenamtes handeln und sich mit allen Fragen beschäftigen, die die Saarflüchtlinge in Frankreich betreffen. Zum Präsidenten des „Office Sarrois“ wird Max Braun bestellt, der im Frühherbst 1936 von Moulins-les-Metz nach Paris übersiedelt. Mit ihm zusammen arbeiten der junge Dr. Edgar Hector, später Innenminister in der Hoffmann-Regierung und seit 1931 französischer Staatsbürger, der Kommunist Philipp Daub, nach dem Krieg Oberbürgermeister von Magdeburg, und der Neunkircher Oberregierungsrat Ludwig Meyer.(3) Justitiar des „Office Sarrois“ wird Heinz Braun, dessen Karriere als Geschäftsmann gescheitert ist.

Mit einem offiziellen Errichtungsdekret der französischen Regierung, unterzeichnet vom Präsidenten Lebrun, verfügt das „Office Sarrois“ über eine gesetzliche Grundlage und bewegt sich nicht wie die Forbacher Beratungsstelle auf unsicherem Terrain. Wie diese erfüllt es im wesentlichen drei Funktionen: die Beschaffung von Personaldokumenten, die Verwaltung eines Hilfsfonds und die Vermittlung von Arbeitsplätzen,

Auslandspapieren, Naturalisierungsanträgen usf. Außerdem gibt es ein Mitteilungsblättchen heraus. Der Mitgliedsbeitrag im „Office Sarrois" beträgt 5 Franc im Monat.(4)

Dringendste Aufgabe bleibt die Beschaffung von Arbeitspapieren für die saarländischen Emigranten, die mit der Errichtung des „Office Sarrois" über einen Sonderstatus in der deutschen Emigration in Frankreich verfügen. Im Dezember 1936 führt Max Braun Gespräche im Arbeitsministerium, die zu dem wichtigen Ergebnis kommen, daß jeder Saarflüchtling, der als Réfugié Sarrois anerkannt ist oder wird, auch ohne Einreichung eines Arbeitsvertrages oder weiterer Papiere eine vorläufige Arbeitserlaubnis erhält. Sobald der Flüchtling einen Arbeitsplatz gefunden hat, wird dann die provisorische Erlaubnis in eine offizielle, drei Jahre gültige Arbeitserlaubnis umgewandelt.(5) Schon das ist eine wesentliche bürokratische Erleichterung. Wie das Ministère de Travail Max Braun am 15. Dezember 1936 mitteilt, sollen Anträge auf Erteilung einer Arbeitsgenehmigung künftig „mit größtem Wohlwollen geprüft werden". Und auch einen größeren Schutz vor unterbezahlter Arbeit sieht das Arbeitsministerium vor. Für den Fall, daß der angebotene Lohn in einem Beruf niedriger ist als allgemein üblich, könne die Arbeit abgelehnt werden. Vielfach ist die Erfahrung gemacht worden, daß französische Arbeitgeber die Notlage der deutschen Emigranten ausnutzten und untertarifliche Löhne zahlten. Damit soll nun Schluß sein. Weiterhin sichert das Ministerium Max Braun zu, daß die Saarflüchtlinge bei der Wahl ihres Aufenthaltsortes künftig ohne besondere Formalitäten von einem Département in ein anderes wechseln können.(6)

Gegenüber dem Nansenamt setzt sich Braun für die Unterbringung der Saarländer in den wichtigsten Industrierevieren Frankreichs ein, wo sie in vertrauten Berufen arbeiten können, und wehrt Pläne ab, die saarländischen Flüchtlinge in der Landwirtschaft Paraguays anzusiedeln, wofür sie keine Qualifikationen besitzen.(7)

In seiner Funktion als Präsident des „Office Sarrois" besucht Max Braun die Saaremigranten in den verschiedenen Departements. Dabei wird — wie der Volksgerichtshof später ermittelt — natürlich nicht nur über Flüchtlingsfragen, sondern auch über allgemeine politische Fragen und über die Lage der Sozialdemokratie im Besonderen gesprochen.(8)

Wie wichtig Brauns Arbeit in der Emigrantenfürsorge ist, bestätigen Gespräche mit ehemaligen Saarflüchtlingen. Ruth Neher, nach Frankreich geflohene Jüdin aus Saarbrücken, wendet sich wie viele andere Emigranten in ihrer größten Not an Max Braun: „Dann hat man sich immer an den Max Braun gewandt, der das Office Sarrois in Paris hatte, und der uns geholfen hat, zu Papieren zu kommen. Papiere war gleich Brot. Noch mehr: ohne Papiere wurde ihnen gesagt: ‚Wenn Sie keine Papiere haben, dann werden Sie an die Grenze gebracht, zwischen zwei Gendarmen und werden nach Hitlerdeutschland abgeschoben!"(9) Die persönliche Ausstrahlung und Lebensfreude Brauns macht den Menschen, die sich in scheinbar aussichtslosen Situationen an ihn wenden, Mut. „Wir waren ja alle sehr deprimiert. Und wenn man zu ihm kam, dann sagte man sich: Ach, so verzweifelt ist die Situation ja nicht, und wir werden schon wieder nach Hause kommen, und es wird schon alles wieder gut werden. Das hat man gedacht, wenn man bei ihm war. Aber wenn man dann wieder zuhause war, mit den anderen Emigranten zusammen, dann hat man wieder den Mut verloren."(10)

Den Mut verlieren kann man auch, als die Zeit der Euphorie und der Hoffnung mit dem Sturz der Volksfrontregierung Leon Blums im Juni 1937 ein so schnelles Ende findet. Eine radikale Änderung in der französischen Asylpolitik tritt ein.(11)

Die Arbeit des „Office Sarrois" wird — wie Ursula Langkau-Alex notiert — „zur Farce". Unter den Regierungen Chautemps und Daladier häufen sich wieder die Aufenthaltsverweigerungen, Ausweisungen, Einziehungen der „carte d'identité". Emigranten werden im Dezember 1938 aus Anlaß des Besuchs des deutschen Außenministers von Ribbentrop sogar in Vorbeugehaft genommen. Von hier bis zur Masseninternierung nach Kriegsbeginn 1939 ist es nur mehr ein kleiner Schritt.(12) Neid und Zwietracht verstärken sich mit dem äußeren Druck auf die deutschen Emigranten. Der schwerkranke ehemalige Mitarbeiter Brauns in der Saarbrücker Redaktion der „Deutschen Freiheit" Georg Beyer wirft in einer hinter dem Rücken Brauns verschickten hektografierten Erklärung so beispielsweise Max Braun vor, durch seine Position im „Office Sarrois" die Ausweisung der Familie Beyers durch die französische Fremdenpolizei erwirkt zu haben. Weil er vieles über Braun wisse, habe dieser ihn unschädlich machen wollen. Hintergrund der Verbitterung Beyers sind persönliche und geschäftliche Differenzen mit Dr. Heinz Braun, dem Bruder Max Brauns, und Georg Schulte, dem ehemaligen Redakteur der „Volksstimme", die in Toulouse ein gemeinsames Parfümgeschäft betreiben. Auf Beyers Rundschreiben reagiert Braun mit einer öffentlichen Entgegnung und nun tätsächlich mit einer Anzeige bei der Fremdenpolizei. Die „Affäre Klopfer" wirkt nach, in der sich Beyer 1933 auf die

Seite des Gestapo-Mannes Klopfer gegen Braun gestellt hat.(13)

Als 1939 mit Beginn des Krieges zwischen 12 000 und 15 000 deutschsprachige Emigranten in französischen Lagern als „fünfte Kolonne Hitlers" — so die öffentliche Meinung in Frankreich — interniert werden, gelingt es Max Braun als Präsident des „Office Sarrois", das es noch immer gibt, durch eine Intervention bei der französischen Regierung die vorzeitige Freilassung von etwa 1000 Saaremigranten zu erwirken, die somit noch eine Chance haben, vor dem Überfall Hitlers auf Frankreich das Land zu verlassen.(14) Auf Bitte des SOPADE-Vorstandes setzt er sich für die Freilassung des internierten und kriegsbeschädigten Sulzbacher SPD-Ortsvereinskassierers Johann Liebergall ein und ist dem Parteivorstand bei der Beschaffung von Reisepapieren auch für andere deutsche Emigranten behilflich, die nicht den privilegierten Status der Saarländer als sogenannte „protégés de la France" besitzen.(15)

Hilfe für das republikanische Spanien

Die unmittelbaren Aufgaben der Emigrantenbetreuung sind dennoch nur sekundär neben dem großen Ziel, das Max Braun seit 1933 verfolgt: Hitler zu schlagen. Eine Chance hierzu sieht er — ähnlich wie 1934/35 an der Saar — 1936 in Spanien gekommen. Bei den vorzeitig ausgeschriebenen Parlamentswahlen am 16. Februar 1936 siegt ein Volksfrontbündnis von Republikanern, Sozialisten und Kommunisten. Die Militärführung und reaktionäre Kreise des Bürgertums aber weigern sich, das Votum des spanischen Volkes anzuerkennen. Sie bereiten einen Militärputsch vor. Die unter dem republikanischen Ministerpräsidenten Casares Quiroga gebildete Regierung wird wirtschaftlich unter Druck gesetzt; entgegen den Anweisungen der neuen Regierung schießt das Militär auf demonstrierende Bauern und Arbeiter. Inzwischen verhandeln oppositionlle Generale und Beauftragte der faschistischen Falange in Rom und Berlin und bitten Mussolini und Hitler um Unterstützung in dem von ihnen vorbereiteten Putsch, der am 17. Juni 1936 in Spanisch-Marokko beginnt und schon bald auf die wichtigsten Städte Spaniens übergreift. Die Regierung tritt zurück. Republikanische Volkskräfte springen der neuen Regierung zur Seite und drängen die rebellierenden Militäreinheiten zurück. Da intervenieren Hitler und Mussolini. Bereits am 20. Juli gehen die ersten 20 Kampfflieger von Deutschland nach Marokko ab. Schon bald folgen den Waffen Soldaten aus Italien und Deutschland. Hitler streckt seine Hand nach Europa aus.

In den „Deutschen Informationen" notiert Max Braun am 4. August

1936, noch ohne über genaue Belege zu verfügen: „Wir erleben gegenwärtig einen neuen unwiderleglichen Beweis ihrer (der Nationalsozialisten; G.P.) Gewaltanbetung, die naturnotwendig zum Kriege treibt: Der Nationalsozialismus ist einer der Initiatoren, der Organisatoren und der Finanziers der augenblicklichen monarchistisch-feudalistisch-faschistischen Insurrektion in Spanien."(16) Im September kann Braun bereits mit konkreten Beweisen der offiziell verschwiegenen Intervention Hitlerdeutschlands in Spanien aufwarten und seinen Lesern mitteilen, daß zwei deutsche Dampfer Bombenflugzeuge, Munition, Flugabwehrwaffen, Piloten, Bedienungsmannschaften und Offiziere zu den Rebellen unter General Franco gebracht haben. Das Ziel der NS-Regieung sei klar: „Eine spanische Faschistenregierung, die ihre Außenpolitik im Kielwasser Hitlers macht, den Völkerbund verläßt, die Revisionisten in Europa unterstützt, Deutschland Flug- und Militärstützpunkte überläßt und die alten deutschen Kolonialhoffnungen in Nordafrika unterstützt, wäre die Vervollständigung einer Blockierung und Isolierung Frankreichs durch drei faschistische Staaten im Nordosten, Südosten und Südwesten, wäre die Schwächung der See- und Weltgeltung Englands und wäre zugleich ein internationaler Schlag gegen alle Friedensmächte, gegen die verhaßte Demokratie und jedes freiheitliche Regime."(17) Die im Lutetia-Kreis — von dem noch die Rede sein wird — vertretenen deutschen Arbeiterparteien erklären sich am 15. August 1936 mit den spanischen Freiheitskämpfern solidarisch und verkünden hoffnungsvoll: „Euer Sieg ist der Anfang unseres Sieges. Es lebe der spanische Freiheitskampf!"(18)

In einem vom Sender Barcelona verbreiteten Aufruf appelliert Max Braun gemeinsam mit seinen Parteigenossen Rudolf Breitscheid und Georg Denicke, mit den Kommunisten Willi Münzenberg, Herbert Wehner und Franz Dahlem sowie mit Heinrich Mann und dem ehemaligen Chefredakteur der „Vossischen Zeitung", Georg Bernhard, an das deutsche Volk, „es solle seine Söhne nicht zur Niederwerfung des freiheitsliebenden spanischen Volkes mißbrauchen lassen, das in einem schweren, blutigen, ihm aufgezwungenen Kampfe um seine Freiheit ringt".(19) Die NS-Presse attackiert den Aufruf als Einmischung in die inneren Verhältnisse Deutschlands. Braun und seine Freunde mischen sich weiter ein. Sie versuchen den Wall des Schweigens und der Lüge, den der NS-Propagandaapparat in Deutschland über die Vorgänge in Spanien aufgeschüttet hat, zu durchbrechen. In einem u. a. in Berlin in großer Zahl an Schriftsteller, Juristen und selbständig Gewerbetreibende adressierten Flugblatt „Hitler führt Krieg" schreiben sie, Hitler habe sich feierlich verpflichtet, seine Hände vom spanischen Bürgerkrieg zu lassen, „aber seit Monaten schickt er Waffen über Waffen, Maschinengewehre und Geschütze, Tanks und Flugzeuge, Granaten und Bomben und jetzt auch Mannschaften für die reaktionären Generale". Sie rufen auf zur Solidarität: „Tut alles, was in Euren Kräften steht, um die Kriegsproduktion und die Waffen- und Truppentransporte nach Spanien zu hemmen, um dem Verbrechen in den Arm zu fallen. Kämpft um Eure eigenen Interessen, statt für Francos Kanonen zu hungern."(20) In den Tagen des Anschlusses Österreichs an das Deutsche Reich kursieren in deutschen Kasernen 150000 Exemplare des Flugblattes „Dem deutschen Soldaten", das Max Braun gemeinsam mit einem seiner Pariser Mitarbeiter, Dr. Helmut Klotz — ehemaliger Reichswehroffizier und früher Parteigänger Hitlers — entworfen hat und über seinen Grenzapparat nach Deutschland vertreiben läßt. Sie fordern die deutschen Soldaten darin auf, sich nicht länger dem schmutzigen Kampfe Francos als Freiwillige zur Verfügung zu stellen. Der von ihnen „aus treuem herzen geleistete Fahneneid gilt dem deutschen Volke und dem deutschen Vaterland (. . .) niemals aber den Thronräubern von heute, die den Schwur des Soldaten verfälscht haben und ihn täglich von neuem verfälschen". Und zum Schluß heißt es: „Der Todfeind unseres deutschen Vaterlandes steht nicht draußen vor den Grenzen, er steht im Innern, er steht in unserer Mitte. Der Todfeind, das ist Hitler, das ist die Hitlerei!"(21)

Der Putsch Francos und die Intervention Hitlerdeutschlands und Italiens rufen — besonders unter den politischen Emigranten aus Deutschland — stürmischen Protest hervor; Solidaritätskundgebungen finden statt; Menschen bieten sich an, der spanischen Republik auch militärisch Hilfe zu leisten. „Wir deutschen Antifaschisten brannten nach dem Franco-Putsch natürlich darauf, Gelegenheit zu bekommen, mit der Waffe in der Hand gegen den Faschismus zu kämpfen", erinnert sich ein 1933 an die Saar geflüchteter Kommunist und drückt damit die Motive vieler deutscher Emigranten aus.(22) Für Deutsche wie für Italiener ist die Beteiligung am Kampf gegen die Putschisten so etwas wie ein Stellvertreterkrieg gegen Hitler und Mussolini.

Im August und September 1936 werden im Aragon die ersten deutschen und italienischen Freiwilligenverbände aufgestellt, und am 22. Oktober erläßt die Regierung ein offizielles Dekret über die Bildung der Internationalen Brigaden, deren Sammel- und Ausbildungszentrum Albacete sein wird. Einige Truppenteile der Internationalen Brigaden bestehen zu

H I T L E R F U E H R T K R I E G !

Hitler hat sich feierlich vor aller Welt verpflichtet, seine Hände vom spanischen Bürgerkrieg zu lassen - aber seit Monaten schickt er Waffen über Waffen, Maschinengewehre und Geschütze , Tanks und Flugzeuge,Granaten und Bomben und jetzt auch Mannschaften für die reaktionären Generale.

Deutsche Soldaten, halb oder ganz gezwungene " Freiwillige", werden im Namen der " deutschen Ehre" nach Spanien geschickt, damit sie an der Seite des gekauften Gesindels der spanischen Fremdenlegion und der Marokkaner ein freies Volk niederwerfen. Deutsche Soldaten sollen die Aufgabe vollenden, an der die machthungrigen Generale gescheitert sind: Spanien dem blutigen Säbel der Militärdiktatur und der Macht der Inquisition zu unterwerfen,

In Spanien kämpft das ganze Volk um seine Demokratie,sein Leben und seine Freiheit: Arbeiter und Bauern, Studenten und Professoren, Handwerker und kleine Kaufleute, Republikaner, Sozialisten, Anarchisten,Kommunisten und baskische Nationalisten.Mit ihnen kämpfen Tausende Antifaschisten aus allen Ländern Europas, die mit ihren Leibern dem Faschismus den Weg versperren, darunter viele Hunderte Deutscher, die das Naziregime aus der Heimat vertrieben hat.Sie kämpfen gegen ein gewaltiges materielles Uebergewicht, und sie kämpfen erfolgreich mit einem Heldenmut, der nur dem grossen Gedanken der Verteidigung der Unabhängigkeit, der Freiheit und der Selbstbestimmung über das eigene Schicksal, dem Ringen für eine neue, höhere Gesellschaftsordnung entspringt.

Die Franco und Mola sind nur die Werkzeuge Hitlers. Hitler führt in Spanien Krieg, um das spanische Volk durch ein Regime der Zwangsarbeit auszuplündern.

D e u t s c h e s V o l k !

AN DICH ERGEHT DER RUF ZUR SOLIDARITAET !

Hört die Sender von Madrid und Barcelona.

Tut alles, was in euren Kräften steht, um die Kriegsproduktion und die Waffen- und Truppentransporte nach Spanien zu hemmen,um dem Verbrechen in den Arm zu fallen.Kämpft um eure eigenen Interessen, statt für Francos Kanonen zu hungern.

Der Kampf des spanischen Volkes ist euer Kampf! Die Niederlage Francos wird der Anfang von Hitlers Ende sein!

Heinrich MANN
Georg BERNHARD
Otto KLEPPER
Rudolf BREITSCHEID
Max BRAUN
Georg DENIKE
Franz DAHLEM
Kurt FUNK
Willy MUENZENBERG

Abb. 31: Hektographiertes Flugblatt der Lutetia-Volksfront aus dem Jahr 1937, das u.a. in Berlin zur Verteilung kam

50 Prozent aus emigrierten Hitlergegnern von der Saar.(23) Überhaupt stellen die Saarländer — in Relation zur Gesamtzahl der deutschen politischen Emigration — das größte Freiwilligenkontingent im spanischen Bürgerkrieg, unter ihnen etliche Sozialdemokraten. Insgesamt kämpfen etwa 5000 Deutsche auf Seiten der Republik.(24)

Die französische Volksfrontregierung und die englische Regierung ziehen sich auf eine Politik der Nichteinmischung zurück. Von ihnen ist keine Hilfe zu erwarten. Umso notwendiger werden praktische Unterstützungsmaßnahmen der in Frankreich lebenden deutschen Emigranten. Auch Max Braun bleibt nicht bei theoretischen Analysen und politischen Appellen stehen, sondern stellt sich auch praktisch an die Seite der bedrohten Republik. Bereits im August 1936 hat das Pariser Büro der Exil-KPD in Absprache mit ihm und Emil Kirschmann die Entsendung von saarländischen Freiwiligen nach Spanien beschlossen. In den französischen Départements und bei der Geschäftsstelle des lothringischen Bergarbeiterverbandes in Forbach werden Anlaufstellen für Interessenten eingerichtet. Von August bis Oktober 1936 gehen etwa 300 saarländische Sozialdemokraten und Kommunisten an die Atlantik- und Mittelmeerfront. Zunächst treten militärisch ausgebildete Freiwillige, ab Oktober dann auch Saarländer, die im Roten Frontkämpferbund oder im Reichsbanner militärische Grundkenntnisse erworben haben, die Reise nach Spanien an.(25) „Die Saarländer gehörten zu den ersten, die über die Pyrenäen und Marseille nach Spanien geeilt waren", erinnert sich der aus Neunkirchen stammende Spanienkämpfer Albert Kühn.(26)

Unter dem Deckmantel der Emigrantenbetreuung wirbt Max Braun während einer elftägigen Reise durch die französischen Départements unter den Emigranten für den Eintritt in die Internationalen Brigaden. Der ehemalige Saarbrücker KPD-Stadtrat Fritz Holderbaum berichtet über eine solche Werbeveranstaltung: „Es war dann Ende September oder Anfang Oktober 1936, als eine Zusammenkunft aller in Bourges und Umgebung lebenden Saarländer stattfand. Wir trafen uns an einem Samstag in der Stadt Bourges. Zwei Repräsentanten der Einheitsfront des Saargebietes, Fritz Nikolay, KPD, und Max Braun, SPD, waren anwesend. Sie schilderten die Ereignisse in Spanien. Es sei jetzt an der Zeit, dem spanischen Volk Hilfe zu leisten. Wir acht Alleinstehenden meldeten uns sofort, einige Familienväter schlossen sich uns später an."(27) Für Georg Beyer, der an einer solchen Veranstaltung in Toulouse teilnimmt, ist Max Braun „unverändert optimistisch und illusionsreich wie immer". Die eigentliche Überraschung des Abends sei der KPD-Vertreter gewesen, der die falsche

Taktik der KPD in der Vergangenheit geißelte und die Weimarer Republik hochlobte.(28)

Im Frühjahr 1938 reist Max Braun selbst nach Spanien. Juan Lopez Negrin, seit Mai 1937 spanischer Ministerpräsident, hat bei der französischen Regierung, die über Hitlers Einmarsch in Österreich empört ist, eine Aufhebung des Waffenembargos erreicht. Endlose Lastwagenkolonnen rollen von Norden heran und bringen der militärisch arg in Bedrängnis geratenen Republik Hilfe. In Albacete begegnet Max Braun seinem ehemaligen Adjudanten Ernst Braun, bis 1935 Vorsitzender der Sozialistischen Arbeiterjugend des Saargebietes und nun Offizier im Thälmann-Bataillon. Von seinem Aufenthalt hier weiß er durch eine von Ernst Braun im April 1937 mitunterzeichnete Solidaritätsadresse sozialdemokratischer und kommunistischer Spanienkämpfer an die Pariser Volksfrontkonferenz.(29) Ernst Braun, nach dem Krieg Polizeipräsident von Weimar, Teilnehmer des Vereinigungsparteitages von KPD und SPD und hoher SED-Funktionär in Thüringen, erzählte mir über sein Wiedersehen mit Max Braun in Albacete: „Ich war damals Chef aller Kulturkommissionen der Interbrigaden in Spanien und hab da im Offizierskasino gesessen. Auf einmal kam der Julius Schneider hoch und sagt: ‚Ernst, der Max ist unten!' Ich dachte, der tät mich irgendwie veräppeln. Ich kam runter, da sitzt der Max im Wagen. Ich hab ja gleich gesehen, das war ein Regierungswagen (. . .). Ministerpräsident Negrin hätte ihn gefragt, ob er einen Wunsch hätte. Ja, er hätte einen Wunsch, daß er mich mal aufsucht. (. . .) Er hat mir aber nicht gesagt, aus welchem Anlaß er mit Negrin gesprochen hat. Das hat er umgangen. Ich hatte ja doch ein bißchen die Meinung, daß er auf irgendeine Weise der spanischen Republik hilft. Mein Verdacht war — ich weiß ja nicht, ob das stimmt — daß er ein bißchen bei illegalen Waffentransporten seine Hilfe da angeboten hat."(30) Diese Vermutung wird dadurch erhärtet, daß Max Braun selbst seinen Spanienaufenthalt geheim hält und in seinen zahlreichen Artikeln jener Zeit nie auf einen Besuch bei Negrin zu sprechen kommt. Eine Vermittlerrolle Brauns zwischen der spanischen Regierung Negrins und der französischen Regierung ist auch deshalb denkbar, da Frankreich aufgrund seiner offiziell weiterhin betriebenen Nichteinmischungspolitik wohl kaum eigene Regierungsbeamte nach Spanien schicken kann. Max Braun bittet seinen ehemaligen Adjudanten, nach Paris zu kommen und dort über die Verhältnisse im Bürgerkrieg und über die Auseinandersetzungen zwischen Anarchisten und POUM (Partido Obrero de la Unificación Marxista) einerseits und den Kommunisten andererseits in Barcelona zu berichten.

Die militärische Übermacht der Franco-Rebellen und die zunehmende Uneinigkeit im republikanischen Lager besiegeln das Schicksal der spanischen Repbulik. Mit dem Fall Madrids am 28. März 1939 sind die Hoffnungen Max Brauns und vieler deutscher Antifaschisten zerstört, Hitler in Spanien zu schlagen. Schon 1938 ist ein anderes großes Experiment gescheitert, das 1935 so hoffnungsvoll begonnen hatte: die Bildung einer deutschen Volksfront in Paris.

Volksfront gegen Hitler: Der Lutetia-Kreis

Paris ist seit 1933 das geistig-kulturelle und das politische Zentrum der deutschsprachigen Emigration. Bis Kriegsbeginn entwickeln hier die politischen Flüchtlinge aus Hitlerdeutschland eine geradezu hektische Geschäftigkeit. Emigrantenchöre und -orchester werden gegründet. Eine Freie deutsche Hochschule und eine Volkshochschule werden ins Leben gerufen. Hier trifft man sich, lernt die französische Sprache, lauscht Vorträgen, tauscht die neuesten Nachrichten aus Deutschland und die Gerüchte aus dem Pariser Emigrantenmilieu aus. Eine eigene Buchhandlung versorgt die Emigranten mit der internationalen und der Exilpresse. Bereits 1933 hat Willi Münzenberg die „Editions du Carrefour" gegründet, wo die beiden „Braunbücher" über den Reichstagsbrand erschienen sind. Man liest das „Pariser Tageblatt" Georg Bernhards, das „Neue Tagebuch" oder die „Neue Weltbühne", die kommunistische „Deutsche Volkszeitung" oder den „Neuen Vorwärts" aus Prag. In Paris hat das ebenfalls von Münzenberg initiierte „Welthilfskomitee für die Opfer des Hitlerfaschismus" seinen Sitz. Hier finden Versammlungen und Kongresse statt, die zur Befreiung Ernst Thälmanns und Carl von Ossietzkys aufrufen und die Emigranten der verschiedenen politischen Lager vereinen. Am 10. Mai 1934, dem Jahrestag der Bücherverbrennung in Deutschland, eröffnet Heinrich Mann die Deutsche Freiheitsbibliothek, die die literarischen Arbeiten der emigrierten Schriftsteller zusammenträgt, literarische und politische Diskussionsabende veranstaltet und versucht, die vielfach desorientierten und zerstrittenen Emigranten unter der Fahne des Kulturerbes des „anderen Deutschlands" zu einigen. In diesem Sinne ist auch der „Schutzverband Deutscher Schriftsteller" tätig, dem Heinrich Mann und Lion Feuchtwanger vorstehen. Der am 21. Juni 1935 in Paris beginnende „Internationale Schriftstellerkongreß zur Verteidigung der Kultur" versammelt Antifaschisten aller politischen Richtungen und zeigt, daß man sich zumindest in der Feindschaft gegenüber dem

Faschismus in Deutschland und im Bestreben einig ist, diesem möglichst bald ein Ende zu bereiten. Trotz der Niederlage der Linken in der Saarabstimmung ist die deutsche Emigration in Paris 1935 von einer Aufbruchstimmung und einem Einigungswillen geprägt. Hoffnung kommt auf in dem ansonsten von Tränen und Leid, von Neid und Konkurrenz, von Angst und Denunziation bestimmten Emigrantenalltag. In den Emigrantenclubs und den Bistros am Montmartre glaubt man, einen Silberstreif am politischen Horizont zu sehen.

Nur wenige Tage nach Abschluß des Schriftstellerkongresses greifen August Stern, einst Chefredakteur der 1933/34 in Saarbrücken erschienenen jüdischen Wochenzeitung „Westland", und der Kommunist Wilhelm Koenen die Einigungsimpulse der Schriftsteller auf und wenden sich — wie Maximilian Scheer schreibt — „an eine Reihe von Leuten (. . .), um die Konstituierung eines ,Vorbereitenden Ausschusses zur Schaffung der deutschen Volksfront' zu besprechen".(31) Dieser bildet sich im Juli 1935 zunächst als loser Kreis, dem — neben den beiden Initiatoren — die Schriftsteller Konrad Heiden, Walter Leonhard, Maximilian Scheer, der Historiker George W. F. Hallgarten, der Frankfurter Soziologieprofessor Gottfried Salomon-Delatour, die Ärzte Boenheim und Kurt Glaser und ab August 1935 auch Max Braun angehören.(32) Parallel zu diesem Kreis arbeitet auch Münzenberg — soeben vom VII. Weltkongreß der Kommunistischen Internationale nach Paris zurückgekehrt — an der Sammlung der politischen Emigration. Ihm gelingt es, Heinrich Mann, Max Braun und Leopold Schwarzschild, den Herausgeber des „Neuen Tage-Buches", zur Mitarbeit in seiner Gruppe zu bewegen.(33)

Auf einer der vielen Solidaritätsveranstaltungen in jenen Tagen für verfolgte und inhaftierte Antifaschisten in Deutschland kommt es zu einer Begegnung zwischen dem jungen Funktionär der linkssozialistischen „Sozialistischen Arbeiterpartei" (SAP) Willy Brandt, der 1933 von Lübeck aus nach Norwegen flüchten mußte und gewillt ist, an der Einigung der Linken zum Sturze des Hitlerfaschismus mitzuarbeiten, und Max Braun: „Es gab eine große Versammlung der Jüngeren aus dem Lager des politischen Exils, von linken bürgerlichen Gruppen, die allerdings schwach waren, bis hin zu den Kommunisten. Und Max Braun sprach für die Sozialdemokraten, ich für die Linkssozialisten zu jener Zeit, als es noch nicht die einheitliche deutsche Sozialdemokratie gab, sondern gerade im Exil Gruppenauseinandersetzungen der unterschiedlichsten Art. Ich hab ihn als einen besonders engagierten Redner in Erinnerung. Er wirkte dort eigentlich wie ein Volkstribun, in einer Situation, in der man ja eigentlich nicht mehr zu Massen sprach, sondern zu Gruppen eigener Anhänger draußen in einem anderen Land."(34)

Max Braun bewohnt seit Sommer 1936 eine großzügige Wohnung im Judenviertel des 9. Arrondissement. Die Saarländer und er besitzen großes Ansehen in den Pariser Emigrantenkreisen, da sie — wenn auch ohne Erfolg — nicht kampflos dem Nationalsozialismus das Feld geräumt haben und die einzigen Sozialdemokraten in Frankreich sind, die von Forbach aus organisatorische Strukturen im französischen Exil aufgebaut haben, untereinander Kontakt halten, über eigene Publikationsorgane und Verbindungen nach Deutschland verfügen. Mit dem Zustrom der saarländischen Sozialdemokraten wird die auf Einheitsfrontkurs fixierte Fraktion in der Pariser SPD-Gruppe gestärkt. Max Braun und sein Stab haben unter Beweis gestellt, daß sie gewillt sind, auch einen von Prag unabhängigen Kurs zu steuern. Zudem sind die saarländischen Sozialdemokraten die einzigen, die auf „eine sowohl praktische als auch ideologische Zusammenarbeit mit den Kommunisten eingespielt" sind.(35) Wie Willy Brandt hervorhebt, ist Brauns Verhältnis zum exilierten Parteivorstand geprägt „durch seine Skepsis gegenüber einer alten Führung, die im Reich nichts mehr zustandegebracht hatte und deren Skepsis ihm gegenüber, der die Zusammenarbeit mit den Kommunisten nicht ausschloß, was gegen die Linie der Prager war, wie man sagte: der SOPADE. Das hing natürlich noch mit dem Abstimmungskampf an der Saar zusammen, wo es zwar ein schlechtes Ergebnis gab, aber doch ein Zusammengehen. Braun blieb bei seinem Kurs . . . "(36)

Im Mitteilungsblatt der Deutschen Freiheitsbibliothek schreibt Braun 1936 selbst, daß „seitdem die saarländischen Sozialdemokraten vom März 1933 ab ihren integralen und intransigenten Kampf gegen Hitler entgegen der Meinung eines Teils des Berliner Parteivorstandes der SPD durchführten, (. . .) die Meinungen über die Taktik und Strategie des Kampfes" gegen Hitler „vollkommen auseinandergegangen" sind. Es sei daher nicht verwunderlich, „daß Mitte 1935, als unter Initiative und aktivster Beteiligung der saarländischen Sozialdemokraten der erste Versuch zu einem der Volksfront entsprechenden Zusammenschluß in der Emigration gemacht wurde, die Mehrheit der SOPADE irgendeine Beteiligung an diesen Bestrebungen schärfstens ablehnte".(37) Wie Emil Kirschmann in einem Brief an Paul Hertz notiert(38) so hebt auch Max Braun die positiven Kooperationserfahrungen mit den Kommunisten im Saarkampf hervor. Für beide ist klar, daß sich die illegale sozialistische Opposition in Deutschland nicht die Fortsetzung der Fraktionskämpfe der Weimarer Arbeiterparteien, sondern eine geschlossene und einige Arbeiterbewegung wünscht. „Wie könnte das besser geschehen, als durch die Einheitsaktion oder die Einheitsfront oder gar die Einheitspartei aller sozialistischen und kommunistischen Gruppen?!"(39) fragt sich Braun 1936 in der „Neuen Weltbühne". Ansätze hierzu sieht er im Saarkampf von 1934/35: „Das politische Aktionsprogramm dieser Einheitsfront sah noch die Aufrechterhaltung der organisatorischen Selbständigkeit beider Parteien vor, stellte aber schon die Forderung nach der Einheitspartei als den Wunsch der beiden Landesparteien heraus."(40) Das ist mehr als die Aktionseinheit der beiden Linksparteien gegen Hitler, die Braun hier vorschwebt. Der Saarkampf und die Einigungsbestrebungen des Pariser Exils lassen ihn die „Einheitspartei" der Arbeiterschaft in denkbare Nähe rücken, wie sie nach dem Kriege 1946 unter anderen Bedingungen zwangsweise in der sowjetischen Besatzungszone realisiert werden wird.

Während der Prager SOPADE-Vorstand der Einheitsfronteuphorie Brauns ablehnend gegenübersteht, Selbstkritik nicht seine Stärke ist, setzt bei der KPD ein Umdenkungsprozeß ein. Seit Frühjahr 1933 arbeitet ihre Auslandsleitung, der u. a. Wilhelm Pieck, Franz Dahlem — der seine Lehrjahre in Saarbrücken verbracht hat und aus dem lothringischen Rohrbach stammt(41) — und Walter Ulbricht angehören, in der Seinemetropole. Auf einer Tagung des Zentralkomitees der Partei im Januar 1935 in Moskau werden — wie es ein DDR-Autor formuliert — „falsche Einschätzungen" der Sozialdemokratie, „wie sie im Begriff Sozialfaschismus zum Ausdruck gekommen waren, und fehlerhafte Einengungen der Einheitsfrontpolitik auf eine Werbung für die Mitgliedschaft in der KPD überwunden bzw. zurückgedrängt".(42) Es wird beschlossen, „die Einheitsfront mit sozialdemokratischen Gruppen, Organisationen und Leitungen, einschließlich des Emigrationsvorstandes in Prag, sowie mit parteilosen, mit ehemals gewerkschaftlich organisierten und mit christlichen Arbeitern herzustellen . . . "(43) Der im Sommer 1935 tagende VII. Weltkongreß der KOMINTERN(44) sowie die „Brüsseler Konferenz" der KPD, die im Oktober 1935 in der Nähe Moskaus stattfindet und aus Tarnungszwecken „Brüsseler Konferenz" genannt wird(45), bestätigen den neuen Kurs gegenüber der SOPADE, die sich aber weiterhin ablehnend gegenüber einer Zusammenarbeit mit den Kommunisten verhält.(46) Der KPD nimmt man in Prag den neuerlichen Kurswechsel nicht ab. Zwar gibt es im Büro des Prager SOPADE-Vorstandes nun erstmals ein offizielles Gespräch zwischen den beiden Politbüromitgliedern der KPD Ulbricht und Dahlem und Friedrich Stampfer und Hans Vogel von der SOPADE, wie aber nicht anders zu erwarten, bleibt selbst im Angesicht des Hitlerterrors in Deutschland, eine Einigung zwischen den Parteivorständen der beiden Linksparteien nach 17jähriger gegenseitiger Feindschaft aus. Vogel und Stampfer dringen auf den Abschluß eines „Nichtangriffspaktes". Die KPD müsse ihre Glaubwürdigkeit erst wieder unter Beweis stellen, vorher sei eine gemeinsame Politik mit ihr undenkbar.(47) Die „Sozialistische Aktion" nimmt es der KPD nicht ab, daß sie Auffassungen über Wege und Ziele des Befreiungskampfes der Arbeiterklasse grundsätzlich geändert habe und sie es mit dem Bekenntnis zur Demokratie ernst meine. „Ein großer Teil unserer besten illegalen Kämpfer ist noch nicht geneigt, den Versicherungen der Kommunisten, sie seien zum Kampf für die Wiedererringung der Demokratie bereit, Glauben zu schenken."(48) Die Fronten bleiben verhärtet. Nur zwei Monate nach dem Spitzengespräch in Prag wendet sich der Parteivorstand in einem Rundschreiben an seine Grenzsekretariate und Vertrauensleute und untersagt kategorisch jedwede Vereinbarungen mit der KPD und ihren Organisationen. Die SOPADE nimmt sich damit die Möglichkeit, die nicht-kommunistischen Gruppen in der Volksfrontdiskussion und die Kräfte im kommunistischen Lager zu stärken, die es — wie Münzenberg oder Wehner — zweifellos ernst mit der SPD meinen.(49) Vor diesen Auseinandersetzungen verblaßt immer mehr das gemeinsame große Ziel: „Damals hätte alles geschehn müssen über die eher schwächlichen Versuche, die man unternommen hat, um zu sagen: Es gibt kein wichtigeres Ziel, als die Hitlerregierung wegzubringen . . . "(50)

Für Max Braun gibt es nichts Wichtigeres! Die Situation gebietet ihm die Einigung der Opposition als Voraussetzung des Kampfes gegen Hitler. Bedenken und Zweifel am Kurswechsel der KPD stellt er dabei zurück. Einheit ohne Klarheit? Trotz der Warnungen aus Prag steuert er konsequent das Bündnis mit den Kommunisten an. Mit ihnen und mit Heinrich Mann, Lion Feuchtwanger und Georg Bernhard wendet er sich zunächst im Namen des „Vorläufigen Ausschusses zur Vorbereitung einer deutschen Volksfront" an Johannes Hoffmann, einen der Führer der katholischen Opposition im Saarkampf, um diesen zur Mitarbeit in der Volksfront zu bewegen. In einem Schreiben an Hoffmann vom Frühherbst 1935 bekunden sie den in Deutschland verfolgten Katholiken ihre brüderliche Solidarität und bekennen sich zum Grundsatz der Glaubens- und Gewissensfreiheit: „Die Freiheit, für die Eure Brüder leiden, ist uns teuer wie Euch. Wie Ihr, werden wir kämpfen für die Freiheit des Gedankens und des Wortes. Welcher Weltanschauung wir auch angehören mögen, ob sie der Euren gleich ist, ihr nah oder entgegengesetzt ist: Wir alle wollen, daß Deutschland, das Euer und unser Vaterland ist, und das wir lieben, ein Land werde, in dem Freiheit und Gerechtigkeit herrscht. Wir wollen, daß es wieder zu einem Lande werde, in dem Euere Überzeugung und Euer Glaube, wie jede Überzeugung und jeder Glaube, frei bekundet werden können."(51) Wie schon im Saarkampf, so gelingt es auch diesmal nicht, Hoffmann zur Mitarbeit in dem Volksfrontprojekt zu gewinnen. Zu groß bleiben die Differenzen zwischen dem tiefgläubigen Katholiken und den Kommunisten, die Hoffmann immer schon für mindestens genauso gefährlich hält wie die Nationalsozialisten.

Die Herstellung einer engeren Zusammenarbeit der verschiedenen politischen Exilgruppen ist das eine Ziel des „Vorbereitenden Ausschusses", dem Braun angehört, die „organisierte Unterrichtung" des Auslands über die Zustände in Hitlerdeutschland das andere. In dieser Öffentlichkeitsarbeit findet die deutsche Volksfront ihre erste und vorläufige Gestalt. Auf Initiative Max Brauns sendet der „Aktionsausschuß für Freiheit in Deutschland" — wie sich der „Vorläufige Ausschuß" in der Öffentlichkeit nennt — am 5. September 1935 eine Denkschrift über das zurückgegliederte Saarland an den Genfer Völkerbund, die die deutsche Reichsregierung des Bruches der Schutzabkommen von 1934 bezichtigt. Die Denkschrift kritisiert die Massenverhaftungen kommunistischer Status quo-Anhänger im August 1935 in Saarbrücken als Verletzung der zwischen der deutschen und der französischen Regierung verabredeten Zusagen, sich sowohl vor wie nach der Saarabstimmung jeder Repressalien gegen die Abstimmungsberechtigten zu enthalten. Die unterzeichnenden Personen und Verbände wie Max Braun, Emil Kirschmann, Wilhelm Frisch und Maria Lörsch von der „Freiheits-Front an der Saar", die Schriftsteller Heinrich Mann, Lion Feuchtwanger und Ernst Toller, die ehemaligen Reichstagsabgeordneten Breitscheid (SPD), Koenen (KPD) und Rosenfeld (SPD) sowie der Schutzverband deutscher Schriftsteller, die Sozialistische Ärztevereinigung und die Deutsche Sektion der internationalen juristischen Vereinigung erklären sich mit den von der Gestapo festgenommenen Kommunisten von der Saar solidarisch. Verantwortlich gemacht für die Verfolgungs- und Verhaftungswelle wird der frühere Gestapo-Chef von Trier und nunmehr Oberstaatsanwalt am Obersten Abstimmungsgericht des Saargebietes und Leiter des Saarbrücker Sicherheitsdienstes der SS, Heinrich Welsch, der nach der zweiten Saarabstimmung von 1955 für kurze Zeit Ministerpräsident des Saarlandes ist. Vom Völkerbund erwarten die Unterzeichner, daß er sich bei der Reichsregierung für die Einhaltung der Garantien, „besonders was den Schutz der Religion und der Rasse anbetrifft", verwendet.(52) Brauns Name findet sich darüberhinaus in einem Flugblatt des „Vorläufigen Ausschusses", in dem dieser die Entscheidung des Internationalen Olympischen Komitees und der demokratischen Staaten kritisiert, an den Olympischen Spielen 1936 in Hitlerdeutschland teilzunehmen und damit das NS-Regime im Ausland weiter aufzuwerten und ihm die Chance zur propagandistischen Ausnutzung im eigenen Lande zu verschaffen.(53)

Mitte September 1935 erscheint Willi Münzenberg auf einer Sitzung des „Vorläufigen Ausschusses" und berichtet über seine bisherigen Aktivitäten bei der Sammlung der politischen Opposition des Exils. Auf Initiative Brauns lädt er für den 26. September etwa 60 Personen in das vornehme Hotel Lutetia am Boulevard Raspail unterhalb von Montparnasse ein. Lutetia, das ist der römische Name der Stadt Paris; Lutetia, so nannte der deutsche Emigrant Heinrich Heine sein Pariser Tagebuch; Lutetia-Kreis wird nun der Name des hoffnungsvollen Versuchs der Hitleropposition im Exil, die Gräben und Feindschaften der Vergangenheit zu überwinden; im Hotel Lutetia wird 1940 General Canaris von der deutschen Abwehr residieren und hier werden 1945 die aus den deutschen Konzentrationslagern zurückgekehrten französischen Juden untergebracht und ärztlich versorgt. Max Braun unterrichtet den Prager Parteivorstand von der bevorstehenden Versammlung im Lutetia und versucht, ihn für die Besprechung zu gewinnen, erhält aber keine Antwort aus Prag. Die von Münzenberg geleitete Versammlung am 26. September, an der insgesamt 51 Personen aus den unterschiedlichsten politischen Lagern teilnehmen, unter ihnen die Sozialdemokraten Max Braun, Emil Kirschmann, Georg Denicke, Victor Schiff, Alexander Schifrin, der ehemalige Vorsitzende des Reichsbanners Karl Höltermann, Dr. Kurt Glaser und Kurt Rosenfeld, steht weitgehend im Zeichen der auf dem VII. Weltkongreß der KOMINTERN beschlossenen Taktik: dem Kampf für die demokratische Republik und die antifaschistische Volksfront.(54) Als sozialdemokratischen Beitrag zu der Versammlung bringt Max Braun die gemeinsam mit Georg Denicke und Emil Kirschmann verfaßten Richtlinien für einen „Bund ‚Das kommende Deutschand'" ein. Der SOPADE berichtet Kirschmann später, daß der vorgelegte Text „Zustimmung gefunden" habe.(55) Der „Bund" solle für den Kampf in Deutschland ein Zeichen setzen, „daß trotz aller Unterschiede in den grundsätzlichen Anschauungen und Zukunftszielen die Möglichkeit vorhanden ist, die für den Kampf verhängnisvolle Zersplitterung zu überwinden, die gegenseitige

Bekämpfung abzustellen und die Kräfte für den gemeinsamen Schlag gegen das Hitlerregime zu sammeln".(56) Während die Entscheidungsschlacht in Deutschland ausgefochten werden müsse, könne der „Bund" die internationale Öffentlichkeit informieren und sie gegebenenfalls für die Belange des deutschen Widerstandes mobilisieren. Die grundsätzlichen weltanschaulich-politischen Gegensätze sollen nicht verwischt, wohl aber zurückgestellt werden. Gemeinsames Kampfziel und vordringlichste Aufgabe sei die „Wiedereroberung der politischen Freiheiten, die erst jeder Richtung den Kampf um ihre Zukunftsziele ermöglichen". In der Zeit der tiefsten Erniedrigung der Menschen im „Dritten Reiche" Hitlers müsse die Welt die Stimme des „anderen Deutschland" hören, „die die Rechte der menschlichen Persönlichkeit und die Menschenwürde verteidigt".

Die Tagung wählt ein Komitee, das sich nach dem Tagungshotel nennt und weitere Zusammenkünfte arrangieren soll. Ihm gehören u. a. Willi Münzenberg für die KPD, Max Braun für die SPD und Georg Bernhard, Emil Gumbel, Otto Klepper und Leopold Schwarzschild für die „Bürgerlichen" an. Als Vorsitzender wird Heinrich Mann gewählt, der in Frankreich über großes Ansehen verfügt. Sitze für je einen Vertreter der SOPADE, der Freien Gewerkschaften und der katholischen Opposition — noch immer denkt man an Johannes Hoffmann — bleiben frei. Schon diese erste Zusammenkunft zeigt erste Probleme der sich bildenden Volksfront: sie ist ein loses Bündnis von Intellektuellen unter Ausschluß der Arbeiterschaft, von der man den Sturz Hitlers in Deutschland erwartet; sie ist ein Bündnis von Einzelpersonen, nicht von Parteien; der Prager Parteivorstand als Repräsentant der größten antifaschistischen Partei Deutschlands beteiligt sich trotz mehrfacher Aufforderungen nicht; der immer um Ausgleich und Vermittlung bemühte Heinrich Mann hält die ehemals verfeindeten politischen Lager, die ihre Differenzen begraben, aber nicht verarbeitet haben, mühsam zusammen.(57)

Eine Sitzung am 22. November 1935 im Lutetia verläuft wenig befriedigend. Die Kluft zwischen der KPD und der kleinen radikalen SAP tut sich erstmals auf, und auch die Hoffnungen der Pariser Sozialdemokraten, offiziell als Vertreter ihrer Partei im Lutetia-Kreis auftreten zu können, erfüllen sich nicht. Ein erneuter Vorstoß in Richtung auf ein Zusammengehen von KPD und SPD ist der „Gemeinsame Protest gegen den Justizmord an Rudolf Claus". Claus, Arbeiter der Berliner Verkehrsgesellschaft (BVG) und Leiter der illegalen kommunistischen Roten Hilfe in

Berlin, ist der erste Angeklagte des Volksgerichtshofes, der nicht aufgrund von Taten, sondern einzig wegen seiner Gesinnung zum Tode verurteilt und am 17. Dezember 1935 hingerichtet worden ist. Am 20. Dezember unterzeichnen Max Braun, Rudolf Breitscheid, Emil Kirschmann, Victor Schiff und Max Brauer, der spätere Bürgermeister von Hamburg, gemeinsam mit fünf Kommunisten eine Protesterklärung, in der es heißt: „Deutsche Sozialdemokraten und Kommunisten stellten angesichts dieses eklatanten neuen Mordes ihre prinzipiellen Gegensätze und taktischen Meinungsverschiedenheiten zurück, um sich zum ersten Male in einer gemeinsamen öffentlichen Anklage gegen das schuldige Regime zusammenzufinden."(58) Der Claus-Protest geht von Widersprüchen im NS-Herrschaftssystem aus, d. h. von einer instabilen Koalition von NSDAP und bürgerlicher Reaktion indem er die „Tugenden" des Frontkämpfers Claus hervorhebt und die neue Praxis des Volksgerichtshofes kritisch kommentiert. Heinrich Mann schließt sich in einer gesonderten Erklärung dem Protest an und kommentiert diesen „ersten gemeinsamen Schritt deutscher Sozialdemokraten und Kommunisten" hoffnungsfroh als Beginn der „Volksfront der Deutschen".(59) Andere bekannte Persönlichkeiten des Lutetia-Kreises und die Schriftsteller Bertolt Brecht, Egon Erwin Kisch, Johannes R. Becher, Rudolf Olden, Ernst Toller und der Saarländer Gustav Regler werden den Appell später unterstützen. Max Braun wendet sich an seinen Parteivorsitzenden Otto Wels mit der Bitte um Unterzeichnung, läuft aber auch diesmal ins Leere. Wels reagiert nicht. „Das ist doch der reine Hohn", kommentiert er den Brief, „daß man von mir verlangt, ich solle den Leuten bescheinigen, durch den Aufruf sei die Einheitsfront vollzogen worden." Verbittert wendet sich Emil Kirschmann an Paul Hertz: „Was soll auch ein großer Mann sich mit kleinen Piepels herumquälen, besonders dann, wenn diese die Kühnheit haben, den Versuch zu machen, sich in den politischen Dschungeln allein zurecht zu finden?"(60)

Zwischen dem 16. und dem 19. Dezember 1935 hat Max Braun persönlich in Prag mit Otto Wels und Paul Hertz konferiert und nach dem Scheitern der Spitzengespräche zwischen KPD und SPD vom November versucht, beide doch noch zur Mitarbeit in der Volksfront zu bewegen. Auf dem Weg von Paris nach Prag hat er in Forbach Station gemacht und auf einer von ihm geleiteten Tagung emigrierter SPD-Funktionäre am 15. Dezember über den Stand der Verhandlungen in Paris berichtet und um Unterstützung für seine Gespräche in Prag gebeten. In einem daraufhin von 11 saarländischen Sozialdemokraten(61) unterzeichneten und an den

SOPADE-Vorstand adressierten Schreiben wird im Namen der illegalen Kämpfer des Saargebietes auf eine baldige Verständigung zwischen SPD und KPD gedrängt. „Wir wissen uns mit Euch einig in dem Wunsch und in dem Willen, den Sturz des gegenwärtigen Regimes in Deutschland so schnell als möglich herbeizuführen und der sozialdemokratischen Bewegung die Nachfolgeschaft mit allen Mitteln und allen Konsequenzen zu sichern". Voraussetzung der „dazu notwendigen Aktion" sei die „Bereitschaft zur gemeinsamen Handlung zwischen den sozialistischen Parteien Deutschlands, in erster Linie der beiden Hauptgruppen, der Sozialdemokratischen und der Kommunistischen Partei. Die Splitter werden von selbst kommen". Der Wille der Kommunisten zum Sturze Hitlers sei echt. „Und das allein genügt, um die gemeinsame Aktion zu rechtfertigen", selbst wenn man Zweifel an den neuen kommunistischen Bekenntnissen zur Demokratie und Gewissensfreiheit habe. „Wir haben", so sei die Meinung der illegalen Kämpfer an der Saar, „keine Zeit zur Rückschau, müssen Augen und alle Sinne nach vorne richten. Jetzt, wo sich die ärgsten Widersacher der Demokratie zu ihr bekennen und bereit sind, unter dieser Parole in der breiten Front der Antifaschisten zu kämpfen und mit uns Hitler niederzuringen, gehört die Sozialdemokratie als deutsche Sachwalterin des demokratischen Sozialismus in die vorderste Führung der Aktionsgemeinschaft aller Hitlergegner".(62)

Weder zu dieser „breiten Front der Antifaschisten", noch zu einer finanziellen Unterstützung des von Max Braun geplanten antifaschistischen Informationsdienstes kann sich Wels entschließen. Persönliche Vorurteile gegen den SPD-Chef von der Saar und prinzipielle politische Bedenken hindern ihn daran.(63) Vielmehr werden die alten politischen Positionen durch das SOPADE-Rundschreiben vom 24. Januar 1936 weiter festgezurrt und damit die Bestrebungen einiger „abtrünniger" Sozialdemokraten von der Saar, wie sie sich im Claus-Protest gezeigt haben, attackiert. Das sture Verhalten der Prager gegen jedwede Verständigung mit den Kommunisten veranlaßt Rudolf Breitscheid, einst SPD-Fraktionsvorsitzender im Reichstag, auf Konfrontationskurs zu gehen und sich der Gruppe um Max Braun anzuschließen. An die Adresse der SOPADE gewendet, schreibt Breitscheid: „Die Zeit drängt. Jeder verlorene Tag ist ein Gewinn für die Kriegstreiber. Die Verantwortung derer, die nicht alles daransetzen, um einen starken Wall gegen den Krieg zu errichten, wird immer größer. Nennt es Volksfront, nennt es Einheitsfront, nennt es, wie ihr wollt! Name ist Schall und Rauch. Es kommt auf den Entschluß, auf die Tat an."(64) Auch ohne Rückendeckung aus Prag geben Max Braun und Rudolf Breitscheid nicht auf. Im Vorfeld der für den 2. Februar 1936 geplanten dritten Lutetia-Konferenz bemüht sich Braun, den sozialdemokratischen Einfluß im inzwischen stark kommunistisch besetzten Lutetia-Kreis zu stärken. Er lädt eine Reihe von Sozialdemokraten — unter ihnen etliche Pfälzer und Saarländer — zu der bevorstehenden Konferenz ein.(65) „Der Lutetia-Kreis wurde durch die Heranziehung der Saargruppe der SPD um Max Braun gestärkt", hebt eine DDR-Veröffentlichung hervor.(66)

Die von mehr als 100 Teilnehmern besuchte Konferenz am 2. Februar hat vier wichtige Ergebnisse. Im Anschluß an Breitscheids Erläuterungen zur besonderen Situation der anwesenden Sozialdemokraten begründet Erich Kuttner, ehemaliger preußischer Landtagsabgeordneter der SPD, den Amnestieappell „An Alle", der — stark moralisch abgefaßt — mit Nachdruck auf die akuten Menschenrechtsverletzungen im „Dritten Reich" verweist und die „Amnestierung aller Gegner des gegenwärtigen deutschen Regimes" fordert: „Befreit den Gefangenen, der schon verzweifelt! Reißt den Todgeweihten vom Richtblock fort! Beweist Kerkermeistern und Henkern, daß Ihr die Stärkeren seid, daß die vereinigte Macht der menschlich Fühlenden sogar die schrecklichste Gewalt des Bösen brechen und entwaffnen kann! Fordert die Amnestie!"(67) Die Veröffentlichung des Amnestieappells ist für den dritten Jahrestag des Reichstagsbrandes geplant. Ausgangspunkt der am gleichen Tag verabschiedeten „Kundgebung an das deutsche Volk" ist die von den Teilnehmern vermutete tiefe Sehnsucht der deutschen Bevölkerung nach einem Ende des Terrors. Gefordert wird die Wiederherstellung der bürgerlichen Freiheitsrechte und Rechtsprinzipien. Der Zusammenschluß der Opposition in Deutschland sei notwendig, um den von Hitler vorbereiteten Vernichtungs- und Eroberungsfeldzug gegen die friedliebenden Völker Europas zu verhindern.(68) Der Grundtenor auch dieser Konferenz: erst Einheit, dann Klarheit. Um diese Einheit nicht zu gefährden, werden inhaltlich-politische Programmdiskussionen vermieden. Die KPD rückt mit Präzisierungen ihrer Vorstellungen von der demokratischen Republik nicht heraus. Die Konferenz legt die Stärke der im „engeren Ausschuß" — auch „Arbeitsausschuß" genannt — vertretenen Organisationen fest. Danach erhalten Sozialdemokraten und Kommunisten je drei Sitze, SAP, Bürgerliche und Katholiken je einen Sitz. Präsident ist Heinrich Mann. Dieser „engere Ausschuß", dessen Zusammensetzung sich mehrfach ändert, wird von den Konferenzteilnehmern beauftragt, eine politische Plattform für die Sammlung aller Oppositionsgruppen und ein Programm für die

Abb. 32: Hotel Lutetia in Paris in den 30er Jahren

Abb. 33: Max Braun 1936 am Strand von Nizza

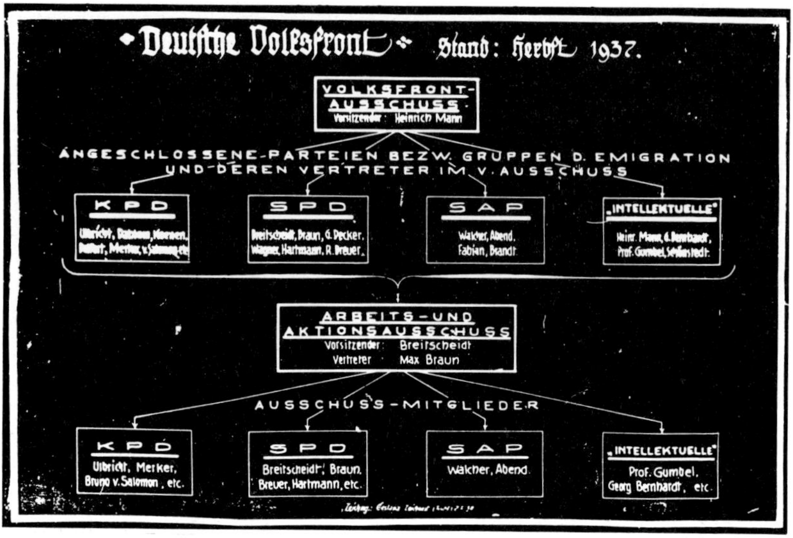

Abb. 34: Von der Gestapo angefertigtes Schaubild der "Deutschen Volksfront", Stand Herbst 1937

Gestaltung des künftigen Deutschlands auszuarbeiten. Auf kommunistischer Seite gehören dieser Programmkommission Willi Münzenberg und Herbert Wehner, auf sozialdemokratischer Seite Max Braun und Rudolf Breitscheid an. Die Zusammenarbeit ist gut. „Wir sind uns in letzter Zeit immer näher gekommen", schreibt Victor Schiff im Januar 1936 an Ernst Reuter, „und besonders Willy M(ünzenberg), aber auch ein jüngeres Mitglied des KPD-Politbureaus ‚Kurt' (i. e. Herbert Wehner; G.P.), hat auf uns, Braun und mich, den Eindruck ehrlicher Verständigungsbereitschaft ohne Manöver pp. gemacht."(69)

Die „Deutschen Informationen"

Weiterhin stimmt der Lutetia-Kreis der Herausgabe eines zweisprachigen Presse- und Informationsdienstes, der „Deutschen Informationen / Nouvelles d'Allemagne" zu. Pläne für die Bildung einer überparteilichen antifaschistischen Presseinformationsstelle gibt es seit längerer Zeit. Noch vor Gründung des Volksfront-Ausschusses hat die KPD den nach Frankreich emigrierten Sozialdemokraten vorgeschlagen, eine gemeinsame Zeitung herauszugeben, die zum Ziel haben soll, die deutsche Opposition zu sammeln und einheitlich zu orientieren. Max Braun lehnt den KPD-Vorschlag jedoch ab, da „nach den bisherigen Vorschlägen nicht die genügende Unabhängigkeit und Erfolgsaussicht hinsichtlich ihres Sammelzieles gegeben zu sein scheint".(70) Er entwickelt einen Gegenvorschlag mit drei Schwerpunkten. Da die nationalsozialistische Wirtschaft sich „im Zeichen des Rückschlages" befinde und Hitler außer Krieg nur die außenpolitische Werbung im europäischen Westen bleibe, um Anleihen, Aufträge und Rohstoffe zu erhalten, werde der vordringlichste Kampf gegen das Hitlerregime daher „in der nächsten Zeit in den Demokratien des Westens und ihrer Außenpolitik ausgekämpft werden. Darauf ist sowohl im Erscheinungsort, in der vordringlichen Tendenz, wie im gesamten Gesicht einer gemeinsamen Zeitung stärkste Rücksichtnahme geboten". Erscheinungsort solle die französische Hauptstadt sein. Damit ein solches Organ seinen einigenden Sammelcharakter behält, müsse zweitens „eine gewisse Unabhängigkeit von den einzelnen Parteizentren und ihren ausgesprochenen Parteiorganen" gewährleistet werden. Braun schlägt daher die Bildung eines Redaktionsausschusses vor, der die Aufgaben eines überparteilichen Kontrollorgans übernehmen solle. Mit der KPD ist sich Braun einig, daß der neue Pressedienst ein Einheitsfrontprodukt sein soll, betont jedoch stärker als diese dessen Unabhängigkeit von den Parteizentralen. „Da alle Einigungsbemühungen innerhalb der Gesamtopposition gegen Hitler abhängig sind von der möglichst großen Kraftentfaltung der einzig gestaltungsfähigen Opposition, nämlich der proletarisch-sozialistisch-kommunistischen und ihrer sammelnden Anziehungskraft, muß das Blatt durch Steigerung des organisatorischen und politischen Gewichts der Arbeiterklasse ihr die Führung der gesamten oppositionellen Kräfte sichern helfen — was wiederum angesichts des augenblicklichen Verhältnisses der einzelnen proletarischen Gruppen zueinander nur möglich ist bei zwar engster Tuchfühlung, aber gleichzeitiger distanzierender Unabhängigkeit von den naturgegebenen Tendenzen der einzelnen Zentren."(71) Wie Braun so schwebt auch Breitscheid ein Informationsblatt vor, das über die „wahren" Zustände in Deutschland berichtet und besonders an die westlichen Demokratien gerichtet sein soll. Auf einer Vorkonferenz der Arbeiterparteien am 1. Februar kommt es zu einer Einigung zwischen Braun und Münzenberg über die Herausgabe des gemeinsamen Informationsbulletins, das — wie Bruno Frei schreibt — „die erste gemeinsame Arbeitsstelle der sich bildenden deutschen Volksfront" darstellt.(72) Die Lutetia-Konferenz am folgenden Tag ist sich einig, daß das Presse- und Informationsbüro den Zweck verfolgen soll, „die Öffentlichkeit über die politischen, sozialen, wirtschaftlichen und kulturellen Zustände in Deutschland zu unterrichten".(73) „Die Goebbels'sche Lüge", so Bruno Frei, Redakteur und Mitherausgeber der „Deutschen Informationen", „erfordert die besondere Organisation eines antihitlerischen Nachrichtendienstes, der fähig ist, auf jede Lüge, die sich als ,objektive Meldung' tarnt, sofort zu reagieren, mit zeitungsgemäßen Mitteln die Wahrheit der Lüge gegenüberzustellen".(74)

Die in deutscher und französischer Sprache vorerst dreimal wöchentlich erscheinenden und von Heinrich Mann, Rudolf Breitscheid, Bruno Frei und Max Braun gemeinsam herausgegebenen, nach der Weigerung der SOPADE von der KPD alleine finanzierten „Deutschen Informationen" erreichen zeitweise mehr als 100 Redaktionen der bürgerlichen und proletarischen Presse vornehmlich in den französisch sprechenden Ländern, aber auch in der Tschechoslowakei und in Skandinavien. Vereinzelt gelangen sie auch ins Saarland. Bei dem Saarbrücker Wilhelm Gries beschlagnahmt die Gestapo im März 1936 ein Exemplar vom 17. 3. 1936. Weitere Nummern der „Deutschen Informationen" fallen den Saarbrücker NS-Behörden im August und September 1936 und zum Jahresende 1937 in die Hände.(75) Unter der gemeinsamen Redaktionsleitung von Max Braun und dem Kommunisten Bruno Frei arbeiten der Theologe

Prof. Dr. Fritz Lieb, Schüler Karl Barths, und der Wirtschaftsfachmann Prof. Georg Denicke, ein enger Vertrauter Brauns. Regelmäßig veröffentlichen die „DI“ Personalia der wichtigsten NS-Größen, berichten über Auseinandersetzungen innerhalb der NSDAP und des bürgerlichen Lagers, weisen auf Streiks und den „neuen Kulturkampf“ hin und legen Hitlers Kriegsvorbereitungen offen, wobei die Grenzen zur nachrichtendienstlichen Tätigkeit bereits überschritten werden.(76) Gemeinsam mit emigrierten Schriftstellern und mit Herbert Wehner verfaßt Max Braun 1936 eine Denkschrift über den imperialistischen und aggressiven Charakter des NS-Systems, die als Sonderdienst der „DI“ erscheint und unter den Teilnehmern des Brüsseler Weltfriedenskongresses verteilt wird.(77) Auf eine theoretische Analyse des Nationalsozialismus verzichtet man. Sie hätte der Lutetia-Volksfront gut angestanden und wäre notwendig gewesen, um ihrem Kampf eine konkrete Perspektive zu geben. Aber zu groß sind die inhaltlichen Differenzen bei der Beurteilung der aus Deutschland eintreffenden Nachrichten.(78) Die „Deutschen Informationen“ werten systematisch die NS-Presse aus, verfügen aber auch über eigene „Korrespondenten“ in Deutschland, die ihnen über die Grenzstellen von KPD und SPD in Forbach und über den Grenzapparat Emil Kirschmanns in Mühlhausen Informationen zutragen. Besonders über die Arbeits- und Lebenssituation der Menschen in den westlichen Teilen des Deutschen Reiches und im Saarland sind die „DI“ bestens informiert. Das in der Pariser Rue de l'Ancienne Comédie eingerichtete Redaktionsbüro wird sowohl von der französischen Polizei wie von der Gestapo observiert. Das geheime Leitheft „Emigrantenpresse und Schrifttum“ des Reichssicherheitshauptamtes des Reichsführers SS vom März 1937 stellt fest: „Die Deutschen Informationen stehen völlig im Dienst der Deutschen Volksfront. Ein offenbar weitverbreitetes Nachrichtennetz sorgt für die Beschaffung der Hetz- und Greuelmeldungen. Die Emigrantenpresse, insbesondere die ‚Pariser Tageszeitung', bedient sich der Deutschen Informationen häufig.“(79)

Die mit der Sitzung vom 2. Februar 1936 — der eigentlichen Gründungskonferenz der deutschen Volksfront — einsetzende Arbeit und Sammlung der deutschen politischen Emigration in Frankreich wird inspiriert vom Sieg der französischen Volksfrontregierung unter Leon Blum. Herbert Wehner bestätigt dies in seinen Erinnerungen: „Einerseits mag die damalige Lage in Frankreich, mögen die erfolgreichen Streiks, die Anfangserfolge der französischen Volksfrontbewegung dazu beigetragen haben, eine größere Bereitschaft zum gegenseitigen Verstehen und zu einem kameradschaftlichen Verhältnis entstehen zu lassen. Zum anderen konnten wir aber auch deshalb nur zu einigen gemeinsamen Schritten kommen, weil wir uns auf konkrete Teilaufgaben beschränkten."(80) Solche „Teilaufgaben", die ohne größere Schwierigkeiten zu realisieren sind, sind Protesterklärungen gegen Hitlers Kriegsvorbereitungen, seine Intervention in Spanien und seine Terrorpolitik in Deutschland. Als Mitglied des Arbeitsausschusses gehört Max Braun zu den Unterzeichnern einer Reihe von Appellen und Erklärungen des Lutetia-Kreises.

Der am 24. Mai 1936 in der „Deutschen Volkszeitung" — aber auch als Flugblattext — veröffentlichte Aufruf „Seid einig gegen Hitler" nimmt Hitlers Rheinlandbesetzung zum Anlaß, um vor seiner Aufrüstungspolitik zu warnen: „Hitler redet von Gleichberechtigung Deutschlands, aber in Wirklichkeit organisiert er den Krieg zur Unterdrückung anderer Völker." Die Befestigung des Rheinlands — so die Unterzeichner vorausschauend — werde Hitler den Überfall auf Frankreich, Belgien, Österreich, die Tschechoslowakei und auf die Sowjetunion erlauben. Ob es wirklich zum Krieg komme und damit zum „Verderben", hänge auch davon ab, „ob und in welchen Grade sich die Widerstände im deutschen Volke verbreitern und zusammenschließen".(81) Zu den Mitunterzeichnern dieses Appells gehört Willy Brandt, der sich zur Zeit der Veröffentlichung allerdings illegal in Berlin befindet.

Am 21. November 1936 protestieren die im Lutetia-Kreis versammelten Arbeiterparteien, die SPD, die SAP und die KPD, gemeinsam gegen die Hinrichtung des Kommunisten Edgar André sowie gegen die „Gestapomorde" an vier Sozialdemokraten aus Hannover: „Der Terror dieser Diktatur schändet das Ansehen Deutschlands, untergräbt die Achtung vor dem deutschen Volke, das in zähem unterirdischem Ringen sich in steigendem Maße gegen seine Henker auflehnt. Er kennzeichnet aber gleichzeitig auch die Methoden, mit denen das Dritte Reich den Krieg vorbereiten und den Krieg führen wird. Die Köpfe der Front-, Friedens- und Freiheitskämpfer André, Stelling, Fechenbach, Eckstein etc. sind die ersten Friedensopfer jenes furchtbaren Krieges, den das Hakenkreuz systematisch, zynisch und brutal bis ins Kleinste vorbereitet."(82)

Am 24. Dezember 1936 wenden sich die wichtigsten Gruppen der deutschen Exilopposition gegen Hitlers Einmischung in Spanien und appellieren an das deutsche Volk, alles zu tun, um die Waffen- und Truppentransporte nach Spanien zu sabotieren. Sie hoffen, die Niederlage Francos werde auch das Ende Hitlers einleiten.(83)

AUFRUF AN DAS DEUTSCHE VOLK

Bildet die Deutsche Volksfront! Für Frieden, Freiheit und Brot!

In Kurzem werden vier Jahre seit Hitlers Machtergreifung vergangen sein. Bei seinem Amtsantritt versprach der «Führer und Reichskanzler» dem Arbeiter, dem Bauern und dem gewerblichen Mittelstand Deutschlands Arbeit, Frieden und Wohlstand.

Hitler hat sein Versprechen nicht gehalten. Die Not der Werktätigen in Stadt und Land, in Fabriken, Schächten und Kontoren, in Handwerk, Handel und auf den Bauernhöfen hat sich ständig verschärft. Die Unterdrückung der Persönlichkeit wird immer brutaler.

Die Volksinteressen werden rücksichtslos der Vorbereitung eines Krieges geopfert, der furchtbarer sein wird als alle bisherigen Kriege. Auf dem letzten Nürnberger Parteitag hat Adolf Hitler die Steigerung dieser Politik angekündigt. Sie droht nicht nur Deutschland, sondern die ganze Welt in eine entsetzliche Katastrophe zu stürzen. Um ihretwillen wird das deutsche Volk gezwungen, dem Rüstungskapital immer grössere Opfer zu bringen.

In Nürnberg haben die Führer der Nationalsozialisten den Kreuzzug gegen die Sowjetunion und gleichzeitig gegen die demokratischen Staaten gepredigt. Der Ausrottungskampf gegen alle freiheitlichen Bewegungen in der Welt wurde verkündet. Er hat begonnen in Spanien. Deutsche Bomben legen Madrid und andere spanische Städte in Trümmer, deutsche Divisionen, ausgerüstet mit allen Mitteln der Mordtechnik, stürzen sich auf das heroisch um seine Freiheit kämpfende spanische Volk.

Das deutsche Volk aber will den Frieden. Es will Deutschlands Existenz nicht aufs Spiel setzen, um die oberen Zehntausend in ihrem Besitz und ihren Vorrechten zu schützen. Der Friede der Welt und das Glück unserer Heimat sind nur durch den Sturz des Naziregimes zu sichern.

Erfüllt von der Ueberzeugung, dass die braune Tyrannei einzig und allein durch den Zusammenschluss aller zum Kampf für Freiheit und Recht bereiten Deutschen gebrochen werden kann, rufen wir unsere Volksgenossen im Reich und im Ausland auf, sich in einer Deutschen Volksfront zu vereinigen.

3

Die Volksfront will keine neue Partei sein. Sie soll ein Bund aller derer werden, die entschlossen sind, ihre Kraft für Freiheit und Wohlstand des deutschen Volkes einzusetzen. Alle in ihr vereinigten Parteien und Gruppen bleiben ihren besonderen weiterreichenden Zielen treu. Alle eint der Wille, die braune Zwangsherrschaft zu vernichten.

Erst der Sturz der nationalsozialistischen Machthaber wird jeder politischen, geistigen und religiösen Strömung die Möglichkeit geben, für ihre Ansichten, Ziele und Ideale in freier Gleichberechtigung einzutreten. Um das zu erreichen, verpflichten sich alle Gegner des heutigen Regimes, geeint zu bleiben, und in geschlossener Front zu streiten, bis der Gegner besiegt und ein freies Deutschland geschaffen ist.

Wir fordern:

Freiheit für das Volk!

Freilassung aller Opfer des Regimes, die in den Zuchthäusern, Gefängnissen und Konzentrationslagern schmachten!

Aufhebung aller Terror- und Ausnahmegesetze! Keine Folter, keine Konzentrationslager mehr!

Bestrafung aller, die für die Verbrechen des heutigen Systems verantwortlich sind!

Freiheit der Presse, Versammlungsfreiheit!

Freiheit des Gewissens, des Denkens und der religiösen Uebung!

Ein Ende der Rassenhetze, dieser Schmach für die deutsche Kultur!

Ein Ende der kriegshetzerischen Propaganda in jeder Gestalt!

Wahl der Richter durch das Volk! Sicherung des Einzelnen gegen Willkür durch eine verbürgte Rechtsordnung.

Koalitionsrecht für alle schaffenden Männer und Frauen!

Befreiung der Wissenschaft von allen Fesseln. Neuaufbau aller Unterrichtsanstalten in freiheitlichem und modernen Geist!

Brot durch Freiheit !

Die Geschichte der Nachkriegszeit hat gezeigt, wie kleine Gruppen Bevorrechteter, die den Grossgrundbesitz, die grossen Industriekonzerne und die Banken beherrschen, zu Totengräbern der Freiheit wurden. Um die Freiheit zu sichern, wird das neue Deutschland diese Volksfeinde ihrer Macht entkleiden.

4

Es wird die Rüstungsindustrie und die Grossbanken verstaatlichen.

Es wird alle Sabotageversuche des Grosskapitals unter Anwendung der schärfsten Mittel zu verhindern wissen.

Es wird die junkerlichen Saboteure der Volksernährung und Volksfreiheit enteignen Es wird Heer und Verwaltung von allen Staatsfeinden säubern und zu verlässlichen Stützen des neuen Deutschland machen.

Dagegen wird im neuen Deutschland der Bauer frei auf seinem Besitz sein. Er wird des Schutzes seines Eigentums gegen die Zwangswirtschaft und gegen jene Zwangsabgaben teilhaftig werden, die ihn heute häufig genug zwingen, sich seines Grund und Bodens zu entäussern. Der deutsche Bauer wird der Bevormundung und der Schikanen der Reichsnährstandbonzen ledig sein. Die Aufhebung der Erbhofgesetzgebung wird die freie Verfügung über sein Eigentum und seine ihm vom Dritten Reich geraubte Kreditfähigkeit wiederherstellen. Durchgreifende Entschuldungsmassnahmen sind vorzunehmen.

Die Kriegswirtschaft wird beseitigt und durch eine Wirtschaft für den menschlichen Bedarf ersetzt. Wenn es wieder Butter statt Kanonen gibt, dann wird dem Mittelstand in Handel und Gewerbe eine auskömmliche Existenz gewährleistet sein.

Alle schaffenden Männer, Frauen und Jugendlichen werden zu menschenwürdigen tarif geregelten Löhnen und Gehältern arbeiten, die Arbeitszeit wird mit dem technischen Fortschritt der Produktion und der Rücksicht auf die Befriedigung des Bedarfs in Einklang stehen.

Der Staat wird den Kranken, Invaliden, Arbeitsunfähigen und Arbeitslosen ausreichende Fürsorge gewähren; die heutige empörende Schröpfung der Gewerbetreibenden, Beamten, Angestellten und Arbeiter durch tausenderlei Abgaben und Zwangssammlungen wird beseitigt werden.

Das Volk entscheidet!

Nicht Hitlers brutale Macht- und Kriegspolitik, sondern die Politik der Deutschen Volksfront wird dem ganzen Volk Freiheit und Brot bringen. Sobald dies erreicht und die Freiheit gesichert ist, wird das Volk auf Grund eines unverfälschten demokratischen Wahlrechts seine Vertreter wählen, die ihm allein verantwortlich sind. In dem freien Deutschland werden die Gemeinden und werden alle Einrichtungen des öffentlichen Lebens wieder auf die Grundlage der Selbstverwaltung gestellt sein.

5

Abb. 35: Aufruf des "Ausschusses zur Vorbereitung einer deutschen Volksfront" vom 21.12. 1936

Gegen Krieg und Autarkie, für Frieden und Zusammenarbeit!

Hitler braucht den Krieg um der Erhaltung seiner Herrschaft und um der Erreichung der imperialistischen Ziele seiner Auftraggeber willen. Das neue Deutschland braucht den Frieden zur Befestigung seiner jungen Freiheit und für seinen sozialen und wirtschaftlichen Aufbau. Es wird eine grosse starke Macht des Friedens sein, die die Politik der friedenstörenden Einmischung in die Angelegenheiten anderer Länder verlassen wird. Sie wird der gewissenslosen Hetze gegen die Sowjetunion ein Ende bereiten. Das Recht, das an Stelle der Gewalt das staatliche und private Leben Deutschlands beherrschen soll, wird auch massgehend für die Gestaltung der Beziehungen unter den Völkern sein. Internationale wirtschaftliche Zusammenarbeit tritt an die Stelle der das gesamte Wirtschaftsleben zerstörenden Autarkie.

Zur Erreichung dieser Ziele haben wir uns zusammengefunden, sicher der Zustimmung unserer Gesinnungsgenossen in der Heimat. Allen Gegnern des blutigen Schandregimes rufen wir zu:

Sucht Verbindung untereinander und mit uns!

Vereinigt Eure Kräfte mit den unsern zu gemeinsamem Kampf!

Schlagen wir in einer Front den, der unser aller Feind ist!

Unser nächstes Ziel ist der Sturz Hitlers und aller Peiniger des deutschen Volkes!

Für Frieden, Freiheit und Brot!

Dezember 1936.

Der Aufruf trägt folgende Unterschriften:

Rudolf Breitscheid	**Emil Kirschmann**
Albert Grzesinski	**Dr. Hans Hirschfeld**
Max Braun	**Max Hofmann**
Prof. Denicke	**Bruno Süss**
Toni Sender	**Siegfried Aufhäuser**
Prof. Siegfried Marck	**Karl Böchel**
Dr. E. Drucker	**Alexander Schifrin**
Prof. Alfred Meusel	**Richard Kirn**
Alfred Braunthal	**Bernhard Menne**
Professor Julius Lips	**Dr. Otto Friedländer**

(Sozialdemokraten)

6

Wilhelm Pieck	**Ackermann**
Wilhelm Florin	**Weber**
Walter Ulbricht	**Bertz**
Franz Dahlem	**Wilhelm Koenen**
Kurt Funk	**Philipp Daub**
Paul Merker	**Hugo Gräf**
Willi Münzenberg	**Philipp Dengel**

(Kommunisten)

Willi Brandt	**J. Ewas**
H. Diesel	**M. Koch**
K. Franz	**K. Sachs**
R. Frey	**J. Schwab**
Dr. Fried	**Th. Vogt**

(Fü die Sozialistische Arbeiterpartei, SAP)

Lion Feuchtwanger	**Bodo Uhse**
Arnold Zweig	**Theodor Fanta**
Heinrich Mann	**Wolf Frank**
Prof. Georg Bernhard	**Dr. Felix Boenheim**
Ernst Toller	**Johannes R. Becher**
Prof. E. J. Gumbel	**Walter Schönstedt**
Rudolf Olden	**Prof. Dr. J. Schaxel**
Balder Olden	**Prof. Fritz Lieb**
Egon Erwin Kisch	**Klaus Mann**
Rudolf Leonhard	**Dr. Budzislawski**
Prof. Alfons Goldschmidt	**Kurt Kersten**
Kurt Rosenfeld	**Ernst Bloch**
Prof. Anna Siemsen	**Wieland Herzfelde**
Otto Lehmann-Russbüldt	**Max Seydewitz**
Dr. Wolfgang Hallgarten	

7

Ein weiterer, vom Sender Barcelona verbreiteter Spanienappell des Lutetia-Kreises vom 21. Januar 1937 fordert: „Schluß mit Hitlers Intervention in Spanien! Keinen Mann, keinen Groschen für Franco! Freundschaft des befreiten Deutschlands mit dem spanischen Volk! Sturz der Hitlerdiktatur! Vorwärts für ein freies und glückliches Deutschland!"(84)

Wo es um grundlegendere Dinge — wie um die „Plattform" der deutschen Volksfront — geht, ist eine Einigung schon nicht mehr möglich. Ohne Erfolg tagt im Sommer 1936 die Programmkommission des Lutetia-Kreises. Die von der KPD vorgelegten „Richtlinien für die Ausarbeitung einer deutschen Volksfront" vom 16. 6. 1936 mit der Perspektive einer neuen antifaschistischen, demokratischen Republik werden von den Vertretern der Revolutionären Sozialisten und der SAP als „liberalistisch" abgelehnt. Statt dessen einigt man sich darauf, einen „Aufruf" zu publizieren, der in knappen Sätzen die wichtigsten programmatischen Forderungen enthalten soll.(85) In der Zusammenkunft des „Ausschusses zur Vorbereitung einer deutschen Volksfront" am 21. Dezember 1936 wird der Aufruf an das deutsche Volk „Bildet die deutsche Volksfront! Für Frieden, Freiheit und Brot!" verabschiedet. Es ist und bleibt das erste und einzige programmatische Dokument des Ausschusses. Der DDR-Wissenschaftler Karlheinz Pech wertet den Aufruf als einen „Höhepunkt der Tätigkeit des Volksfrontausschusses und ein vielen Widerständen abgerungenes positives Bild der Zusammenarbeit der unterschiedlichen Kräfte im Ausschuß."(86) Bezugspunkt für den von Max Braun mitverfaßten Aufruf, in dem eher die Vorstellungen des SAP-Entwurfs, denn des KPD-Entwurfs durchschimmern, ist der vom 8. bis zum 14. September 1936 in Nürnberg stattfindende Reichsparteitag der NSDAP, auf dem der Kommunismus als „Weltfeind Nr. 1" herausgestellt und der zweite Vierjahresplan verkündet wird, der die deutsche Wirtschaft in vier Jahren kriegsfähig machen soll. Die Stoßrichtung Hitlers wird immer deutlicher: es geht gegen die Sowjetunion. Bei seinem Amtsantritt vor vier Jahren, so der Aufruf, habe Hitler dem deutschen Volk Arbeit, Frieden und Wohlstand versprochen, sein Versprechen aber nicht gehalten: „Die Volksinteressen werden rücksichtslos der Vorbereitung des Krieges geopfert, der furchtbarer sein wird, als alle bisherigen Kriege. Auf dem letzten Parteitag hat Adolf Hitler die Steigerung dieser Politik angekündigt. Sie droht nicht nur Deutschland, sondern die ganze Welt in eine entsetzliche Katastrophe zu stürzen. Um ihretwillen wird das deutsche Volk gezwungen, dem Rüstungskapital immer größere Opfer zu bringen."(87) Der

Friede sei nur durch den Sturz des Naziregimes möglich. „Um das zu erreichen, verpflichten sich alle Gegner des heutigen Regimes, geeint zu bleiben, und in geschlossener Front zu streiten, bis der Gegner besiegt und ein freies Deutschland geschaffen ist.“ Für dieses freie Nachhitlerdeutschland wird die Aufhebung des seit 1933 geltenden Ausnahmezustandes und die Verwirklichung der bürgerlichen Freiheitsrechte gefordert. Aus der Geschichte der Zerstörung der Weimarer Republik wird die Forderung abgeleitet, die Totengräber der Demokratie — den Großgrundbesitz, die große Industrie und die Banken — zu entmachten: eine leidenschaftliche Forderung Brauns. Rüstungsindustrie und Großbanken sollen verstaatlicht, die „junkerlichen Saboteure der Volksernährung und Volksfreiheit“ enteignet, Heer und Verwaltung von allen Staatsfeinden gesäubert und zu „verläßlichen Stützen“ des neuen Deutschland umgestaltet werden. Der Krieg sei nur vermeidbar durch den Sieg der deutschen Volksfront. Sobald die Freiheit gesichert sei, solle das Volk in einer freien demokratischen Wahl seine Vertreter bestimmen, die ihm allein verantwortlich sind. „Sucht Verbindung untereinander und mit uns!“ fordert der Aufruf. „Vereinigt Eure Kräfte mit den unseren zum gemeinsamen Kampf! Schlagen wir in einer Front den, der unser aller Feind ist! Unser nächstes Ziel ist der Sturz Hitlers und aller Peiniger des deutschen Volkes! Für Frieden, Freiheit und Brot!“ Neben Max Braun unterzeichnen auch die beiden Saarländer Richard Kirn (SPD) und Philipp Daub (KPD), der spätere Oberbürgermeister von Magdeburg, den Aufruf.

Die vierte Konferenz des „Ausschusses zur Vorbereitung einer deutschen Volksfront“ am 10./11. April 1937 verstärkt die Inhalte des Aufrufs vom Dezember. Thomas Mann bekundet der deutschen Volksfront in einem Schreiben seine Verbundenheit und sein Bruder Heinrich Mann, der die Konferenz leitet, skizziert einmal mehr, um was es geht. „Hitler treibt Deutschland in die Kriegskatastrophe. Damit stellt er vor dem deutschen Volk die Frage des Schicksals unserer deutschen Heimat. Die Hauptaufgabe der deutschen Volksfront kann daher nur sein, gegen Hitlers Kriegspolitik, gegen die unerträglichen Rüstungslasten und die Kriegs-Zwangsmaßnahmen, für die Erhaltung des Friedens zu kämpfen.“(88) In der von der Konferenz verabschiedeten und illegal in Deutschland verbreiteten „Botschaft an das deutsche Volk“ wird auf Hitlers Intervention in Spanien und seine weiteren Eroberungsabsichten hingewiesen. An das deutsche Volk wird appelliert, gemeinsam zu kämpfen, um den Frieden zu retten. Ansätze hierzu gebe es bereits tausendfach, so auch an der Saar, wo der Kampf der katholischen Eltern gegen die Entfernung der Kruzifixe in den Schulen die brüderliche Unterstützung durch aktive Bergarbeiter gefunden habe. Nur in Einheit könne Hitler gestürzt werden: „Schaffen wir durch die brüderliche Verbindung der Kräfte aller Hitlergegner überall Stützpunkte für den Kampf der deutschen Volksfront, in allen Massenorganisationen, in den Betrieben und bei den Hitlergegnern im Heer."(89) Zur Verbreitung von Erklärungen der sich formierenden Volksfront stellt die KPD ihren in Spanien stationierten und auch in Deutschland zu hörenden „Deutschen Freiheitssender 29,8" zur Verfügung.(90)

Das Scheitern der deutschen Volksfront

Im Juni 1937 — der Lutetia-Kreis trägt schon die Keime seines Scheiterns in sich — avanciert Max Braun zum Vorsitzenden des Arbeitsausschusses der Volksfront und arbeitet nun noch enger mit Heinrich Mann zusammen. Bereits der Aufruf vom vergangenen Dezember und seine Vorgeschichte hat tiefgreifende ideologische Differenzen zwischen den an der Volksfront beteiligten Gruppen offenbart. Zur Annahme einer gemeinsamen Plattform kommt es nicht. Es bleibt bei allgemeinen Appellen und Erklärungen. Die nichtkommunistischen Ausschußmitglieder und mit ihnen sympathisierende Anhänger mißtrauen noch immer dem kommunistischen Bekenntnis zur demokratischen Republik. „Warum reden die Bekämpfer der Demokratie so plötzlich von Demokratie? und warum gibt es im ‚Lande der Arbeiter' trotz 20 Jahre ‚Diktatur des Proletariats' keine Demokratie?" fragt so beispielsweise Richard Kirn von der Forbacher Grenzstelle der freien Bergarbeiter.(91) Die SAP und linke Sozialdemokraten kritisieren die Vorstellung, die deutsche Volksfront nach dem Beispiel der Volksfront in Spanien und Frankreich zu organisieren. Die SAP setzt weiterhin statt auf die Volksfront auf die in der Einheitsfront vereinte Arbeiterklasse. Nur sie könne die Aufgaben des illegalen Kampfes in Deutschland erfolgreich lösen.

Bereits im April 1937 ist Willi Münzenberg aus dem Ausschuß ausgeschieden und setzt seine antifaschistischen Sammlungsbemühungen außerhalb der KPD fort.(92) Er wird durch Walter Ulbricht ersetzt, den späteren SED-Chef und DDR-Staatsratsvorsitzenden. Aus dem kommunistischen Dreiergespann Münzenberg, Wehner und Merker ist das Duo Ulbricht — Merker geworden, da Herbert Wehner auf Parteibefehl nach Moskau abgereist ist. Während sich die bisherigen kommunistischen Verhandlungspartner im Lutetia-Ausschuß ein Minimum an Unabhängigkeit erhalten haben und gegenüber der Politik Moskaus zumindest innerlich distanziert geblieben sind, scheint Ulbricht ein hundertprozentiger Mann

Stalins zu sein. Merker steht in seinem Schatten. Münzenberg, der sich — wie Braun von der SOPADE — zunehmend von seiner Parteizentrale distanziert hat, hat das Vertrauen der Pariser Sozialdemokraten erworben und ist zu einer Integrationsfigur der Linken im Lutetia-Kreis geworden. Dem geschäftigen Parteikarrieristen Ulbricht dagegen begegnen die Initiatoren der Volksfront mit Skepsis und Mißtrauen.

Walter Ulbricht und Max Braun sind zwei völlig konträre Persönlichkeiten: Max Braun der selbständig denkende, kontaktfreudige und hedonistische linksrheinische Sozialist — Walter Ulbricht der kontaktarme, den Gesetzen des Parteiapparates ergebene Apparatschik, der asketische Kommunist aus Sachsen, der die für einen hierarchischen Parteiapparat notwendigen Eigenschaften wie unermüdliche Emsigkeit, Trockenheit und Phantasielosigkeit mitbringt. Von vielen Zeitgenossen wird Ulbricht als Intrigant geschildert, als jemand, der Politik hinter den Kulissen betreibt, seine eigenen Parteigenossen ausspielt, um sich selbst bei der KOMINTERN ins rechte Licht zu setzen. Ulbricht ist ein Mann der Spaltung, der eine neue Politik in den Volksfrontverhandlungen repräsentiert. Für ihn ist die Einheits- oder Volksfront kein Selbstzweck, sondern eine Brücke zu den nationalen, antinazistischen Rechtskreisen, von denen er die Abwehr eines möglichen Angriffs auf die Sowjetunion erwartet. Ulbricht wollte, schreibt Wehner, durch den Lutetia-Kreis „ein Zentrum bilden, das Einfluß auf bürgerliche Oppositionsbestrebungen im Lande selbst gewinnen und zum Ausdruck solcher Strömungen werden sollte. Er glaubte, besonders in dem Herausgeber des ‚Das Neue Tagebuch‘, Schwarzschild, einen einflußreichen Exponenten sogenannter antihitlerischer Strömungen in Deutschland sehen zu müssen (z. B. des Stahlhelmführers Düsterberg). Ulbricht wähnte, der Lutetia-Kreis müsse den Prager Parteivorstand der SPD dazu bewegen können (sei es indirekt oder direkt), sich zu einem Abkommen mit der KPD-Leitung bereitzufinden."(93) Die radikalen Forderungen der kleinen SAP und die herausragende Bedeutung Brauns als innerparteilichem Opponenten der SOPADE stören Ulbricht in seinen Bemühungen. Er versucht, beide aus dem Lutetia-Kreis herauszudrängen.

Ausgeschieden sind bereits die „Bürgerlichen" um den früheren preußischen Finanzminister der Deutschen Staatspartei Otto Klepper, die die „Deutsche Freiheitspartei" gegründet haben, der sich zeitweilig auch Münzenberg anschließt.(94) Am 6. Juli 1937 schlägt Ulbricht Heinrich Mann „die Einberufung einer vertraulichen Beratung von namhaften Persönlichkeiten der verschiedenen Richtungen der Antifaschisten" wie

Abb. 36: Rudolf Breitscheid (SPD)

Abb. 37: Emil Kirschmann (SPD)

Abb. 38: Willi Münzenberg (KPD)

Abb. 39: Heinrich Mann (parteilos)

Deutsche Informationen

Jahrgang 2, Nr. 200
15. Juni 1937
JOURNAL PERIODIQUE
paraissant 3 fois par semaine

POSTSCHECKKONTO:
Max Braun, Paris 1976.30

HERAUSGEGEBEN VON
HEINRICH MANN, RUDOLF BREITSCHEID, MAX BRAUN, BRUNO FREI

6, RUE LAMARTINE, PARIS-IX – TELEFON: TRUDAINE 34-00

Eigene Korrespondenten in den wichtigsten Städten Deutschlands

Aus dem Inhalt : Der Kulturkampf an der Saar – Die illegale Gewerkschaftsbewegung – Oldenburger Bauern verpruegeln die Nazis – Goebbels protestiert gegen franzoesische "Hetzfilme"

Die amerikanischen Kirchen klagen an
Offener Brief des Generalsekretaers Rev. Charles S. MacFarland an Hitler

New York – (DI) Bekanntlich hat der Gesamtverband der Christlichen Kirchen Amerikas, dem 23 Kirchenorganisationen angehoeren, eine Resolution beschlossen, in der der Kampf des deutschen Nationalsozialismus und der deutschen Regierung gegen das Christentum mit scharfen Worten angegriffen wird. Gleichzeitig hat nun Rev. Charles S. MacFarland, der Generalsekretaer des Gesamtverbandes der Christlichen Kirchen in Amerika, der bisher einer der geduldigsten Verteidiger Hitlers gewesen ist, einen Offenen Brief an den deutschen Reichskanzler gerichtet, in dem er seine Enttaeuschung ueber den Bruch aller Hitler-Versprechungen zum Ausdruck bringt. MacFarland erklaert, er habe vier Jahre lang seinen Einfluss auf die amerikanischen Kirchen dahin ausgeuebt, geduldig abzuwarten, wie sich der Nationalsozialismus entwickele. Er war wiederholt in Deutschland und hatte mehrere Besprechungen mit Hitler, die ihn veranlassten, immer wieder fuer das Dritte Reich eine Lanze zu brechen. Aber alle seine Bitten blieben unerhoert und alle Versprechungen unerfuellt. Was sich in der letzten Zeit ereignet habe, zeigt, dass Hitlers Versprechungen keinen Wert haben. Immer mehr Priester, die er persoenlich kenne, wurden verhaftet und von einem wisse er, dass er geschlagen wurde. "Sie haben persoenlichen Mut gelobt", schreibt Dr. MacFarland, "aber es scheint, dass Sie diesen lediglich in kriegerischer Art sehen. Wenn Sie deutsche Tapferkeit in ihrem hoechsten Ausdruck sehen wollen, so schauen Sie auf die deutschen Pastoren, welche fuer die Freiheit der kirchlichen Lehre einstehen, nicht zu vergessen die, welche sich in Gefaengnissen und Konzentrationslagern befinden." Dr. MacFarland haelt Hitler folgende vier Anklagepunkte vor :

"1. Sie haben die Kirchen unter Staatskontrolle gestellt, viele ihrer Pastoren verhaftet, viele von ihnen mit Geldstrafen belegt und erlaubt, dass nicht wenige von Ihnen in ihrer Ehre angegriffen wurden.
2. Anstatt die Kirche zu einigen, haben Sie sie entzweit in die, welche willfaehrig sind, die, welche neutral sind, und die, welche sich mutig der Zwangsherrschaft entgegenstellen.
3. Anstatt die Kirche als heiligen Grund zu betrachten, haben Sie sich bemueht, die Lehre von der Vaterschaft Gottes und der Bruderschaft des Menschen herauszureissen.
4. Statt den Juden Erleichterung zu verschaffen, haben Sie gestattet, dass sie verfolgt und ausgepluendert werden. Die Behandlung, die Sie ihnen zukommen liessen, war grausam, ohne die mindeste Gnade."

Schliesslich aeussert sich MacFarland ueber den "Stuermer", den er fuer eine wahre Schande Deutschlands ansieht. MacFarlands Offener Brief, der in den Vereinigten Staaten riesiges Aufsehen erregt, schliesst mit folgenden Worten : "Sie, Herr Hitler, haben die hohen Ideale entweiht, die ich mir in meinen Studententagen von der Ehre, Sauberkeit, Wahrhaftigkeit und Menschlichkeit des deutschen Volkes gemacht habe. Sie haben den Respekt der zivilisierten Welt verwirkt und Sie fuehren Ihr Volk in den Abgrund, denn es ist unmoeglich, eine Herrschaft auf Gewalt und Hass aufzubauen."

Abb. 40: Titelblatt der "Deutschen Informationen" vom 15.6.1937

Heinrich Imbusch, Carl Spieker, Professor Bergsträßer, Rudolf Olden, Karl Barth, Rudolf Breitscheid, Paul Hertz und einigen Kommunisten vor, während führende Mitglieder des Volksfrontausschusses wie Max Braun, Professor Bernhard und Emil Gumbel auf Ulbrichts Wunschliste fehlen.(95) Bereits im Mai 1937 unterbrechen Max Braun und Rudolf Breitscheid ihre Mitarbeit im Ausschuß mit der Begründung, die KPD betreibe Kulissenpolitik. Ohne sie vorher zu konsultieren, habe sich die KPD-Führung in einem Brief an den Prager SOPADE-Vorstand gewandt und mit sozialdemokratischen Mitgliedern der Berliner „Volksfrontgruppe" um Otto Brass korrespondiert.(96) Braun und Breitscheid befürchten, Ulbricht wolle sie aus dem Ausschuß hinausmanövrieren. Sie bezichtigen ihn der Illoyalität. In seiner Junitagung befaßt sich der Volksfrontausschuß fast zwei Tage lang mit „ähnlichen Illoyalitäten der kommunistischen Vertreter".(97)

Da sich am Verhalten der Kommunisten nichts ändert, fassen die nichtkommunistischen Ausschußmitglieder auf einer Sitzung am 28. September 1937 — die vom inzwischen in den Ausschuß zurückgekehrten Max Braun geleitet wird — den Beschluß, sich an das ZK der KPD zu wenden, „damit es diesen unhaltbaren Zuständen, wie sie durch die KPD-Vertreter im Volksfrontausschuß eingerissen (sind), ein Ende bereite".(98) Der Beschluß, Wilhelm Pieck über den Zustand im Arbeitsausschuß zu unterrichten und bis zur Stellungnahme des ZK der KPD weitere Aktivitäten zu unterlassen, löst „lebhafte Verstimmung" bei den Kommunisten aus. Die Sozialdemokraten rechnen, so Emil Kirschmann in einem Schreiben an Paul Hertz, daß der Bruch unvermeidlich ist und die Volksfront unter Ausschluß der KPD mit Heinrich Mann fortgeführt werden wird.(99) In dem von Heinrich Mann, Max Braun, Georg Bernhard, Professor Denicke und Jakob Walcher an Wilhelm Pieck adressierten Schreiben vom 1. Oktober 1937 heißt es zu den internen Vorgängen in der Volksfront: „In seiner Einleitung gab Heinrich Mann seiner starken Sorge über die mangelhafte Vertrauens- und Solidaritätsbasis, wie sie durch verschiedene illoyale Handlungen der kommunistischen Vertreter entstanden ist, ergreifenden Ausdruck und bedauerte schmerzlich, daß der führende kommunistische Funktionär der sogenannten ‚Freundeskreise' gegen ihn und andere Mitglieder des Volksfrontausschusses allerschwerste Verleumdung verbreitet hat. Anschließend legte Herr Georg Bernhard einige gravierende Dokumente von kommunistischer Seite vor, die sowohl eine glatte Irreführung des Volksfrontausschusses, als auch der Öffentlichkeit darstellen und von denen eines geeignet ist, den Volksfrontausschuß selbst zu torpedieren. Max Braun ergänzte dieses Material durch die Darstellung von Täuschungsversuchen, die von kommunistischer Seite in den sogenannten ‚Freundeskreisen' mit dem Conglomerat der Unpolitischen versucht werden und legte dann eine Reihe von Äußerungen der kommunistischen Mitglieder der deutschen Volksfront aus deren Publikationsorganen ‚Deutsche Volkszeitung' und ‚Internationale' vor, in denen interne Verhandlungen im Volksfrontausschuß und seinen Kommissionen absolut falsch wiedergegeben und den Gegnern der Volksfront innerhalb der deutschen Opposition willkommene Vorwände gegen die Volksfrontanhänger geliefert wurden."(100) Noch setzen die Unterzeichner auf eine Verständigung mit der KPD und hoffen, „daß das ZK der KPD durch eine zweckmäßige Maßnahme die Vertrauensbasis in der Volksfront wieder her(ge)stellt." Besonders die Unterschrift Heinrich Manns, der in kommunistischen Kreisen sehr geschätzt wird, macht böses Blut bei den Kommunisten. Mann sei — so Franz Dahlem — ein Opfer von Braun und Münzenberg geworden.(101)

Pieck antwortet Heinrich Mann am 5. November ausweichend, läßt aber erkennen, daß das ZK die Vertrauensbasis wiederherstellen wolle, zur grundsätzlichen Klärung aber erst das ZK einberufen werden müsse.(102) In der Zwischenzeit hat Walter Ulbricht mit einem Brief und einem Artikel in der DVZ die Stimmung weiter angeheizt. Dort wirft er dem Volksfrontausschuß vor, seit April nicht an die Öffentlichkeit getreten zu sein, zur Bombardierung Guernicas und zur Beschießung Almerias geschwiegen zu haben, ja längst hinter der Entwicklung in Deutschland zurückzubleiben. Er könne nicht mehr erwarten, „daß er vom Lande ernst genommen wird". Einmal mehr beschuldigt Ulbricht die SAP des Trotzkismus. Ihr Verhalten sei geeignet, die deutsche Volksfront in der Öffentlichkeit zu diskreditieren. Ziel der KPD bleibe die „spätere Vereinigung von KPD und SPD zu einer einheitlichen revolutionären Partei der Arbeiterklasse Deutschlands".(103) Am 26. Oktober wendet sich Ulbricht an Heinrich Mann und führt die Schwierigkeiten im Volksfrontausschuß auf das Verhalten seiner sozialdemokratischen Mitglieder zurück, die im Auftrage des Prager Parteivorstandes die Anfänge der Einheits- und Volksfront sabotierten. Auch die Haltung der SAP zur demokratischen Republik macht Ulbricht für die Probleme im Arbeitsausschuß verantwortlich.(104)

Heinrich Mann ist tief enttäuscht über das Verhalten der Kommunisten und insbesondere Ulbricht. Am 25. Oktober schreibt er an Max Braun:

„Ihre Mitteilungen zeigen mir, daß Ulbricht tatsächlich eine eigene Volksfront, die ihm unterstehen soll, ins Werk setzen möchte. So ungern, ich Mitglieder der deutschen Opposition als Gegner ansehe, einige wollen es offenbar nicht anders. Ich bin daher gegen eine Zusammenberufung des Gesamtausschusses, solange Ulbricht als Hauptvertreter oder auch nur als Vertreter seiner Partei dort erscheinen darf. Mit Ihnen hoffe ich, daß die Krise sehr schnell überwunden wird. Wenn aber nicht, müssen wir entscheiden, was zu tun ist."(105) Am 13. November weisen die nichtkommunistischen Ausschußmitglieder Ulbrichts Vorwürfe in einem Schreiben an das ZK der KPD zurück und solidarisieren sich mit den von Ulbricht angegriffenen Sozialdemokraten Max Braun und Rudolf Breitscheid und der SAP, deren Tätigkeit bislang immer eine Hilfe und keine Störung gewesen sei. Die Unterzeichner kritisieren Ulbrichts Politik der Ausschaltung Max Brauns und seine Politik der Mobilisierung sogenannter „Freundeskreise" der Volksfront, in denen die KPD Volksfront mit sich selber mache. Sie erklären, daß sie nicht länger bereit seien, mit Ulbricht zusammenzuarbeiten. Bis zu der von Pieck angekündigten Klärung der Differenzen wolle man den Versuch der Sammlung der deutschen Opposition alleine — ohne die Kommunisten — fortsetzen.(106) In einem persönlichen Brief an den „lieben Freund Wilhelm Pieck" vom 16. November signalisiert Max Braun, daß die Gräben zwischen den Nichtkommunisten und der KPD nicht völlig unüberbrückbar seien, wenn es gelinge, durch „zweckmäßige Maßnahmen" — und damit meint Braun zweifellos die Abberufung Ulbrichts — die Vertrauensbasis wieder herzustellen.(107) Piecks „zweckmäßige Maßnahme" bleibt zunächst aus. Der in Aussicht gestellte Brief vom 16. Mai 1938 nimmt zu den Vorwürfen der Ausschußmitglieder vom 1. 10. und 13. 11. 1937 nicht Stellung, sondern beläßt es bei allgemeinen Erklärungen zur Volksfrontfrage.(108) Der Lutetia-Kreis ist nicht mehr zu retten.

Außenpolitische Ereignisse beschleunigen das Scheitern des Pariser Volksfront-Experiments. Da die SAP mit der marxistischen Arbeiterpartei POUM in Katalonien sympathisiert, die von den Kommunisten heftig bekämpft wird, ist es unausweichlich, daß die antitrotzkistische Atmosphäre der Moskauer Prozesse in die Diskussionen des Parisers Ausschusses ausstrahlt. Nach den Auseinandersetzungen zwischen der POUM und den Kommunisten im Mai 1937 in Barcelona beschuldigt die KPD die SAP der Handlangerdienste für die faschistische Gestapo.(109)

Stalins Liquidierung der gesamten innerparteilichen Oppostion in der Sowjetunion macht eine Zusammenarbeit mit den deutschen Kommunisten, die nichts Besseres zu tun haben, als Stalins „Säuberungspolitik" zu rechtfertigen, nahezu unmöglich. Bereits im August 1936 hat in Moskau der erste große Schauprozeß gegen eine Gruppe alter Bolschewiki stattgefunden, an dessen Ende 16 Revolutionäre als Rädelsführer einer angeblich trotzkistischen Verschwörung gegen Stalin zum Tode verurteilt und hingerichtet werden. Weitere Todesurteile und Massenhinrichtungen folgen. Der kommunistische Antifaschismus wird politisch unglaubwürdig. „Man läßt Bäche von Tinten fließen ob der Erschießung und Ermordung von Antifaschisten in Deutschland und Italien. Was aber sagen die Rubel-Trabanten über die Erschießung und Ermordung von Nicht-Stalinanhängern", fragt Richard Kirn.(110)

Auf dem Höhepunkt der Auseinandersetzung im Lutetia-Arbeitsausschuß wird die Verhaftung des saarländischen Sozialdemokraten Kurt Thomas bekannt. Thomas, 1904 in Ottweiler geboren, Bergmann auf der Grube Dechen, Mitglied des freigewerkschaftlichen Bergarbeiterverbandes seit 1920 und der SPD seit 1930, während des Saarkampfes Vorstandsmitglied der Ottweiler Sozialdemokratie und Befürworter der Einheitsfront auf sozialdemokratischer Seite im Ottweiler Revier, hat im Mai 1934 an der spektakulären Thälmann-Delegation nach Berlin teilgenommen und dort den KPD-Vorsitzenden im Gefängnis besuchen können. Nach der Saarabstimmung emigriert er mit seiner Frau nach Frankreich und wendet sich immer mehr der KPD zu. Auf Einladung sowjetischer Stellen reist er im Juni 1935 in die UdSSR, arbeitet bis zu seiner Verhaftung im Juli 1937 durch die GPU in einem Moskauer Traktorenwerk. Seit dem 29. Juli 1937 gilt Thomas als „verschollen". Der Grund, warum er bei einer der letzten Verhaftungswellen „unter die Räder gekommen" ist, bleibt unbekannt. Die Sozialdemokraten im Lutetia-Ausschuß bringen den Fall Thomas auf der Ausschußsitzung Ende September zur Sprache und beantragen, „eine Delegation zum russischen Botschafter in Paris zu schicken, um zu intervenieren. Gegen diesen Antrag leisteten die KP-Leute heftigsten Widerstand, es kam zu hitzigen Debatten und schließlich gegen die Kommunisten zum Beschluß," notiert Kirschmann.(111)

Auch publizistisch geraten die Verteidiger und die Kritiker von Stalins Liquidationspolitik aneinander. Angeführt von Max Braun erklären nach Frankreich emigrierte Sozialdemokraten im März 1938: „Erschüttert verfolgen die deutschen Sozialisten den Verlauf des neuesten Moskauer Prozesses, dessen Folgen gleich furchtbar für die Sowjetunion selber, für die Sache des deutschen Antifaschismus, wie für die große Front der demokratischen, sozialistischen und revolutionären Kräfte sind."

Dieser Prozeß mache es der KPD unmöglich, „einen aufrichtigen Kampf für die persönliche Freiheit im Namen der Humanität gegen die Greueltaten des Faschismus zu führen". Wer die Freiheit und die Humanität verachte, „arbeitet bewußt oder unbewußt für den faschistischen Feind".(112) Eine in der DVZ abgedruckte Resolution der Vertreter der KPD-Emigration vom 14. März 1938 weist die Kritik Brauns und seiner Genossen als Verunglimpfung der Sowjetunion zurück. Die Pariser Kommunisten erwarten vielmehr, „daß unsere sozialdemokratischen Genossen es verstehen und billigen, wenn das sowjetrussische Volk, (. . .), die Verräter im eigenen Land, die Agenten, Spione und Mörder im Dienst des internationalen Faschismus, die dem Volk seine so schwer erkämpften Errungenschaften rauben wollen, vernichtet". Die Vertreter der Pariser KPD-Emigration begrüßen es, „daß das Oberste Militärkollegium der UdSSR in dem soeben abgeschlossenen Prozeß gegen den Verschwörerblock der Rechten und Trotzkisten mit der notwendigen Schärfe diese im Solde des internationalen Faschismus arbeitenden Feinde des Friedens und der Freiheit (. . .) zur Aburteilung gebracht hat".(113) Solche Legitimationen von Stalins Terrorpolitik vertiefen die Gräben weiter.

Seit Oktober 1937 mobilisiert Wilhelm Pieck seine Anhänger, um das absehbare Ausscheiden Max Brauns und Rudolf Breitscheids aus dem Lutetia-Kreis zu verhindern. Pieck hofft noch, Max Braun zum Verbleiben in der Volksfront bewegen zu können, da man auf ihn wegen seiner starken Stellung in der Pariser Emigration und seiner guten Beziehungen zu französischen Regierungsstellen nicht einfach verzichten kann, wie dies Ulbricht beabsichtigt. Auch wegen seiner Beziehungen ins Saarland habe man Braun nicht einfach ignorieren können, erinnert sich Franz Dahlem.(114) Der erst im Februar 1937 gebildete Arbeitsausschuß zur Vorbereitung einer Volksfront im Saargebiet, dem auf sozialdemokratischer Seite auch Max Braun angehört, ist durch die Pariser Entwicklung praktisch lahmgelegt. Seine kommunistischen Mitglieder von der Forbacher KPD-Abschnittsleitung wenden sich in einem Schreiben am 19. Oktober 1937 an Rudolf Breitscheid mit der Bitte, die Schwierigkeiten in Paris schnell zu bereinigen: „Wöchentlich kommen Anfragen aus dem Lande, was hat der Volksfrontausschuß zu den und den Vorkommnissen zu sagen. Wie steht es jetzt mit dem Pariser Ausschuß, ist dort noch keine Einigkeit erzielt? Denkt doch an uns im Lande, so sagen die Genossen. Unter welchen Bedingungen wir arbeiten müssen, denkt an unsere Genossen in den Folterhöhlen. (. . .) Wir bitten Dich und alle Mitglieder des Arbeitsausschusses zur Bildung der deutschen Volksfront, daß Ihr zu unserer Befriedigung zur Hilfe unseres gemarterten Volkes und insbesondere unserer Helden in den Zuchthäusern und Konzentrationslagern alles Euch noch Trennende begrabt. Eure Differenzen, die auch uns in der Arbeit trennen, sind nach unserem Wissen gemessen an unseren gemeinsamen Pflichten dem Lande gegenüber sehr gering. Deshalb bitten wir Dich, als Mitglied des Arbeitsausschusses im Saargebiet(!) sobald als möglich als Vermittler im Interesse der gemeinsamen Sache bei Euch im Pariser Ausschuß einzugreifen, daß in Kürze der Volksfrontausschuß seine ersprießliche Arbeit wieder aufnimmt."(115) Kommunistische Emigranten in Paris appellieren mit ähnlichen Worten an Braun und Breitscheid, „im Gesamtinteresse der deutschen antifaschistischen Emigration (. . .) unverzüglich" die gemeinsame Arbeit wieder aufzunehmen.(116) Ein „offener Brief" anonym bleibender westdeutscher Sozialdemokraten an Max Braun, veröffentlicht in der DVZ, geht in dieselbe Richtung. Die Verfasser äußern die Auffassung: „Nichts sehnlicher würde das deutsche Volk freudig begrüßen, als wenn endlich der Volksfrontausschuß, in dem alle antifaschistischen Kräfte vereinigt sind, zum leitenden Zentrum des deutschen Freiheitskampfes wird."(117) Max Braun unterstellt der KPD in seiner Entgegnung, diesen „offenen Brief" selbst produziert zu haben, um ihn unter Druck zu setzen.(118) Robert Breuer, Sozialdemokrat und ehemals Abteilungsleiter in der Reichszentrale für Heimatdienst, appelliert an Braun, an der Einigung der deutschen Opposition weiterzuarbeiten. Ebenfalls in der DVZ schreibt er: „Ein klares Wort von Ihnen, verehrter Genosse Braun, würde nicht wenig dazu beitragen, daß viele für die ‚letzte Schlacht' die richtige Stellung beziehen."(119)

Alle diese Appelle und auch ein persönliches Gespräch zwischen Wilhelm Pieck und Max Braun vermögen nicht mehr, ihn zur Weiterarbeit in der Lutetia-Volksfront zu bewegen. An der letzten Sitzung am 20. September 1938 im Hotel Lutetia nimmt er schon nicht mehr teil. Nicht nur persönliche Animositäten und die immer wieder durchbrechenden alten Konflikte zwischen Sozialdemokraten und Kommunisten haben den Lutetia-Kreis zum Scheitern gebracht, sondern auch die allgemeinen Rahmenbedingungen der sowjetischen Außenpolitik, von denen die deutschen Kommunisten abhängig sind. Hauptziel der KPD ist es, einen möglichen Krieg gegen die Sowjetunion abzuwenden. Zunächst hatte man in Moskau gehofft, durch die Unterstützung der Volksfrontregierungen in Frankreich und Spanien Hitler in einen Zweifrontenkrieg zu verwickeln, durch eine Allianz mit England und Frankreich Deutschland militärisch und diplomatisch zu isolieren und durch den deutschen Widerstand Hitler auch innenpolitisch in Schwierigkeiten zu bringen. Als mit der Unterzeichnung des Münchener Abkommens 1938 Stalin deutlich wird, daß seine Politik der kollektiven Sicherheit gescheitert ist, die Appeasementpolitik der Westmächte vielmehr von der Absicht beherrscht wird, Hitlers Expansionspolitik auf den Osten umzulenken und auch die Taktik der Aktivierung des deutschen Widerstandes nicht aufgeht, vollziehen Sowjetunion und KOMINTERN einen außenpolitischen Kurswechsel, der darauf hinausläuft, Hitler durch Verträge zu binden, und der im Hitler-Stalin-Pakt von 1939 seinen Höhepunkt findet. Antifaschismus und Volksfront um jeden Preis ist zumindest seit Herbst 1938 nicht mehr vorrangiges Ziel der sowjetischen Außenpolitik.(120) Auch von der Zusammenarbeit mit den Sozialdemokraten wird vorsichtig wieder abgerückt. Unter Bezugnahme auf Stalin erklärt Dimitrov in der „L'Humanité", man könne den Kapitalismus nicht überwinden, „wenn man nicht mit der Sozialdemokratie in der Arbeiterbewegung Schluß macht".(121) Die alten Fronten formieren sich wieder. Ulbricht scheint so nur eine Politik zu vollziehen, die andernorts bereits entworfen ist.

Bereits im Januar 1938 hat Max Braun in einem Artikel in der „Deutschen Freiheit" den Bruch mit der Volksfront öffentlich vollzogen. In seinem „Erst Klarheit — dann Einheit" überschriebenen Beitrag rückt er von seiner bisherigen Einheitsfronteuphorie ab: Die durch Hitler erzwungene gemeinsame Abwehrfront vergleicht er mit der Schützengrabenkameradschaft im Weltkrieg. Dieses „instinktive Zusammenrücken" sei eine mehr vom politischen Gegner, dem Nationalsozialismus, diktierte, „als aufgrund politischer Einsicht und klarer Zielerkenntnis getroffene Vereinbarung. Sie kann ebensowenig zu einer dauerhaften gemeinsamen politischen Aufbauarbeit im Reiche führen, wie es die Schützengrabenkameradschaft des Weltkrieges getan hat. Konstruktive und konsequente Aufbauarbeit ist nur möglich, wenn sich die realen politischen Kräfte und Machtzentren Deutschlands politisch verständigen, wie es beispielsweise in Spanien geschehen ist. Ohne eine solche Verständigung gibt es auch keine wirkliche deutsche Einheits- und Volksfront: Erst Klarheit — dann Einheit!" Da diese Klarheit in grundsätzlichen Fragen der Einheitsfront nicht bestehe, müsse es nun eine „Pause" in den Bemühungen zur Herstellung einer deutschen Volksfront geben. Das sind klare und selbstkritische Worte. Brauns Beitrag macht deutlich, daß besonders in der Zielsetzung beider Arbeiterparteien grundsätzliche Differenzen weiterbestehen, und er das taktische Bekenntnis der KPD zur Demokratie nicht teilt: „Wie unsere französischen Freunde sich nie an einer Regierung oder Volksfront beteiligen werden, die nicht klar und eindeutig jede Diktatur ablehnt und um jeden Preis die Demokratie verteidigt — so können sich deutsche Sozialisten nur an einer Einheitsbewegung beteiligen, deren Gruppen sich eindeutig und klar und nicht nur bis zum Zeitpunkt, da ,die Massen für die Diktatur reif sind', ohne jede Einschränkung zur Erkämpfung eines demokratischen Systems in Deutschland bekennen, und die bereit sind, alle Garantien für die Einhaltung eines solchen Paktes zu geben." Das Ziel aller Kämpfe müsse eine „gegen jeden totalitären Machtanspruch gesicherte, wehrhafte, starke und neue soziale Demokratie sein".(122)

Trotz dieser grundsätzlichen Differenzen gibt Max Braun den Kontakt zu einzelnen Kommunisten nicht auf.(123) Er bleibt gesprächs- und kooperationsbereit und an einem „Burgfrieden" interessiert. So ist es kaum verwunderlich, daß sein Name auch im letzten Einigungsversuch der deutschen Opposition in Paris — im „Thomas-Mann-Ausschuß" — nicht fehlt. Im August 1938 schlägt das ZK der KPD dem Literaturnobelpreisträger Thomas Mann vor, den Vorsitz in einer Sammlungsbewegung der Hitler-Opposition zu übernehmen. Thomas Mann nimmt das Angebot an und kommt im Herbst 1938 nach Paris. Ihm gelingt es, eine Konferenz einzuberufen, an der auch offizielle Vertreter von KPD und SPD teilnehmen. Max Braun und Friedrich Stampfer vertreten die Sozialdemokratie, Otto Katz und Franz Dahlem die Kommunisten. Auch Münzenberg ist mit von der Partie. Die österreichischen Sozialisten schicken Julius Deutsch, die „Bürgerlichen" Hermann Rauschning, Carl Spieker und Prof. Fritz Lieb. Ulbricht nimmt an den Beratungen nicht teil. Ein Signal der KPD-Führung? Die meisten Teilnehmer sind zwar bereit, einen von Thomas Mann angeregten „Burgfrieden" abzuschließen, lehnen es aber ab, durch Unterzeichnung eines gemeinsamen Appells mit den Kommunisten in Erscheinung zu treten. Statt dessen einigt man sich am 16. September 1938 auf einen Aufruf, der von Thomas Mann alleine unterzeichnet wird.(124) Differenzen untereinander und zwischen den Ausschußmitgliedern und Thomas Mann führen schließlich dazu, daß der Ausschuß mit Schreiben vom 21. März 1939 seine Tätigkeit einstellt.(125)

Dem Bruch Brauns mit der Volksfront folgt sein Ausscheiden aus der Redaktion der „Deutschen Informationen". Auf einer Verwaltungsratssitzung der Pressekorrespondenz am 19. Januar 1938 schlägt er den Kommunisten vor, aus Verwaltungsrat und Redaktion auszutreten, um die „Informationen" nicht zu gefährden. Nachdem die Kommunisten dies ablehnen, verläßt er die gemeinsame Redaktion. Während Bruno Frei von der KPD am 12. Februar 1938 die „Deutschen Informationen" im „Geiste der deutschen Volksfront" alleine fortsetzt, gibt Braun bereits seit dem 10. Februar die „Deutschen Mitteilungen" heraus. Sie sind ähnlich wie die alte Korrespondenz aufgemacht und zählen neben Braun Heinrich Mann, Georg Bernhard und Prof. Lieb zu ihren Herausgebern. Als Antwort auf das Weitererscheinen der „Deutschen Informationen" durch Bruno Frei ändert Max Braun den Namen seines Pressedienstes kurzfristig in „Deutsche Informationen vereinigt mit Deutsche Mitteilungen" um. Heinrich Mann macht dieses Spiel nicht mit und scheidet als Herausgeber aus.(126) An seine Leser und Abonnenten, die „keine einseitige, parteimäßig gebundene, rein kommunistische Berichterstattung über Deutschland wollen, sondern eine allgemeine unabhängige und freie Berichterstattung auch weiterhin fordern", appelliert Braun, ihn bei der Erhaltung seiner „unabhängigen überparteilichen deutschen Korrespondenz" zu unterstützen. Vom 21. Januar 1939 an zeichnet er als alleiniger Herausgeber der Pressekorrespondenz verantwortlich.

Die Saarvolksfront von Metz

Mit dem Auseinanderbrechen des Volksfrontausschusses kommen auch andere Volks- und Einheitsfrontprojekte der deutschen Hitlergegner in Frankreich zum Erliegen, an denen sich Saarländer beteiligt haben. Bereits im Frühjahr 1937 hat Richard Kirn seine Mitarbeit in dem am 23./24. Mai 1936 in Paris gegründeten „Arbeitsausschuß der freigewerkschaftlichen Bergarbeiter Deutschlands" eingestellt, der in Forbach über eine Grenzstelle verfügt. Auch die Aktivitäten des „Komitees deutscher Gewerkschafter in Frankreich", dem ebenfalls Richard Kirn, Wilhelm Frisch von der KPD und Otto Pick als Vertreter der christlichen Gewerkschaften angehören, werden eingestellt.(127) Beide parteiübergreifenden Gewerkschaftsorganisationen haben sich um eine Verstärkung des gewerkschaftlichen Widerstandes an der Saar bemüht und — wie die Proteste der saarländischen Lothringengänger gegen Hitlers Devisenverordnung zeigen — durchaus Erfolge vorzuweisen.(128)

Auch das Projekt einer Volksfront im Saargebiet scheitert, wie es Max Braun in seinem Aufsatz über „Die Volksfront der Saar" euphorisch entworfen hat. Begünstigt durch die gemeinsame Arbeit an der lothringisch-saarländischen Grenze und durch die Entscheidung saarländischer Sozialdemokraten vom 15. Dezember 1935, auch nach der Status quo-Niederlage mit den Kommunisten zusammenzuarbeiten, inspiriert schließlich durch die Bildung des Lutetia-Kreises, finden sich im Vorfeld des zweiten Jahrestages der Saarrückgliederung Anfang Februar 1937

„Vertreter der politischen Parteien und Gruppen (Sozialdemokraten, Kommunisten, Freie Gewerkschaften, Christliche Gewerkschaften und Angehörige des Christlichen Volksbundes), die den Kampf an der Saar führten"(129), in Metz zusammen. Sie beschließen — wie es in den „Deutschen Informationen" heißt — „einen ‚Arbeitsausschuß zur Bildung der Volksfront im Saargebiet' zu schaffen und einen Aufruf an das Saarvolk zu richten mit der Aufforderung, den Kampf gegen die Schmach des Hitlerregimes fortzusetzen".(130) Hintergrund des Treffens ist die konstatierte Unzufriedenheit der Menschen an der Saar mit dem neuen Regime. Etwa parallel mit der Zusammenkunft in Metz streiken die Eltern der katholischen Schule in Frankenholz gegen die Entfernung des Christuskreuzes von seinem traditionellen Platz in den Klassenzimmern und die 6000 in Lothringen arbeitenden saarländischen Bergarbeiter gegen die Einführung einer neuen Devisenverordnung, die ihren Lohn um fast ein Drittel reduziert.(131) 35 Personen sind nach Metz gekommen, die meisten leben im Exil, nur einige — wie der Neunkircher Kommunist Johann Mathieu und der Völklinger Kommunist Franz Brass — haben den gefahrvollen Weg aus dem Saarland nach Metz auf sich genommen. Die größte Gruppe der Metzer Volksfront sind Brauns Sozialdemokraten, die 20 Teilnehmer entsenden, gefolgt von 9 Kommunisten und einigen Vertretern der christlichen Opposition.(132) Abgesagt haben Johannes Hoffmann, Heinrich Imbusch jr. und Fritz Kuhnen vom Christlichen Volksbund. Besonders hervorgehoben wird in einem Bericht der Forbacher KPD-Abschnittsleitung die Teilnahme emigrierter saarländischer Gewerkschaftsfunktionäre wie Richard Schuler, Max Bock, Heinrich Hünnekens und des ADGB-Vorsitzenden Fritz Dobisch, die — so der Bericht — die von der „Brüsseler Konferenz" der KPD beschlossene Taktik des „trojanischen Pferdes" anerkannt hätten.

Max Braun begrüßt die Konferenzteilnehmer. Es folgen Referate über die Lage im Saarland, über die Situation der saarländischen Jugend, über die Aufgaben der Emigration, über europäische Politik und Hitlers Kriegswirtschaftsprogramm. „Zuviel Referate, keine Diskussion" notiert der Protokollant der KPD.(133) Den Konferenzteilnehmern liegen vier Entschließungsentwürfe vor. Auf der Grundlage eines von den Kommunisten eingebrachten Entwurfes stimmen die Versammelten schließlich einstimmig dem Appell „Saarvolk, höre!" zu, dessen zentraler Inhalt ein Vergleich von Hitlers großen Versprechungen aus der Zeit des Saarkampfes und der bitteren Realität nach zwei Jahren Hitlerdiktatur an der Saar ist. Im Auftrag des Arbeitsausschusses unterzeichnen Max Braun für die

SPD, Philipp Daub für die KPD und Alois Herrmann für die christlichen Gewerkschafter den Appell, der erstmals am 11. Februar 1937 in den „Deutschen Informationen“ und der „Freiheit-Korrespondenz“ erscheint. Eine überarbeitete und veränderte Fassung dieses Appells wird am Vorabend des zweiten Jahrestages der Rückgliederung in der „Deutschen Volkszeitung“ veröffentlicht. Der Aufruf schließt mit den Worten: „Saarvolk! Stehe auf! Laß alles Trennende! Verbünde, verbrüdere Dich! Sei stark und treu! Wir rufen Dich: Reich uns die Hand, Kamerad, komm mit! Kämpfe mit uns: Für Deine Freiheit! Für Deutschlands Erneuerung! Für eine glückliche Zukunft!“(134) Die Saarbrücker Gestapo kommentiert am 7. Mai 1937 den Appell des Saarvolksfrontausschusses, in ihm seien „in gehässiger und typisch kommunistischer Art und Weise die angeblichen Verhältnisse an der Saar behandelt“.(135) Dieser — auch als Flugblatt an der Saar vertriebene — Appell ist wohl das bedeutendste Dokument des saarländischen (Exil-)Widerstandes. Er wird ergänzt und konkretisiert durch die Saar-Sondernummer der „Informationen von Emigranten für Emigranten“, in der Max Braun, Philipp Daub und Alois Herrmann eine Bilanz nach zwei Jahren NS-Herrschaft an der Saar ziehen.(136)

Über die personelle Zusammensetzung und Verantwortlichkeiten des Arbeitsausschusses der Saarvolksfront gibt es widersprüchliche Angaben. Während Klaus Mammach als Leitungsteam Otto Niebergall von der Forbacher KPD-Abschnittsleitung, die Sozialdemokraten Johanna Kirchner, Richard Kirn und Emil Kirschmann von der SPD-Beratungsstelle sowie Johannes Hoffmann (!) und Otto Pick als Vertreter der katholischen Opposition und der christlichen Gewerkschaften aufführt(137), nennt die Anklageschrift des Volksgerichtshofes gegen den 1933 an die Saar emigrierten ehemaligen SPD-Reichstagsabgeordneten und Gewerkschaftssekretär Heinrich Becker diesen als Vorsitzenden.(138) Emil Kirschmann wiederum reklamiert die Rolle des Vorsitzenden in einem Brief an Paul Hertz für sich.(139) Sicher ist jedoch: gegenüber der Öffentlichkeit treten Max Braun, Philipp Daub und Alois Herrmann als Repräsentanten des Saarvolksfrontausschusses auf.

Die Saarvolksfront bleibt trotz aller Bemühungen — wie der Lutetia-Kreis — im wesentlichen eine Exilvereinigung. Widerstandskämpfer von der Saar bilden eine Minderheit. Auch von einer Volksfront ist nur bedingt zu reden, da die Verankerung in der bürgerlich-katholischen Saaremigration nur auf einzelne Personen beschränkt ist. „Von dem nichtkommunistischen Sektor der Volksfront, dem wir uns verpflichtet fühlen", schreibt Kirschmann, „haben wir seither weder Anregung noch irgendeine Unterstützung für die Arbeit erhalten".(140)

Der Ausschuß unterhält über einige Mitglieder und saarländische Grenzgänger 1937 Kontakte mit Volksfrontanhängern in Fabriken und Gruben des Saarlandes, betreibt unter den saarländischen Emigranten Propaganda für die Volksfront und unterstützt einmalig oder über einen längeren Zeitraum mehr als 300 Familien politisch inhaftierter Saarländer.(141) Er tritt — wie der Anklageschrift des Reichsanwalts beim Volksgerichtshof im Prozeß gegen Heinrich Becker zu entnehmen ist — „in Abständen von drei bis fünf Wochen zusammen und hatte vornehmlich die Aufgabe, die illegale Grenzarbeit gegen Deutschland zu organisieren und vorwärtszutreiben. Auf den Besprechungen, an denen Becker regelmäßig teilnahm, wurde namentlich die Herstellung und die Einfuhr illegaler hochverräterischer Druckschriften ins Reichsgebiet erörtert. Dabei wurden den Mitgliedern des Komitees (i.e. der Arbeitsausschuß; G. P.) die Entwürfe der zur Einfuhr ins Reich vorgesehenen Druckschriften zur Genehmigung vorgelegt. Die Schriften waren mit ‚Volksfrontkomitee des Saargebietes' unterzeichnet. Becker nahm in 6 oder 7 Fällen an diesen Besprechungen teil, wobei er auch davon unterrichtet wurde, daß jeweils etwa 200 bis 300 Stücke dieser Hetzschriften ins Reich eingeschmuggelt wurden."(142) Parallel mit den Entwicklungen in Paris erlahmen gegen Jahresende die Aktivitäten des Saarvolksfrontausschusses. „Wir haben", schreibt Kirschmann, „das darf ich wohl ohne Überheblichkeit sagen, gut und erfolgreich gearbeitet, bis die Panne in Paris eintrat, die mich veranlaßte, bis zur Klärung keine Fakten zu schaffen und gegenüber dem Drängen der KP ein hinhaltendes Gefecht zu liefern." Die nur nominelle Aufrechterhaltung des Ausschusses sei „kein sympathischer Zustand. Faktisch ist ein großer Teil der Arbeit ins Land, die wir früher intensiv betrieben, eingeschlafen. Das ist deshalb besonders bedauerlich, als wir unter der Firma ‚Volksfront' tatsächlich sozialdemokratische Arbeit leisteten."(143) Zu den Schwierigkeiten, die von Paris nach Forbach ausstrahlen, gesellt sich die Spaltung der in Lothringen lebenden saarländischen Sozialdemokraten in die Anhänger Max Brauns und des Prager SOPADE-Vorstandes. Zu den SOPADE-Leuten an der Grenze und damit zu den „verbohrtesten Gegnern der Einheits- und Volksfront" zählen nun nach einem Bericht der Forbacher KPD Richard Kirn, Heinrich Becker und Wilhelm Hansmann.(144) Demgegenüber bleiben Max Braun und Emil Kirschmann auch nach dem offiziellen Ausscheiden der Sozialdemokraten aus dem Saarvolksfrontausschuß zu Beginn des Jahres

Freiheit KORRESPONDENZ JOURNAL PERIODIQUE

SONDER= AUSGABE 11.2.37

HEBDOMADAIRE
IMPRIMERIE UNION
36, rue des Trois-Rois, Mulhouse
Gérant: E. ERHARD, Mulhouse

Adresse für alle Sendungen:
Freiheit-Korrespondenz
Case postale 23
Mulhouse-France

DER KAMPF GEGEN HITLER IM SAARGEBIET

Ein Aufruf an die Bevölkerung

Aus Anlass des zweiten Jahrestages der Rückgliederung des Saargebietes am 1. März hatten sich Vertreter der politischen Parteien und Gruppen, die im Saargebiet den Kampf gegen Hitler führten (Sozialdemokraten, Kommunisten, Freie Gewerkschaften, Christliche Gewerkschaften u. Christlicher Volksbund) versammelt und beschlossen einen Arbeitsausschuss zur Bildung der Volksfront im Saargebiet zu schaffen und einen Aufruf an die Saarbevölkerung mit der Forderung, den Kampf bis zur Ueberwindung des schmachvollen Hitler-regimes fortzusetzen, zu veröffentlichen. Der Aufruf lautet in seinen wichtigsten Teilen:

SAARVOLK HOERE!

Vor wenigen Wochen wurde auf behördliche Anordnung der Abstimmungstag feierlich begangen. Mit Fahnen und Glockenläuten, Fackelzügen und Massenaufmärschen. Und der Reichskommissar Bürckel erstattete einen "Rechenschaftsbericht". Der "Reichskommissar für die Rückgliederung des Saargebietes ins Reich" sprach viel und laut von den Hilfsaktionen zu Gunsten des Saargebietes. Er erzählte, was der "Führer" für sein geliebtes Saarvolk alles getan hat. Aber er verschwieg schamhaft, daran zu erinnern, was er vorher alles versprochen hatte. Seit Bürckels Rede wissen wir, dass in den 2 Jahren 250 Millionen Mark ins Saargebiet als Zuwendung geflossen sind. Aber er vergass zu sagen, wie dieses Geld verwendet wurde. Das wollen wir Dir sagen: Von den 250 Millionen wurden ausgegeben für: Strassenbauten zu militärischen Zwecken 70. Ausbau der Eisenbahn zu militärischen Zwecken 50. Befestigungsbauten, Strassensperren, Kabelverlegung usw 80, Flugplatz in Ensheim 3,5 und Luftschutz- u. ähnliche Bauten 15,5 zusammen 219 Millionen Mark. Demnach sind für die Verbesserung der Lebensverhältnisse des Saarvolkes ganze dreissig Millionen übrig geblieben. Saarvolk! Es ist Zeit Rechenschaft zu fordern! Erinnere Dich, was hat man Dir nicht alles versprochen? Friede, Freiheit! Neue Schächte, neue Betriebe, neue Absatzgebiete im "deutschen Raum"! Radikale Beseitigung der Arbeitslosigkeit! Erhöhung der Löhne! Ermässigung der Steuern, Senkung der Mieten! Ein Ende jeglicher Unterdrückung! Was wurde von diesen Versprechungen erfüllt? Hör' es Saarkumpel!: Keine neuen Schächte, sondern Stillegung der Gruben Mittelbexbach u. Wellesweiler, Ensdorf u.a. sollen folgen. Statt Lohnerhöhung, Senkung des Reallohnes durch hohe Abzüge u. Preissteigerung! Dazu noch in vielen Fällen Kürzung der Normallöhne, Abbau der Gedinge und Akkorde! Ein raffiniertes Antreibersystem steigerte auf Kosten der Arbeiter die Produktion im Jahre 36 um 800 000 Tonnen im Bergbau und 400 000 bei den Hütten u. erhöhte die Unfallziffer um 30 %. Die Grossunternehmer aber verdienten in der gleichen Zeit über 28 Millionen Mark mehr.

Abb. 41: Aufruf der Saarvolksfront in der "Freiheit-Korrespondenz", Sonderausgabe, 11.2.1937

Arbeitsloser und Wohlfahrtsunterstützungsempfänger, wie half man Dir? Statt bezahlter Arbeit "Landhilfe"und Deportationen nach dem Osten! Noch immer sind 28 000 Männer ohne Arbeit, 10 000 bekommen keinen Pfennig Unterstützung! Mittelständler, Handwerker! Erinnere Dich: Bis Hitler kam, blühte Handel u. Wandel. Und jetzt? Allein im Jahre 1935 mussten 2660 kleinere Geschäfte und Handwerksbetriebe zumachen,verringerte sich der Umsatz um mehr als 25%. Höre Bauer! Dir versprach man gerechte Preise,grösseren Absatz, Steuerverminderung u. Entschuldung. Was aber gab man Dir? Ungenügende Höchstpreise mit Ablieferungszwang! Steuererhöhung und Zwangsabgaben. Zerrüttung der Familie durch das Erbhofgesetz. Fronarbeit,Enteignung!

Und Ihr? Ihr Jungen und Mädels! wir fragen Euch, was ist nach 2 Jahren geworden? Statt Freiheit - Knechtung! Statt Schulung für den Lebenskampf - Drill! Statt Lehrstellen - Zwangsverschickung ins Landjahr,in die Landhilfe, in den Arbeitsdienst! Besonders aber:

Ihr Frauen und Mütter hört es: Wie hat man Euch geschmeichelt,hat die Mutter u.Gattenliebe auf den Markt gezerrt und zu widerlicher Agitation missbraucht Und nun? : Statt häuslichem Glück - Zerstörung der Familie! Graue Sorgen sind täglicher Gast und Schmalhans Küchenmeister! In Deutschland sind Kanonen wichtiger als Milch und Butter für die Kinder! Du Mutter: Dein Sohn wird gezwungen "freiwillig" ein Soldknecht Francos zu sein.Dem spanischen Bluthund, dem Mörder zehntausender spanischer Frauen u.Kinder,verkauft man Dein Kind,dass es im spanischen Bürgerkrieg zum Mörder wird. Du Braut: Dein Liebster stirbt auf fremder Erde. Vom Regiment erhälst Du eine Karte,Dein Bräutigam sei"im grossen Wintermanöver"tödlich verunglückt".Nie wirst Du erfahren,wo er begraben liegt.—Katholiken und Protestanten hört und seht! Euere Religion wird verspottet! Gotteshäuser werden gestürmt u.beschmutzt! Euere Pfarrer werden beschimpft, misshandelt,eingesperrt,verjagt, denkt an Bungarten, Bleek und Wehr!

S a a r v o l k ! Dreitausend Gestapospitzel beschnüffeln Dich!! Mehr als fünftausend Männer und Frauen wurden seit der Rückgliederung wegen ihrer Gesinnung verhaftet,misshandelt,an Leib und Seele geschunden! Mehr als 400 Frauen und Männer wurden in der Zeit zu schweren Strafen verurteilt.Bis Anfang November 1936 hat man 365 Menschen in die Marterhöllen Konzentrationslager gebracht. Freiheit ,Recht u. Menschenwürde wurden zertrampelt! Der Sklavenhalter schwingt die Peitsche schlimmer als zu Stumm u. Hilgers Zeiten. Saarvolk! Es war Frieden im Land! Jetzt droht der Krieg! Schon langt er mit blutiger Tatze in hunderte deutsche Familien. Hitler ist der Krieg! Er lügt, wenn er von Frieden spricht! Alles für Kanonen,Tanks,Granaten,Flugzeuge. Mit den Geldern der Winterhilfe wird aufgerüstet.aus den Beiträgen für die DAF werden Kasernen gebaut. Niemand bedroht Deutschland.Alle Völker wollen in Frieden u. Freundschaft leben. Aber Hitler hat durch seine Wort u. Vertragsbrüche die ganze Welt gegen Deutschland aufgebracht. Deutschland ist isoliert,wie zu Wilhelm II. Zeiten.

Saarvolk höre: Wir Männer, Frauen und Jugend aus Deinen Reihen rufen Dich! Wir kämpfen mit Dir für Recht, Brot und Frieden! Wir fordern mit Dir: Freiheit für das Volk! Befreiung aller Opfer des Regimes! Ein Ende des Terrors und aller Ausnahmegesetze! Strafe für alle,die für die F des Systems verantwortlich sind! Freiheit der Presse! Freiheit des Gewissens! Freiheit des Denkens! Freiheit des religiösen Bekenntnisses! Saarvolk steh'auf! Lass' alles Trennende! Reich' uns die Hand! Kamerad komm mit! Kämpfe mit uns für Deutschlands Erneuerung!

Im Auftrage der beteiligten Parteien und Gruppen:

M a x B r a u n , P h i l i p p D a u b A l o i s H e r m a n n

1938 kooperationsbereit. Während einer Reise durch Ostfrankreich um Pfingsten 1938 spricht sich Max Braun — so die Forbacher Kommunisten — für eine weitere Zusammenarbeit mit den Saarkommunisten aus, „da gäbe es gar keine Differenzen für ihn, nur mit dem ZK, da wären Leute drin, mit denen könne man nicht zusammenarbeiten"(145), womit Braun vermutlich auf Ulbricht anspielt.

Streng genommen machen seit Frühjahr 1938 nun auch die Kommunisten im Saarvolksfrontausschuß Volksfront mit sich selbst. Die nach wie vor erscheinenden Flugblätter und Schriften sind nur noch nominell Volksfrontproduktionen. Tatsächlich existiert die Saarvolksfront nicht mehr. Max Braun scheint für die Fortführung der Arbeit auch nach dem Scheitern des Lutetia-Experimentes durchaus gewesen zu sein, aber innerhalb der saarländischen Emigration kaum mehr Anhänger gefunden haben. Richard Kirn erklärt, Max Braun sei für ihn erledigt, da er immer nur hin- und herschwanke und nichts anderes im Sinn habe, „als selbst im Parteivorstand zu hohen Würden zu gelangen".(146) Auch das von Max Braun forcierte Projekt der Saarvolksfront ist damit im Frühjahr 1938 gescheitert, in das er einst so viele Hoffnungen gesetzt hat.

Als Landesgruppenleiter der SPD in Frankreich

Nach dem Scheitern der Lutetia- und der Saarvolksfront hofft er, wenigstens noch eine Einigung der untereinander zerstrittenen, versprengten und sich gegenseitig behindernden sozialistischen Exilgruppen erreichen zu können. Der Wunsch, diese außerhalb der SOPADE arbeitenden Gruppen zusammenzuführen und zum Zentrum der Erneuerung der Sozialdemokratie zu machen, entsteht. Die Idee der sogenannten Konzentration ist keineswegs neu, sondern bereits 1934 von Joseph Buttinger, dem Führer der österreichischen Sozialisten, entwickelt worden. Buttinger kritisiert die Fortexistenz der Massenpartei und jede Form von Massenpropaganda unter den Bedingungen der NS-Diktatur — wie sie von den Kommunisten verhängnisvoll und mit so vielen Opfern propagiert wird. Der SOPADE bestreitet er jedweden „Führungs- und Totalitätsanspruch", den diese aus ihrem „Mandat" von 1933 ableitet.(147) Er hofft, ein Kartell von SOPADE, der Landesgruppe Frankreich der SPD, österreichischen Sozialisten, der Gruppe „Neu Beginnen"(148), der SAP und dem Internationalen Sozialistischen Kampfbund (ISK) werde sowohl im Ausland wie im Reich eine starke psychologische Wirkung haben und den Widerstand gegen Hitler beflügeln.

Der zweite Impuls der Konzentrationsdebatte geht von Max Braun aus. Für den 9. Januar 1938 hat er die in Frankreich lebenden Sozialdemokraten aus 21 Départements zu einer Konferenz nach Paris eingeladen, dort die „Landesgruppe deutscher Sozialdemokraten in Frankreich" als seine neue Hausmacht gegenüber dem Prager Parteivorstand gegründet und sich selbst zum Vorsitzenden wählen lassen. Er führt damit die mit der Rückgliederung des Saargebietes 1935 eigentlich hinfällig gewordene organisatorische Eigenständigkeit der saarländischen Sozialdemokratie fort, die sich auch im französischen Exil immer wieder in regionalen, landsmannschaftlichen Zusammenschlüssen gezeigt hat. Die zeitweise etwa 1500 Mitglieder der neuen SPD-Landesgruppe setzen sich nach Gestapo-Berichten daher zu einem Teil aus sozialistischen Saarflüchtlingen, aus Mitgliedern des von Rudolf Breitscheid ins Leben gerufenen sozialistischen Clubs in Paris, aus etwa 300 in den Internationalen Brigaden in Spanien kämpfenden Sozialdemokraten, aus einigen österreichischen Sozialisten und aus Brauns Kampfgefährten in der Lutetia-Volksfront zusammen.(149) Nach der Übersiedlung des SOPADE-Vorstandes zum Jahresbeginn 1938 nach Paris bestehen somit in Frankreich nun zwei Dachverbände der Exil-SPD. Nachdem Jakob Walcher von der SAP in seinem Begrüßungswort an die Gründungsversammlung die Hoffnung zum Ausdruck gebracht hat, daß die Wiedervereinigung aller sozialdemokratischen Gruppen und Richtungen in nicht allzu ferner Zukunft gelingen möge, betont Max Braun in seinem Referat über „Die Lage und die Aufgabe der deutschen Sozialdemokratie" die Notwendigkeit des Zusammenschlusses sämtlicher sozialistischer Gruppen und lokaler Organisationen und attackiert den selbsternannten Führungsanspruch der SOPADE, indem er an die Adresse der Prager gewendet fordert: „Bei dem Aufbau der Gesamtpartei muß auch ihre leistungsfähige politische Führung und ihre Auslandsvertretung geschaffen werden. Die erneuerte und geeinigte Sozialdemokratie muß alle sozialistischen Kräfte in sich aufnehmen, die auf der Grundlage der Selbstbestimmung der deutschen Arbeiterklasse und der geistigen Freiheit stehen. Sie muß auch das Problem des antifaschistischen Nachwuchses, das leider in den vergangenen Jahren fast völlig vernachlässigt wurde, in einer der deutschen Entwicklung gemäßen Form in Angriff nehmen." Der Sieg über die faschistische Diktatur verlange das „Zusammengehen der proletarischen Parteien".(150) Die Versammlungsteilnehmer stimmen in ihrer Entschließung Brauns Einschätzung zu: „Unter schärfster Verurteilung gewisser kommunistischer Methoden bekennt sich die Konferenz zur ehrlichen Politik der proletarischen Einheit und der Volksfront, — aber diese Politik ist nur auf der Grundlage des gegenseitigen Vertrauens, der Verständigung über die Methoden und Ziele des gemeinsamen Kampfes, der inneren Stetigkeit, die Schwankungen und Rückschläge ausschließt, auf die Dauer möglich."(151) Durch einen „aktiven revolutionären Realismus" müsse die deutsche Sozialdemokratie „zum außenpolitischen Repräsentanten des anderen Deutschland und damit zum entscheidenden Gegenspieler der deutschen Diktatur werden". Brauns Referat ist eine Kampfansage an die SOPADE, der er die demokratische Legitimation abspricht und vorwirft, keine leistungsfähige Gesamtvertretung der Sozialdemokratie mehr zu sein, sondern sich nur noch selbst zu vertreten. Die Probleme der sozialistischen Widerstandsarbeit zu lösen, trauen die in Frankreich lebenden Sozialdemokraten der SOPADE alleine nicht mehr zu.

Die „Deutsche Freiheit"

Die Konferenz begrüßt die Herausgabe von Brauns neuer Zeitung „Deutsche Freiheit" als dem „längst erforderlichen Organ zur Sammlung und Ausrichtung der deutschen Sozialdemokratie im Sinne des aktiven antifaschistischen Kampfes und der deutschen Revolution". Juan Negrin, der spanische Ministerpräsident, übermittelt seinem „lieben Freund" Max Braun die „besten Wünsche für die Ausbreitung dieser Zeitung und benutzt die Gelegenheit, um ihm von neuem seine persönliche ausgezeichnete Wertschätzung zu bezeugen".(152) Thomas Mann beglückwünscht Max Braun zu seiner neuen Zeitung, „die geistig und politisch in einem Zeichen steht, mit dem ich herzlich sympathisiere. Die ersten Nummern der Wochenschrift machen einen interessanten und noblen Eindruck, und so ist zu hoffen, daß dieses neue Instrument im Kampf um das, woran wir glauben, Gutes ausrichten wird in der Welt".(153) „Diese Wochenzeitung will eine Stimme der Freiheit sein", schreibt Heinrich Mann. „Die Volksfront und ihre Organe und auch diese Wochenschrift werden geschaffen, um die Deutschen von Wert und Sinn der Freiheit zu lehren."(154)

Mit seiner erstmals am 3. Dezember 1937 erscheinenden Zeitung setzt sich Braun in Widerspruch zu dem von der SOPADE herausgegebenen Parteiorgan, dem „Neuen Vorwärts", und macht der Parteiführung ihr Publikationsmonopol streitig. Die „Deutsche Freiheit" erscheint mit einer Startauflage von 3000 Exemplaren und ist sich 600 Abonnenten sicher. Ende Januar 1938 wird sie bereits in einer Auflage von 11000 Exemplaren herausgegeben und verfügt über 1500 feste Leser.(155) Brauns zunächst wöchentlich, ab 1939 nur mehr monatlich erscheinende Zeitung, mit der er an seine Zeitung aus der Saarkampfzeit anzuknüpfen versucht, entwickelt sich bald zum bedeutendsten Diskussionsforum der Konzentrationsdebatte. Hier äußern sich Willi Münzenberg, Alexander Schifrin, Kurt Grossmann, Paul Sering (i. e. Richard Löwenthal) von der Gruppe „Neu Beginnen", zur sozialistischen Einheit. Prof. Decker betreut die wirtschaftspolitische Berichterstattung; Max Beer schreibt über außenpolitische Fragen und Dr. Helmut Klotz steuert Beiträge zu Hitlers Aufrüstungspolitik und Kriegsvorbereitung bei. Die „Deutsche Freiheit" wird *die* Zeitung der in Frankreich lebenden Sozialdemokraten, besonders der sozialdemokratischen saarländischen Emigration; vereinzelt gelangt sie auch nach Deutschland. An der Westgrenze, so der Gestapo-Jahresbericht für 1937, werden Exemplare der „Deutschen Freiheit" ins Reich geschmuggelt.(156) Auch der Saarbrücker Gestapo fallen 1938 mehrfach Nummern von Brauns neuer Zeitung in die Hände.(157) Ein systematisches Verteilerprinzip ist jedoch nicht erkennbar. Die „Deutschen Mitteilungen" melden am 5. Mai 1938 aus Saarbrücken, daß am 26. April an einer Holzwand in der Otto-Straße im Arbeiterviertel Malstatt-Burbach die „Deutsche Freiheit" angebracht wurde und erst nach 2 1/2 Stunden von einem Überfallkommando „sichergestellt" worden sei. „Wie ein Lauffeuer ging die Nachricht von Mund zu Mund und aus den einzelnen Straßen strömten Arbeiter und Frauen herbei, um die Zeitung zu lesen. Man konnte aus den Gesichtern und aus dem Minenspiel feststellen, mit welcher Genugtuung die zum Schweigen verurteilen Arbeitssklaven des Dritten Reiches dieses Ereignis aufnahmen."

Die Gründungsversammlung der Landesgruppe beschließt weiterhin, Max Braun, Dr. Kurt Glaser und Friedrich Wilhelm Wagner in ihren Vorstand zu wählen, Max Braun zum Präsidenten zu ernennen und ihn zur Aufnahme von Gesprächen mit der SOPADE-Führung zu ermächtigen. Glaser, so alt wie Braun, Arzt von Beruf, seit 1918 SPD-Mitglied, ist 1934 nach Entlassung aus der Schutzhaft nach Paris emigriert, hat dort mit einem französischen Arzt eine gemeinsame Praxis eröffnet und ist Vorsitzender der Pariser Gruppe der Revolutionären Sozialisten. Friedrich Wilhelm Wagner, nach dem Zweiten Weltkrieg Mitglied des Parlamentarischen Rates, von 1949 bis 1961 SPD-Bundestagsabgeordneter und anschließend bis 1967 Vizepräsident des Bundesverfassungsgerichts, ist 1894 in Ludwigshafen geboren, war Gauführer des Reichsbanners für die Pfalz und das Saargebiet und Redakteur der „Pfälzischen Post", gehörte von 1930 bis 1933 dem Reichstag an, bevor er dann nach kurzer Schutzhaft ins Saargebiet emigrierte. Wagner nahm an den Lutetia-Konferenzen und an der Metzer Saarvolksfrontkonferenz im Februar 1937 teil.

Die Konzentrationsdebatte

Die SOPADE kann sich der Konzentrationsdebatte nicht völlig verschließen. Sie muß Stellung nehmen. Paul Hertz, dessen Verbindungen zu „Neu Beginnen“ in der Zwischenzeit bekannt geworden sind, legt dem SOPADE-Vorstand am 7. Februar 1938 eine Denkschrift über „Die Sammlung der deutschen Sozialdemokratie“ vor, in der er neben der innerdeutschen „10-Punkte-Gruppe“ und „Neu Beginnen“ die „West-Sozialdemokratie“ als wichtigste Gruppe neben der SOPADE bezeichnet. Hierbei handele es sich in der Hauptsache um den nach Frankreich emigrierten Teil der saarländischen Sozialdemokratie, der enge Kontakte zur französischen Arbeiterbewegung habe und über „außerordentlich“ günstige Inlandsverbindungen verfüge.(158) Kirschmann und Hertz sind sich darin einig, daß Max Braun eine Kraft sei, „auf die man nicht verzichten soll, kann und darf“.(159) Hertz schlägt in seiner Denkschrift die Bildung einer Arbeitskörperschaft vor, in der den Vertretern der wichtigsten Gruppen Gelegenheit gegeben werden soll, gleichberechtigt mitzuarbeiten, um eine Atmosphäre des Vertrauens zueinander zu schaffen. Der Parteivorstand müsse zu seinem programmatischen Standpunkt zurückkehren, Treuhänder der gesamten sozialdemokratischen Bewegung zu sein. Otto Wels bestreitet, daß die SOPADE ihre Treuhänder-Funktion aufgegeben habe und setzt auf den Zerfall der sozialistischen Splittergruppen. Trotz des grundsätzlichen Beschlusses der SOPADE, an der Konzentration mitzuarbeiten, weigert sich der SPD-Vorsitzende, der Berufung einer Körperschaft zuzustimmen und sich mit anderen Gruppen gemeinsam an einen Tisch zu setzen. Damit ist deutlich, „daß der Beschluß der SOPADE, sich an den Einigungsbestrebungen in der Emigration aktiv zu beteiligen, für Wels überwiegend taktischer Natur war; er wollte Zeit gewinnen und die eigene Position festigen“.(160) Hinter dem Konzentrationsgedanken und seinen Befürwortern vermuten die der SOPADE-Führung ergebenen Exilfunktionäre „Neu Beginnen“-Aktivisten. Der Grenzsekretär Hansen meldet nach Paris, auch Max Braun stecke mit Miles von „Neu Beginnen“ unter einer Decke.(161) Emil Kirschmann wird verdächtigt, dieser Gruppe anzugehören. Er weist den Verdacht zurück, betont aber zugleich, auf dem Gebiet der Grenzarbeit „kameradschaftlich“ mit „Neu Beginnen“ zusammenzuarbeiten.(162) Tatsächlich gibt es in Max Brauns Aufsätzen nun zunehmend intellektuelle Anleihen bei der kleinen aktiven sozialistischen Kadergruppe, ohne daß er sich aber organisatorisch der Gruppe anschließt.

Der Gründungskonferenz der Landesgruppe folgen zahlreiche Gespräche und kleinere Konferenzen, die sich mit der Idee der Konzentration beschäftigen. Am 21. Februar 1938 treffen sich Mitglieder der Landesgruppe, der SAP und des Internationalen Sozialistischen Kampfbundes (ISK) und diskutieren über die Folgen der bevorstehenden „Gleichschaltung“ Österreichs.(163) Nach der Auflehnung der Wiener Arbeiter telegraphiert Max Braun hoffnungsvoll nach Wien: „Euer Sieg in Wien und Österreich wird das Signal zur großen Freiheitsschlacht in Deutschland sein. Heute seid Ihr aufgestanden, uns allen leuchtendes Vorbild und Beispiel — morgen werden wir marschieren und Europas Tyrannen stürzen. Es lebe die Freiheit!“(164) Bereits zuvor haben sich Mitglieder des Landesverbandes, unter ihnen Braun, in einem Gespräch mit Pietro Nenni, dem Führer der italienischen Sozialisten, für den „Kampf der sozialistischen ‚Achse‘ Italien-Deutschland-Österreich“ gegen die „faschistische Achse der Tyrannei und des Krieges“ ausgesprochen.(165) Am 1. Mai 1938 veranstalten Brauns Landesgruppe, die SAP und der ISK eine gemeinsame Maifeier in Paris.

Äußerlich signalisiert die SOPADE gegenüber den Konzentrationsverfechtern Gesprächsbereitschaft. Tatsächlich beharrt sie darauf, das alleinige Zentrum zu sein, um das herum sich die Konzentration zu vollziehen habe. An der zweiten großen Konferenz der SPD-Landesgruppe am 24. April nimmt Hans Vogel von der SOPADE teil, von Braun als „gutes Omen“ begrüßt. Vogel bekräftigt den ernsthaften Willen des Parteivorstandes zur Einigung der Sozialdemokratie, ohne jedoch konkret zu werden. Delegierte aus 55 Départements und etwa 30 weitere Teilnehmer folgen dem Referat Max Brauns, der im Zusammenschluß aller demokratischen Organisationen bis hin zur Deutschen Freiheitspartei die Voraussetzung für einen erfolgversprechenden Kampf gegen die Hitlerdiktatur sieht. Zur Zusammenarbeit mit den Kommunisten erklärt Braun, er verfluche den Tag, wo er ihnen die Hand gereicht habe. Er entfacht damit eine hitzige Debatte, da Parteigenossen aus der Gewerkschaftsarbeit und aus den Grenzgebieten seine plötzlich so negative Einschätzung der KPD nicht teilen. Max Braun erreicht, daß die versammelten SPD-Funktionäre beschließen, im Kriegsfall an der Seite Frankreichs gegen Hitlerdeutschland zu kämpfen. Dazu solle schon jetzt festgestellt werden, für welche besonderen militärischen Zwecke (Spionage, Sabotage, Propaganda . . .) die einzelnen Genossen einzusetzen seien.(166) In der Konzentrationsfrage beauftragt die Konferenz den Vorstand, in „Verhandlungen mit der SOPADE und solchen Gruppen, die bisher der Konzentration noch nicht angeschlossen sind, zum Zwecke der Herbeiführung der organisatorischen Einheit und Erneuerung der deutschen Sozialdemokratie einzutreten".(167) Am 7. Mai teilt der Landesvorstand der deutschen Sozialdemokraten in Frankreich der SOPADE mit, daß er in seiner Sitzung vom 3. Mai eine Verhandlungskommsission für die Gespräche mit der SPD-Führung gewählt habe und nun um einen Gesprächstermin bitte. Max Braun signalisiert Kompromißbereitschaft und fordert im Interesse der Sache, daß „alle persönlichen Ressentiments zurückgestellt werden müssen, und daß alle Parteikaders, die den ehrlichen Willen zur Konzentration haben, auch in diesen Konzentrationsprozeß einbezogen werden sollen".(168) Braun hofft, daß die „alte" Partei zur ideologischen Erneuerung fähig ist und auch die jüngeren sozialistischen Kräfte der Sozialdemokratie integrieren und am Vorstand beteiligen werde. Mit diesen Hoffnungen geht Max Braun Anfang Juli 1938 zusammen mit Friedrich Wilhelm Wagner in ein erstes informelles Gespräch mit Hans Vogel und Erich Ollenhauer, der nach der schweren Erkrankung Otto Wels in der inzwischen von Prag nach Paris übergesiedelten SOPADE als „eine Art Geschäftsführer, wenn nicht als amtierender Vorsitzender"(169) fungiert. Atmosphärisch ist das Gespräch von vornherein dadurch belastet, daß es die „Prager" stört, von Leon Blum und den französischen Sozialisten nach ihrer Ankunft in Paris wie „arme Verwandte" behandelt zu werden, während Braun, Wagner und Breitscheid über gute Beziehungen zu den französischen Genossen verfügen und von ihnen als *die* Repräsentanten der deutschen Emigration anerkannt werden.(170) Hinzu kommen die alten persönlichen Ressentiments der „Prager" gegenüber Max Braun, die sie daran hindern, zu erfolgversprechenden Verhandlungen zu kommen. Der in Kopenhagen schwer erkrankte Parteivorsitzende hält Max Braun für „moralisch nicht qualifiziert genug"(171); für Ollenhauer wiederum ist Braun ein „großer Opportunist ohne politische Grundsätze" und derjenige, an dem die Zusammenführung der nichtkommunistischen Gruppen und der SOPADE von ganz alleine scheitern werde.(172) So ist nicht verwunderlich, daß Ollenhauer Brauns Forderung, mit fünf Vertretern der Landesgruppe am Vorstand beteiligt zu werden, schroff zurückweist und deutlich macht, daß für ihn nur ein solcher Zusammenschluß von SOPADE und SPD-Landesgruppe in Frage komme, bei dem die Machtposition des bisherigen Parteivorstandes gewahrt bleibe. Gleichwohl vermeidet es Ollenhauer, sich definitiv festzulegen. Er setzt auf Zeit, indem er sich vor weiteren Besprechungen mit Otto Wels in Kopenhagen beraten will, der jede Erweiterung des Parteivorstandes strikt ablehnt und Brauns Aufnahme in das höchste Parteigremium für unmöglich hält.(173)

Auf der offiziellen Vorstandssitzung der SOPADE am 10. 8. 1938 berichtet Hans Vogel über die drei stattgefundenen Gespräche zwischen ihm bzw. Ollenhauer und Max Braun und Friedrich Wilhelm Wagner, in denen es um die mögliche Zusammenlegung von „Neuem Vorwärts" und „Deutscher Freiheit", um die Zusammenarbeit zwischen den vom Parteivorstand herausgegebenen „Deutschland-Berichten" und Brauns Pressedienst „Deutsche Mitteilungen" in einem gemeinsamen Pressedienst, um Fragen der Emigrantenfürsorge und um die personelle Beteiligung der Landesgruppe am Vorstand gegangen ist. Wörtlich erklärt Vogel zu dem letzten und heikelsten Punkt: „Wir haben uns vor allem gegen die Anzahl der neuen Mitglieder und gegen die Art der Ergänzung des PV gewandt. Wir betrachten uns als die alleinzuständigen und rechtmäßigen Vertreter der Gesamtpartei. Wir sind nicht die Vertretung der Emigration, sondern die der gesamten Partei."(174)

Damit ist deutlich, Max Braun hat im SOPADE-Vorstand nichts zu suchen. Da der Parteivorstand die Landesgruppe mit ihren 1500 Mitgliedern aber nicht einfach ignorieren kann, werden Ollenhauer und Vogel beauftragt, offizielle Verhandlungen mit der Gruppe um Braun zu führen. Beide verschweigen, daß schon vor diesem Beschluß ein Bescheid der Landesgruppe eingegangen ist, auf der Grundlage einer Nichterweiterung des SPD-Vorstandes nicht mehr weiterzuverhandeln.(175) Gleichwohl kommt es zu weiteren Gesprächen, in denen sich Max Braun schließlich auch mit der Entsendung von zwei Vertretern der Landesgruppe in den Vorstand zufrieden gibt. Gegen Brauns Aufnahme in den Parteivorstand und seine Vorstellungen von einer „Renaissance" der Gesamtpartei bestehen aber weiterhin prinzipielle Bedenken. Nach viermonatigen Verhandlungen erklärt die SOPADE dem Vorstand der Landesgruppe, „daß die für den Abschluß dieser Verhandlungen notwendige Einmütigkeit innerhalb des SOPADE-Büros nicht erreicht werden konnte und damit die Konzentrationsverhandlungen mit der SOPADE zunächst gescheitert seien".(176) Max Braun, nun auch mit seiner Idee von der Konzentration aller sozialistischen Kräfte am Ende, bleibt weiteren Vereinigungsbemühungen der Hitlergegner im französischen Exil — außer dem erwähnten „Thomas-Mann-Ausschuß" — fern. Dem Zusammenschluß der österreichischen Sozialisten, der Gruppe „Neu Beginnen", der SAP, Teilen seiner Landesgruppe um den Mühlhausener Grenzapparat Emil Kirschmanns — später gesellen sich noch die Münzenberg-Gruppe und der ISK hinzu — zum „Arbeitsausschuß deutscher Sozialisten und der Revolutionären Sozialisten Österreichs"(177) kehrt er resigniert den Rücken.

Der Exiljournalist: Die Saarberichterstattung

Das Jahr 1938 ist das Jahr der großen Enttäuschungen für Max Braun. In diesem Jahr zerbricht auch seine Hoffnung, daß sich Deutschland und speziell die Saar aus eigener Kraft, von innen heraus, ohne Krieg vom Joch der Hitlerdiktatur befreien könne. Immer deutlicher wird ihm, daß die nationalsozialistischen Herren fester im Sattel sitzen, als er bisher angenommen hat. Wie die meisten Emigranten hat er die terroristische und propagandistische Integrationskraft des Nationalsozialismus unterschätzt und umgekehrt jedes Zeichen von Unzufriedenheit und Teilopposition gegen die politischen und wirtschaftlichen Verhältnisse als Signal für die große Endabrechnung, die „letzte Schlacht", überbewertet. Solche Sichtweisen sind psychologisch bedingt. Emigranten, die nichts sehnlicher wünschen, als in ihre Heimat, zu ihren Familien und Freunden zurückzukehren, lauern auf jede Nachricht, die sie ihrem großen Ziel näher bringt. Wie besessen klammern sie sich an jede Information, die vom beginnenden Sturz derer zeugt, wegen denen sie das Land verlassen haben. Die Wirkungen von Angst und Terror auf die Menschen im Lande werden von draußen vielfach verkannt. Obwohl sich Max Braun in Paris etabliert hat und eigentlich wie „Gott in Frankreich" lebt, wünscht auch er sich nichts sehnlicher, als nach Deutschland zurückzukehren und teilt damit die verzerrenden Sichtweisen und Interpretationsmuster der anderen Emigranten.

Deutlich wird dies an seiner Saar-Berichterstattung, in der sich — wie in den meisten Emigrationszeitschriften — Hoffnungen und harte Fakten zu einem schiefen Bild des Saarlandes unter der NS-Herrschaft vermischen. Max Braun geht von der diskussionswürdigen Grundannahme aus, daß der Nationalsozialismus an der Saar nur über eine schwache Loyalitätsbasis verfügt und sich nach dem Abflauen der nationalen Begeisterung des Saarkampfes die ehemals resistenten Milieus der Katholiken und der Arbeiterschaft wieder formieren. „. . . Hitler vermochte seinen Erfolg nicht zu behaupten", schreibt er wenige Monate nach der Abstimmung in der „Neuen Weltbühne". Plakate und Aufschriften zeugten von Unzufriedenheit und tiefer Enttäuschung. „Die ganze Saar ist bereits heute (. . .) eine einzige große Meckerei."(178) Enttäuscht seien die Arbeitslosen und die Arbeiter, die „alten Kämpfer" Hitlers und die Stahlhelm-Anhänger, nicht zuletzt aber die Saarkatholiken. Entgegen Goebbels großen propagandistischen Versprechungen sei das Heer der Arbeitslosen nicht gesunken. Die Löhne der Arbeiter würden durch Preissteigerungen und neue Abgaben, durch nominelle Herabsetzung und durch Arbeitszeitverlängerung ohne Lohnausgleich gekürzt. „Das Saargebiet ist nun wieder das alte Saarabien der Stumm-Hilgerzeit."(179) Die beruflichen Erwartungen der frühen NSDAP-Mitglieder erfüllten sich nicht. Oppositionelle Pfarrer würden verhaftet und katholische Jugendverbände schikaniert. In einem Artikel zum ersten Jahrestag der NS-Herrschaftsübernahme an der Saar bilanziert Max Braun daher: „Inzwischen aber ist die Saar zu einem Tal des Jammers und der enttäuschten Hoffnungen geworden."(180) Zustimmend zitiert er die Neujahrsausgabe der „Basler Nationalzeitung", daß heute „die Enttäuschung der Saarbewohner alle Erwartungen überschreitet und die Rückkehr zum Reich keine Mehrheit mehr fände".(181) Das Pulverfaß des aus enttäuschter Liebe geborenen Hasses bedürfe nur des Funkens, um es zum Explodieren zu bringen.(182)

Im September 1936 konstatiert er eine aus allen Bevölkerungsschichten sich rekrutierende Volksopposition, die sich um die illegalen Kader des Saarwiderstandes schare: „Der Arbeiter, Angestellte und Beamte, der Bauer, der kleine Gewerbetreibende, die Intelligenz und die freien Berufe — sie alle haben die relative Freiheit und Prosperität unter dem Völkerbundsregime eingetauscht mit einer unvorstellbaren Unfreiheit und beständig wachsenden materiellen Not. Sie haben das alles viel stärker empfunden als die gleichen Schichten im Reiche, weil sie ohne jeden Übergang in die mageren Jahre des Hakenkreuzes hinübergewechselt sind. Auf sie ist in wenigen Tagen, Wochen und Monaten alles an Lohnverschlechterungen, Preiserhöhungen, Absatzschwierigkeiten, Qualitätsverschlechterungen, Steuer-, Beitrags- und Abgabendruck, Zwangswirtschaft und Ablieferungspflicht etc. hereingeprasselt, was im übrigen III. Reich in zwei qualvollen Jahren den Untertanen allmählich und schrittweise beigebracht wurde. Die Atomisierung des Widerstandes, die sonst bei allen Maßnahmen Hitlers mit Vorbedacht und erfolgreich versucht wird, war gegenüber diesen in kurzen Zeitfolgen sich jagenden und einheitlich empfundenen neuen Massenbelastungen nicht möglich. Mit Ausnahme der Rüstungsgewinner und der Parteibonzokratie ist deshalb die Mißstimmung an der Saar und die Ablehnung des Nationalsozialismus fast einheitlich und restlos. (. . .) Die illegalen Kaders der saarländischen Volksfront haben heute unbestreitbar die Mehrheit des Saarvolkes stimmungsmäßig hinter sich."(183) An dieser Einschätzung hält Max Braun auch in einem Beitrag zum zweiten Jahrestag der Saarabstimmung 1937 fest. Noch hofft er, daß die „Auferstehung" der Saar „nicht über den Golgatha des Krieges, sondern über den Sturz des Hitlersystems durch die Kraft der Einheits- und Volksfront geht".(184) Er vertraut darauf, daß sich Enttäuschung und Unzufriedenheit politisieren und organisieren. Er fühlt sich in seiner Hoffnung bestätigt durch die Kämpfe der saarländischen Katholiken und der Bergarbeiter. „In Frankenholz an der Saar erhob sich eine Einheitsfront von Katholiken, Protestanten, Sozialisten und Kommunisten zur Verteidigung der Gewissensfreiheit, vor der der Gauleiter zurückweichen mußte. In Spiesen und anderen Saarorten scharte sich die gesamte Bevölkerung ohne Unterschied des Bekenntnisses und der Partei um den Pfarrer, als die Gestapo ihn verhaften wollte. Die Prozessionen wurden zu wahren Demonstrationszügen aller Hitlergegner . . . " Nach dem Bekanntwerden des ersten Reorganisationsversuches des politischen Katholizismus in St. Wendel sehe Bürckel schon die „Massen aus den Katakomben steigen". „Aus den angeblich einst 91 Prozent für Hitler an der Saar sind längst fast ebensoviele Prozent gegen ihn geworden . . . "(185)

„Stärkste Widerstandsregungen" glaubt Max Braun in seinem Beitrag zum 3. Jahrestag der Saarabstimmung feststellen zu können. Er bezieht sich dabei auf die erfolgreiche Verweigerung der von Göring angeordneten Sonntagsschichten durch die saarländische Bergarbeiterschaft, die die „Deutschen Informationen" als „größte, nachhaltigste und geschlossenste Aktion" der deutschen Arbeiterschaft gegen den Nationalsozialismus werten.(186) Terror und Deportationen hätten nicht vermocht, „den Geist des Widerstandes, der Rebellion um der Freiheit willen" zu ersticken. Die nationalsozialistischen Machthaber hätten „das Herz der Bevölkerung verloren". Zur Kriegsfurcht geselle sich jetzt „der Wille zum Sturz des Systems von innen her".(187) Max Braun verkennt, daß sowohl Frankenholz wie St. Wendel, sowohl die Granzgänger-Demonstrationen wie die Verweigerungsaktionen der saarländischen Bergarbeiter nicht mehr sind als Teilopposition, daß sie nicht das politische System in seiner Totalität attackieren, sondern nur um partielle kulturelle und wirtschaftliche Sonderinteressen geführt werden. Er will nicht wahrhaben, daß es dem Terror der Gestapo und der NS-Formationen immer wieder gelingt, Unzufriedenheit und Protest zu atomisieren, in die Privatheit zurückzudrängen oder brutal zu zerschlagen. Der Freiheitswille und die Ablehnung des Nationalsozialismus sind nicht so stark, daß sie sich in den „Willen zum Sturz des Systems" umsetzen, geschweige denn, sich zu einer Bedrohung der nationalsozialistischen Machthaber organisieren. Nüchtern stellt die Saarbrücker Gestapo Ende November 1938 daher auch fest: „Marxistische Gruppen, die als Anfang des Wiederaufbaues einer illegalen Organisation angesehen werden könnten, sind im Berichtmonat nicht beobachtet worden."(188) Im Mai 1938 steht auch für Max Braun fest, daß nur noch der Krieg der Barbarei des Nationalsozialismus ein Ende bereiten kann.(189)

Das Wendejahr 1938

Das Jahr 1938 markiert einen Einschnitt in der politischen Biographie Max Brauns. In diesem Jahr zerplatzen eine Reihe hochgesteckter Erwartungen und Hoffnungen, die er seit 1933 gehegt hat und Bestandteil seiner politischen Philosophie geworden sind:

> die von ihm erhoffte und wieder und wieder geforderte „Renaissance" der deutschen Sozialdemokratie zu einer revolutionären Partei und zur bedeutendsten Kraft des Widerstandes gegen den Nationalsozialismus ist weniger in Sicht als je zuvor;
> die zunächst euphorisch verkündete Idee der Überwindung der Gräben der Weimarer Arbeiterbewegung in einer Einheitspartei und einer Einheits- und Volksfront gegen Hitlerdeutschland liegt unter den Trümmern des Lutetia-Kreises und der Saar-Volksfront begraben;
> die Konzentration der sozialistischen und sozialdemokratischen Gruppen in der erneuerten und vereinigten Sozialdemokratie ist soeben am Widerstand der SOPADE-Führung gescheitert;
> die innerdeutschen Konflikte und Widersprüche, die Unzufriedenheit und Enttäuschung der Menschen im „Dritten Reich", auf die Max Braun gesetzt hat, brechen nicht auf und verwandeln sich nicht in die große sozialistische Endabrechnung;
> auch die Hoffnung, Hitler außenpolitisch zu schlagen, zerplatzt mit der absehbaren Niederlage der Republikaner und der Internationalisten im Spanischen Bürgerkrieg;
> der von Hitler langfristig vorbereitete Krieg, vor dem Max Braun seit 1933 beständig warnt, scheint weder aus eigener Kraft des innerdeutschen Widerstandes noch von außen aufhaltbar zu sein.

Konnte sich Max Braun 1935 noch einreden, die Nazis hätten in der Art des Reichstagsbrandes das Abstimmungsergebnis manipuliert, so ist ihm dies jetzt nicht mehr möglich. Sein Glaube an die Kraft der Vernunft schwindet. Der Euphorie der Aufbruchstimmung der Jahre 1933 bis 1937 folgt 1938 die Katerstimmung der Niederlage. Alle diese Erfahrungen kollidieren mit der zutiefst optimistischen Lebenshaltung Brauns und haben

Konsequenzen für sein politisches Denken und Handeln. Angesichts der Erfolglosigkeit der Konzentration, so ein Gestapo-Lagebericht über die marxistische Bewegung im Oktober 1938, verfechte Max Braun nun „die Erneuerung des sozialistischen Denkens durch Kritik und Selbstkritik" und tue sich dabei immer stärker mit Willi Münzenberg zusammen.(189) Zunächst entsagt Max Braun tradierten sozialistischen Denkschablonen. Die von ihm geforderte „Erneuerung der sozialistischen Bewegung" ist für ihn keine organisatorische Frage, sondern eine Frage der „Erneuerung des sozialistischen Denkens". „Der Marxismus, der jahrzehntelang eine stolz wehende Fahne der siegreichen Bewegung war", schreibt er resigniert, „ist eine ständig auf Halbmast gesunkene Flagge der Niederlage und der Erniedrigung geworden. Diese Feststellung (. . .) ist keine Kampfansage an die Lehren von Marx, sondern die Aufforderung zur Kritik und vor allem zur Selbstkritik".(190) Eine solche „Tribüne des Geistes und des Kampfwillens der deutschen Opposition" solle fortan die „Deutsche Freiheit" sein, die seit dem 12. Oktober 1938 — mit Ausnahme des Titelblattes — mit der von Münzenberg herausgegebenen neuen Zeitung „Die Zukunft" identisch ist.(191)

Die Forderung nach einem sozialistischen Deutschland läßt Max Braun demonstrativ fallen und kehrt statt dessen zu seiner Lieblingsidee eines demokratischen Deutschlands in einem vereinigten Europa zurück.(192) Demokratie- und Europagedanke werden ihm wichtiger als große sozialistische Neuordnungsideen. Nicht aus abstrakten Sozialismusappellen, sondern einzig aus dem „höchsten menschlichen Gut", dem Drang zur Freiheit, könne die notwendige Erneuerung Deutschlands ihre Kraft ziehen.(193) Braun nähert sich Vorstellungen an, wie sie von kleineren sozialistischen Gruppen schon länger propagiert werden.(194) Nicht abstrakte historische Notwendigkeiten, sondern der Wille zur Freiheit entscheide über den Sozialismus. Nicht der Sozialismus bringe die Freiheit, sondern umgekehrt: erst die Freiheit lasse den Sozialismus blühen.

Der nach Auffassung Brauns unmittelbar bevorstehende Krieg zerstört eine weitere Grundeinstellung: sein Glaube an die Lernfähigkeit des deutschen Michel und die Hoffnung, den Nazis mit journalistischen Mitteln begegnen zu können. Noch im Januar 1938 hat er in der „Deutschen Freiheit" optimistisch verkündet: „Der deutsche Michel lernt zwar langsam, aber dafür umso gründlicher." Er habe begriffen, daß das NS-Regime in beständiger Angst vor der „unbewaffneten Wahrheit" lebe.(195) Schon wenige Monate später rückt Braun von seiner Hoffnung auf die befreiende Wirkung der „Waffe der Kritik" ab. Anknüpfend an ein Zitat aus

Marx' Einleitung „Zur Kritik der Hegelschen Rechtsphilosophie" schreibt er nun, mit dem Kriege komme der Tag, „an dem ‚die Waffen der Kritik abgelöst werden sollen durch die Kritik der Waffen' ". Die politische Emigration habe dem bedrohten Europa mit der Waffe in der Hand zur Seite zu stehen. Angesichts der bevorstehenden Alternative Faschismus oder Krieg sei es für den „Demokraten und Sozialisten selbstverständlich, auf der Seite Frankreichs, Englands oder Rußlands mit den Waffen in der Hand ‚die letzte Schlacht' zu schlagen".(196) Der Krieg gegen Hitler sei die „letzte Notwehr der Kultur, der Humanität, des Geistes, der Menschlichkeit gegen die wildeste Barbarei". Niemand habe „leidenschaftlicher den Frieden geliebt als wir. Niemand hat härter gegen den Krieg gekämpft als wir. Wir waren stets und immer ausgerichtet auf eine Vernichtung des Nationalsozialismug mit *anderen* Mitteln", beschreibt Braun seinen schmerzhaften Umdenkungsprozeß im Angesicht des bevorstehenden Krieges.(197)

Sein Optimismus bricht noch einmal durch, als er — am historischen Beispiel der Pariser Kommune orientiert — im Kriege zugleich auch eine neue Chance für den Widerstand in Deutschland selbst sieht. In dem von ihm verfaßten, von der Landesgruppe herausgegebenen und auch als Flugblatt in Westdeutschland über Kirschmanns Grenzapparat vertriebenen Aufruf „An alle Deutsche"(198) schreibt er: „Das deutsche Volk muß in dieser entscheidenden Stunde klar und deutlich wissen, daß es nicht nur auf der Schwelle zum fürchterlichsten Kriege aller Zeiten steht, sondern daß Hitler bereit ist, es mit unausweichlicher Sicherheit in die folgenschwerste Niederlage seiner Geschichte und aller Zeiten hineinzutreiben." Wenn die „entscheidende Stunde" des Krieges komme, appelliert Braun, „so erinnert euch an eure Pflicht gegenüber Deutschland, der Freiheit, dem Frieden, dem Wohle eurer Kinder und gegenüber der Menschheit. *Kehrt die Waffen,* die man euch gibt, damit ihr zu Schlächtern der Freiheit anderer Völker werdet, *gegen den wirklichen, den einzigen Feind, gegen Hitler!"(199)*

Max Braun widmet sich verstärkt der „bangen Frage: Was danach?" Was wird aus Deutschland nach Hitler? Für ihn steht fest, daß nach den Erfahrungen des Faschismus in Deutschland und der Stalinherrschaft in der Sowjetunion ein neuer deutscher Staat „weder die Diktatur einer Klasse, noch einer Weltanschauung dulden" kann.(200) Und ebenso klar ist ihm, daß dieses neue Deutschland nur dann eine wirkliche Chance hat, wenn die Fehler von 1918 vermieden werden. Seine Forderung lautet daher: „ . . . Restlose(n) Vernichtung der Träger des preußischen Pangermanis-

DEUTSCHE Freiheit

EINZELPREIS ffr. 1.50

LA LIBERTE ALLEMANDE – Hebdomadaire

PARIS, FREITAG 9. SEPTEMBER 1938
2. JAHRGANG NUMMER 36

Chefredakteur: MAX BRAUN

12, rue Richer, Paris-IXe, Tel.: PRO. 45-93.
Postscheckkonto: Max Braun – Paris 17512.

IN DIESER NUMMER:

Georg BERNHARD: Ist das noch Frieden ?
Alexander SCHIFRIN: Hitlers Gefahren.
Major E. R. ATTLEE: Keine Kapitulation !
Dr. H. VELD: Italiens totale Gleichschaltung.
Hitlers Kanonenfutter.
Bücherseite.
Aus Deutschland.

An alle Deutschen!

Seit Wochen und Monaten betreibt die nationalsozialistische Diktatur in Deutschland die umfassendste Kriegsmobilisierung, die die Welt jemals gesehen hat. Die deutschen Armeen stehen in Kriegsstärke an den Grenzen, bereit, in jedem Augenblick ihren blutigen Einbruch in die Nachbarstaaten zu vollziehen. Hunderttausende deutscher Arbeiter fronen an den deutschen Festungsbauten, die deutsche Produktion befindet sich im Kriegszustand. Tag für Tag ergiessen sich über das deutsche Volk die Lügenströme der Nazipropaganda, um es in eine willige, ja begeisterte Gefolgschaft der internationalen Abenteurerpolitik der Hitlerführung zu verwandeln.

Die freien Völker beginnen, sich zusammenzufinden und ihre gemeinsame Gegenwehr mit fester Entschlossenheit zu organisieren. Frankreich, Grossbritannien, die Sowjetunion, unterstützt von den Vereinigten Staaten von Amerika, umgeben von den kleineren Staaten im Südosten Europas, treffen gelassen, aber zielbewusst ihre Vorkehrungen, um jeden Gewaltakt Hitlers gegen die tschechoslowakische Republik entschlossen zu verhindern oder zu unterdrücken. Eine einheitliche Front der friedliebenden Völker hat sich gebildet, um der internationalen Blutpolitik der nationalsozialistischen Kriegsprovokateure eine eiserne Gegenwehr entgegen zu stellen.

Die tschechoslowakische Regierung erklärte sich in weitgehendstem Masse den Sudetendeutschen gegenüber zu schweren Opfern bereit; die Sowjetunion schloss jetzt einen Pakt mit Rumänien, in dem sie auf Bessarabien Verzicht leistet. Alle friedensliebenden Staaten bringen Opfer, um die Kriegsgefahr zu mindern. Hitler dagegen predigt die Gewalt und droht mit dem Kriege.

In dieser ernsten Stunde höchster Gefahr für den Weltfrieden, in der der deutsche Faschismus sich anschickt, die Brandfackel des Krieges unter die Völker zu schleudern, können *die* Deutschen, die unerschütterlich die Fahne des Friedens und der Freiheit hochhalten, nicht länger schweigen.

In dieser Stunde rufen wir dem deutschen Volke zu:

Du wirst missbraucht! Deine Gewalthaber, einzig und allein auf die Erhaltung ihrer terroristischen Macht bedacht, haben Deutschland an den Rand des Abgrundes gebracht. In einer ausweglosen wirtschaftlichen und finanziellen Lage suchen die Hitler, Göring, Goebbels und Konsorten, ihr Heil in Raubzügen gegen fried- und freiheitliebende Völker. Berauscht von dem Scheinerfolg, den ihnen die ungestrafte Eroberung Oesterreichs beschert hat, setzen sie zum Sprung gegen die Tschechoslowakei an und benutzen die irregeführten Sudetendeutschen als Vorwand zu gewaltsamen Eroberungen.

Was heute die ganze Welt weiss, was Millionen deutscher Volksgenossen in banger Angst um ihr Leben, ihre Gesundheit, ihre Familien und Freunde empfinden, das muss das deutsche Volk in seiner Gesamtheit wissen:

Der Krieg ist Hitlers Geschöpf! Der deutsche Faschismus allein trägt die Schuld daran, dass heute bereits Europa vom Marschschritt der Armeen wiederhallt, und wenn der Zusammenstoss der Völker in Blut und Verderben nicht mehr aufzuhalten ist, so werden Hitler und seine Banden es sein, auf die allein alle Verantwortung für die Vernichtung des Lebens und des Glücks von Millionen Menschen zurückfällt!

Seit Jahren arbeiten die Nationalsozialisten bewusst auf die Katastrophe hin, seit Jahren haben die Fieberträume der Lahmen und Kranken, die Deutschland beherrschen, kein anderes Ziel als die blutigen Eroberungszüge gegen andere Völker. Seit Jahren zwingen sie Deutschland unter die barbarischste Diktatur, um ungehemmt ihre Wahnideen zu verwirklichen. Und seit Jahren schmieden sie ungewollt eine Front der freiheitliebenden Nationen zusammen, die es nicht dulden will und wird, sich ohne Gegenwehr von Hitler Gewalt antun zu lassen. Das deutsche Volk muss in dieser entscheidenden Stunde klar und deutlich wissen, dass es nicht nur auf der Schwelle zum fürchterlichsten Kriege aller Zeiten steht, sondern dass Hitler bereit ist, es mit unausweichlicher Sicherheit in die folgenschwerste Niederlage seiner Geschichte und aller Zeiten hineinzutreiben.

Unermüdlich rufen wir deshalb das deutsche Volk auf:

Stürzt eure Unterdrücker, schliesst euch zusammen, schürt den Hass gegen die Kriegstreiber! Macht den Zaghaften Mut, sagt ihnen, dass nur die Vernichtung der Diktatur sie vor dem Kriege bewahrt! Vergesst nie, dass die friedliebenden Massen aller Völker den Blick auf euch gerichtet halten, in der bangen Hoffnung, dass das deutsche Volk erwacht, um das Joch der Kriegstreiber von sich zu schütteln! Das Hakenkreuz muss zerbrechen, damit Deutschland leben kann!

Wenn aber die entscheidende Stunde kommt, so erinnert euch an eure Pflicht gegenüber Deutschland, der Freiheit, dem Frieden, dem Wohle eurer Kinder und gegenüber der Menschheit. *Kehrt die Waffen*, die man euch gibt, damit ihr zu Schlächtern der Freiheit andrer Völker werdet, *gegen den wirklichen, den einzigen Feind, gegen Hitler !* Wisst, dass sich in der Front der Freiheit und des Friedens, die sich gegen Hitler schart, eure deutschen Brüder finden werden, beseelt von dem unbeugsamen Willen, Schulter an Schulter mit den Ueberfallenen die blutberauschte Diktatur niederzukämpfen. Jedes Rad, das zerbricht, jede Waffe, die versagt, jede Maschine, die anhält, jeder Zweifel, der entsteht, jeder Schuss, der nach hinten losgeht, sind ein Schritt vorwärts zum Frieden und zum Glück!

An alle *die* aber, die ausserhalb der Grenzen des Reiches, den Fängen der Diktatur entronnen, der Stunde der Freiheit harren, ergeht der Ruf: Vergesst das, was euch noch trennt! Seid der geschichtlichen Aufgabe eingedenk, die auf euch ruht, Bannerträger einer friedlichen und freiheitlichen deutschen Zukunft zu sein. Die Welt sieht auf euch, die unterdrückten deutschen Massen warten auf euch: Tut alle, Mann und Frau, eure Pflicht, steht euren Mann, bringt eure Opfer in der vordersten Reihe derer, die die völkerumspannende Front des Friedens und der Freiheit bilden!

Wenn schon die Freiheit mit den Bajonetten verteidigt und zurückgewonnen werden muss, dann wagt den Einsatz des eigenen Lebens in den Bataillonen der Freiheit, die für die Sache der Kultur und der Menschlichkeit kämpfen.

Unsere Parole heisst: Alle Mann, allen Willen, alle Kraft, alle Mittel eingesetzt zum Sturz der Hitlerdiktatur!

Unser Ziel ist: ein demokratisches, freiheitliches, friedliebendes, glückliches Deutschland als gleichberechtigtes Glied der Vereinigten Staaten von Europa!

Paris, im September 1938.

Im Namen des Landesvorstandes deutscher Sozialdemokraten in Frankreich
und aller gleichgesinnten deutschen Freiheitskämpfer:

MAX BRAUN.

Abb. 42: Aufruf des Landesvorstandes deutscher Sozialdemokraten in Frankreich an das deutsche Volk in der "Deutschen Freiheit" vom 9.9.1938

Laß das Lästermaul ferne von dir sein

Aberkennung der deutschen Staatsangehörigkeit

DNB. Berlin, 3. 12. 36

Auf Grund des § 2 des Gesetzes über den Widerruf von Einbürgerungen und die Aberkennung der deutschen Staatsangehörigkeit vom 14. 7. 1933 (Reichsgesetzblatt I S. 480) erkläre ich im Einvernehmen mit dem Herrn Reichsminister des Auswärtigen folgende Reichsangehörige der deutschen Staatsangehörigkeit für verlustig, weil sie durch ein Verhalten, das gegen die Pflicht zur Treue gegen Reich und Volk verstößt, die deutschen Belange geschädigt haben:

1. Baumann, Alfons, geboren am 1. 1. 1900 in Eissigheim (Baden);
2. Bayer, Georg, geboren am 2. 10. 1884 in Breslau;
3. Braun, Matthias (Max), geboren am 13. 8. 1892 in Neuß;
4. Bräuer, Walter, geboren am 5. 10. 1906 in Hanau;
5. Danzebrink, Heinrich Peter, geboren am 2. 1. 1899 in Prüm (Eifel);
6. Erpenbeck, Fritz, geboren am 6. 1. 1897 in Mainz;
7. Goldschmidt, Alfons, geboren am 28. 11. 1879 in Gelsenkirchen;
8. Gröhl, Karl, geboren am 10. 2. 1896 in Schneidemühl;
9. Gundelfinger, Leo, geboren am 22. 5. 1901 in Regensburg;
10. Haas, Kurt, geboren am 1. 2. 1898 in Fürth;
11. Heiden, Konrad, geboren am 7. 8. 1901 in München;
12. Hermann, Fritz, geboren am 28. 8. 1897 in Bocholt (Westfalen);
13. von Hildebrand, Dietrich, geboren am 12. 10. 1889 in Florenz (Italien);
14. Kiesewetter, Ernst, geboren am 30. 11. 1897 in Kolberg;
15. Kippenberger, Hans Karl, geboren am 15. 1. 1898 in Leipzig;
16. Kirschmann, Emil geboren am 13. 11. 1888 in Oberstein (Nahe);
17. Koenen Wilhelm, geboren am 7. 4 1886 in Hamburg;
18. König, Heinrich, geboren am 13. 4. 1886 in Weitmar;
19. Kowalski, Paul, geboren am 22. 2. 1911 in Potsdam;
20. Künder, Paul Christian, geboren am 17. 10. 1897 in Wandsbek;
21. Lauriolle, August Heinrich, geboren am 6. 8. 1886 in Mainz;
22. Lehnert, Gustav, geboren am 6. 7. 1896 in Gelsenkirchen;
23. Ludwig, Adolf, geboren am 27. 6. 1892 in Pirmasens;
24. Machts, Hertwig, geboren am 16. 7. 1895 in Jena;
25. Mann, Thomas geboren am 6. 6. 1875 in Lübeck;
26. Olden, Rudolf, geboren am 14. 1. 1885 in Stettin;
27. Otten, Karl, geboren am 29. 7. 1889 in Oberkrüchten;
28. Reinbold, Georg, geboren am 22. 10. 1885 in Triberg (Baden);
29. Ritzel, Heinrich, geboren am 10. 4. 1893 in Offenbach (Main);
30. Schnog, Karl, geboren am 14. 6. 1897 in Köln;
31. Schreiner, Karl, geboren am 8. 11. 1895 in Köln;
32. Sollmann, Wilhelm, geboren am 1. 4. 1881 in Oberlind;
33. Sprey, Jakob, geboren am 8. 4. 1904 in Düsseldorf;
34. Steinthal, Hans Gustav, geboren am 16. 9. 1893 in Charlotte (Bayern);
35. Thalheimer, Sigfrid, geboren am 10. 1. 1899 in Düsseldorf;
36. Thiele, Artur Otto, geboren am 28. 4. 1896 in Dresden;
37. Vahsen Arnold, geboren am 10. 1. 1902 in Harff (Kreis Bergheim);
38. Wronkow, Ludwig, geboren am 3. 12. 1900 in Berlin;
39. von Zwehl, Hans, geboren am 17. 3. 1888 in Otterndorf.

Das Vermögen der vorstehend bezeichneten Personen wird beschlagnahmt.

Abb. 43: Ausbürgerungsliste vom 3.12.1936

mus: des alten feudalen Junkeradels vom Halm und Aar, seiner Sippschaft in Generalität, Diplomatie und hoher Verwaltungsbürokratie, des neuen Beamtenadels der NSDAP und jener schwerindustriellen Schlotbarone, deren Profit ‚gewaltsame Expansion' heißt".(201) Das nach dem Kriege erstehende Europa könne weder eine erneute preußische Vorherrschaft noch eine Vernichtung Deutschlands ertragen. Beides seien Fehler der Weimarer Republik und der Friedensverträge von Versailles gewesen, die es nun zu vermeiden gelte, da sie den Sieg des Nationalsozialismus allererst möglich gemacht hätten.(202) Gleichwohl ist Braun skeptisch, ob Deutschland nach einem Kriege von den Siegermächten mehr als den Status eines „Naturschutzparkes" erhalten wird und nicht wieder — wie nach dem Ersten Weltkrieg — die Sprache der Bajonette triumphieren werde: „Aber wir glauben auch, das Maß der Enttäuschung, des Zornes, der Wut und des Hasses zu kennen, das sich gegen jenes Land richten wird, dem man bereits in der ersten Hälfte dieses Jahrhunderts zwei der furchtbarsten Weltkriege zu verdanken hatte. Der Schrei nach Sicherheit gegen einen neuen Überfall wird nach Millionen Blutopfern von einem Pol zum anderen hallen, und ich befürchte, man wird der Sicherheit der Bajonette mehr vertrauen als der Sicherheit, die Ideen geben können. Und man wird sich mit allem Schein des Rechts darauf berufen, daß zertreten werden muß, was nicht zu zivilisieren ist — und daß man ihm bestenfalls einen Naturschutzpark lassen kann."(203)

Gegen die drohende Gefahr einer Nachkriegs-Sicherheitspolitik der Bajonette, setzt Braun seine Idee einer Sicherheitspolitik des Vertrauens, den Gedanken der Sicherheit durch die Integration eines „demokratischen, freiheitlichen, friedliebenden, glücklichen Deutschlands" in einen europäischen Staatenbund.(204) Bereits 1936 hat er in einer Rede zu Ehren von Carl von Ossietzky ausgeführt, daß mit dem Sturz der Hitlerdiktatur „die Stunde kommen wird, in der das andere Deutschland aufersteht — und diese Auferstehung wird zugleich die Geburtsstunde einer neuen Politik in Europa sein: Gestützt auf die aufrichtige, endgültige Verständigung des französischen und des deutschen Volkes, wird die Einigung Europas beginnen — im Geiste Carl von Ossietzkys".(205) Ein „europäisches Deutschland" sei notwendig, „dessen Bürger stolz darauf sein werden, Deutsche und Bürger der Welt zu sein", schreibt Braun in der ersten Nummer der „Deutschen Freiheit" 1937. Ein Deutschland auch, das „das zentrale Problem dieses Erdteils lösen muß und lösen wird: die aufrichtige, ehrliche und endgültige Verständigung mit Frankreich, mit dessen großer europäischer Tradition zu wetteifern, das Glück Europas und der Welt bedeuten könnte".(206) „Wir haben uns stets eingesetzt für eine Nachkriegslösung, die man einen europäischen Staatenbund oder, etwas übertrieben, Vereinigte Staaten von Europa nennen könnte. Wir werden nicht aufhören, diesem Gedanken anzugehören und für seine Verwirklichung zu arbeiten."(207)

Für die Sozialdemokratie in der Emigration ist der Gedanke, daß nach einem Ende der Hitlerdiktatur nationale Sonderwege, die Wiederherstellung eines deutschen Nationalstaates, undenkbar sind, eine durchaus allgemeine Überzeugung. Erich Matthias bezeichnet in seiner ideengeschichtlichen Studie „Sozialdemokratie und Nation" das europäische Bewußtsein gar als „Integrationsfaktor aller sozialdemokratischen Richtungen".(208) Für die Sozialdemokratie in der Emigration gebe es kein Deutschland ohne Europa: „Immer heißt es: Deutschland *und* Europa, Deutschland *mit* Europa, Deutschland *in* Europa."(209) Über die Beseitigung der nationalsozialistischen Diktatur hinaus sei das Ziel eines föderativ gegliederten geeinten Europas „Gemeingut aller sozialdemokratischen Richtungen" gewesen, notiert Matthias.(210) Der Kampf gegen das „Dritte Reich" erscheine der sozialdemokratischen Emigration in dreifacher Beziehung als europäische Aufgabe: als Abwehrkampf gegen den nationalsozialistischen Angriff auf das alte Europa, als Beseitigung des Hitlersystems als wichtigster Barriere für einen europäischen Frieden und schließlich als Kampf für ein neues, demokratisches Europa. Allgemein habe man gehofft, daß das von der Hitlerdiktatur befreite Deutschland ein notwendiger Bestandteil des neuen Europas sein müsse. Die deutsche Frage sei nur sozialistisch *und* europäisch zu lösen.(211)

Für Max Braun hat die Idee des Krieges als „letzter Notwehr der Kultur" und der Gedanke, den bedrohten europäischen Demokratien gegen Hitler beizustehen, unmittelbar praktische Konsequenz. Nicht nur, daß er gemeinsam mit seinem Redaktionskollegen bei den „Deutschen Mitteilungen", Dr. Helmut Klotz, und seinem Freund Willi Münzenberg die Aufstellung einer aus deutschen und österreichischen Emigranten bestehenden „Deutschen Legion" diskutiert, die sich der hitlerschen Wehrmacht im Kriegsfalle an der Seite Frankreichs entgegenstellen soll, auch die Inhalte seiner publizistischen Arbeit ändern sich. Die Grenzen zwischen politischem Exilwiderstand und nachrichtendienstlicher Tätigkeit verwischen sich oder, um es in der Sprache des „Volksgerichtshofes" auszudrücken, zum Hochverrat gesellt sich der Landesverrat. Während die Saarbrücker Gestapo der Sozialdemokratie im Saarland 1938/39 keine besondere Aufmerksamkeit mehr schenkt, die SPD-Opposition für tot erklärt, widmet sie sich ausführlich den Bestrebungen saarländischer Sozialdemokraten im französischen Exil.

Am 15. März 1938 haben sich Max Braun und sein Mitarbeiter Helmut Klotz an das französische Ministerium für nationale Verteidigung gewandt und diesem die Aufstellung einer „deutschen Legion" vorgeschlagen, deren Aufgabe die militärische Organisation aller deutschen und österreichischen Wehrfähigen im Exil sein soll, die entschlossen sind, den Kampf gegen den Nationalsozialismus auch mit der Waffe in der Hand zu führen und sich zur Demokratie und zur friedlichen Zusammenarbeit in Europa bekennen.(212) Etwa ein Jahr später, am 12. April 1939, erläßt die französische Regierung eine Verordnung, die es Ausländern ermöglicht, sich schon in Friedenszeiten dem französischen Militär zur Verfügung zu stellen.(213) Ein eigenes Emigrantenbataillon lehnen die französischen Behörden ab. Im Spätherbst 1939 setzt Max Braun den SOPADE-Vorstand davon in Kenntnis, daß Saarländer der Internierung durch den Dienst in der französischen Armee entgehen können.(214) Die Waffenhilfe für das französische Gastland ist in der deutschen Emigration nicht unumstritten. Während — nach Gestapo-Berichten — die Landesgruppe deutscher Sozialdemokraten in Frankreich der Organisierung ausländischer Freiwilliger für die Verteidigung der französischen Nation zugestimmt haben soll, werfen die Kommunisten Braun vor, sich durch die Werbung für die französische Armee — denn seine Legionen seien nichts anderes als französische Hilfstruppen — für die bisherige finanzielle Unterstützung durch Frankreich erkenntlich zu zeigen.(215) Selbst sonst entschiedene Gegner des Nationalsozialismus lehnen es ab, „im Kriegsfalle die Waffen gegen das Vaterland zu führen, wie es der als politischer Hochstapler verschrieene Max Braun fordert", heißt es in einem NS-Lagebericht 1939.(216) Kommunisten glauben noch immer, daß es möglich sei, Hitler in Deutschland und ohne Krieg zu stürzen.

Die „Deutschen Mitteilungen"

Die zunächst dreimal wöchentlich, später fünfmal in der Woche erscheinenden „Deutschen Mitteilungen" spiegeln Brauns neues Selbstverständnis wider: Berichte über den Widerstand in Deutschland finden sich nur mehr vereinzelt; Meldungen und Hintergrundinformationen über Hitlers Kriegsvorbereitungen dagegen nehmen zu. „Spektakuläre" Widerstandsaktionen der saarländischen Arbeiterschaft — von der KPD-Exilpresse groß aufgemacht — werden nicht einmal mehr erwähnt. Statt dessen veröffentlichen Braun und seine Mitarbeiter nun geheime Militärprotokolle, detaillierte Angriffspläne der deutschen Wehrmacht, Personalinterna aus Partei- und Staatsapparat. Brauns alte Parole „Hitler bedeutet Krieg“ wird jetzt hundertfach belegt. Seine journalistische Arbeit bekommt immer stärker nachrichtendienstlichen Charakter.

Als Informanten stehen Braun u. a. zwei ehemalige Nationalsozialisten zur Verfügung, die er seit der Zeit des Saarkampfes kennt, und die Verbindungen nach Deutschland haben und Geheimes zu berichten wissen: Arnold Vahsen, oppositioneller Nationalsozialist aus Düsseldorf, 1933 vor den Nazis an die Saar geflüchtet und seit dieser Zeit mit Braun bekannt(217), und Dr. Helmut Klotz, See- und Marineoffizier des Ersten Weltkrieges, Träger des Eisernen Kreuzes 1. Klasse und früher Mitstreiter Hitlers, der schon am 9. November 1923 am Marsch auf die Feldherrenhalle teilgenommen hat, Ende der 20er Jahre über das Reichsbanner zur SPD kam, 1933 zunächst nach Prag, dann nach Paris emigrierte. Im spanischen Bürgerkrieg betätigte sich Klotz als Militärberater der Republik und trat 1939 in die Dienste des englischen und französischen Nachrichtendienstes ein. Angeblich verfügt Klotz nach wie vor über gute Verbindungen zu oppositionellen Offizierskreisen in Hitlers Wehrmacht. Darüberhinaus unterhält Max Braun aber auch selbst geheimdienstliche Kontakte zu ausländischen Nachrichtendiensten. Nach einem Lagebericht des Oberreichsanwalts beim Volksgerichtshof vom 4. April 1940 seien nach der Beschlagnahme polnischen Materials auch Verbindungen Brauns zum polnischen Nachrichtendienst festgestellt worden.(218) Schon seit Jahren sind die Grenzen zwischen Brauns Exil-Berichterstattung und der nachrichtendienstlichen Tätigkeit fließend. Von der Forbacher Grenzarbeit, über die illegale Nachrichtenbeschaffung für seine Zeitungen bis hin zur Zusammenarbeit mit fremden Nachrichtendiensten bzw. gar bis zur Mitarbeit in ihnen ist es nur mehr ein kleiner Schritt. Das trifft keineswegs nur für Max Braun zu, sondern auch für andere Sozialdemokraten im Exil. Emil Kirschmann, Max Hofmann, Marie Juchacz und Käthe Fey aus Saarbrücken, ehemals Kontoristin in Brauns Parteibüro, arbeiten seit Jahren für den französischen Spezialdienst in Forbach und Longwy und seit 1940 für den Spionagedienst in Belfort.(219)

Mit Kriegsbeginn stellen sich für viele Emigranten neue Aufgaben. Da jetzt sicher ist, daß nur eine militärische Niederlage dem NS-Regime ein Ende bereiten kann, „lag die Unterstützung der Alliierten in der Kontinuität sozialistischer Exilpolitik für eine demokratische Zukunft Deutschlands“, notiert Geis.(220) Und auch Bracher hebt hervor: „Die Überschreitung der Grenze vom Hochverrat zum Landesverrat, unter der Diktatur ohnehin verwischt, rechtfertigte sich aus der Einsicht, daß Hitler im Begriffe war, fünf neutrale Länder zu überfallen, denen er ausdrücklich ihre Unversehrheit garantiert hatte."(221)

Am 3. August 1939 melden die „Deutschen Mitteilungen", Hitler habe für Mitte August die militärische Krisenbereitschaft angeordnet.(222) Bereits einen Tag vor der Unterzeichnung des deutsch-sowjetischen Nichtangriffsvertrages — dem Hitler-Stalin-Pakt — berichten Braun und seine Mitarbeiter über Hitlers „letzte große Chantage".(223) Seinen Kriegsplänen steht jetzt nichts mehr im Wege. Am 18. Oktober geben Brauns „Deutsche Mitteilungen" erstmals detaillierte Angriffsplanungen im Westen bekannt, müssen Zeitpunkt und Taktik in den nächsten Wochen aber immer wieder korrigieren.(224) Woher Max Braun und seine engsten Mitarbeiter diese Informationen beziehen, bleibt im Dunkeln. Auch das spätere Volksgerichtshofurteil gegen Helmut Klotz gibt da keinen Aufschluß. Denkbar sind mehrere Wege: Braun wird über Klotz vom französischen Geheimdienst informiert; Klotz hat Verbindungen mit Generalmajor Hans Oster, der seit dem 8. Oktober 1939 den holländischen Militärattaché Sas über die geplante deutsche Offensive gegen Frankreich und die Beneluxländer unterrichtet(225), oder Klotz kennt die Mittelsmänner, die durch Generaloberst von Reichenau und Staatssekretär von Weizäcker über Hitlers Kriegs- und Angriffstermine informiert werden.

Gleichwohl wird Max Braun vom deutschen Einmarsch in Frankreich völlig überrascht. Noch zwei Tage vor der Besetzung von Paris erhalten seine Verwandten in der Schweiz einen Brief, in dem sich Braun gewohnt optimistisch gibt: „Meine Lieben, macht Euch keine Sorgen, die Deutschen werden Paris nicht besetzen."(226) Er glaubt wie viele Franzosen an die Unverwundbarkeit von Paris und hofft, daß Paris in gleicher Weise verteidigt wird wie 1870 und wie es 1914 verteidigt worden wäre, wäre der deutsche Vormarsch 1914 nicht an der Marne zum Stillstand gebracht worden. Kurz nach Tagesanbruch, am 14. Juni 1940 ziehen Hitlers Truppen jubelnd in Paris ein, ohne daß ein einziger Schuß abgegeben wird. Wieder hat sich Max Braun getäuscht. Unmittelbar nach der Einnahme der französischen Metropole machen sich Hitlers Häscher daran, mit der seit Monaten fertiggestellten „Sonderfahndungsliste West", auf der der Name Max Braun ganz oben steht, Wohnungen und Treffpunkte deutscher Emigranten und geflohener Hitlergegner in den Pariser Arrondissements zu durchforsten.

Ausbürgerung und Verfolgung

Seit 1933 ist die Gestapo Max Braun auf den Fersen. Am 12. Juli 1934 hat der Düsseldorfer Regierungspräsident beim Berliner Gestapo-Amt erstmals die Ausbürgerung Max Brauns beantragt. Mit der Aberkennung der deutschen Staatsbürgerschaft verbinden die Nazis altgermanische Strafvorstellungen. Die formale Ausbürgerung ist nur der erste Schritt zur „konsequenten Ausrottung" der als vogelfrei erklärten Regimegegner. Diplomatische Rücksichten lassen es opportun erscheinen, Max Braun vor Ende des Saarkampfes nicht auszubürgern. Am 29. März 1935 hakt der Düsseldorfer Regierungspräsident nach und begründet sein Ausbürgerungsbegehren nun mit Brauns „staats- und regierungsfeindlicher Tätigkeit nach der Saarabstimmung in Frankreich".(227) Aber erst nach Ablauf des einjährigen Schutzjahres aberkennt der Reichs- und Preußische Minister des Innern Braun die deutsche Staatsbürgerschaft: „Auf Grund des § 2 des Gesetzes über den Widerruf von Einbürgerungen und die Aberkennung der deutschen Staatsangehörigkeit vom 14. Juli 1933 (. . .) erkläre ich im Einvernehmen mit dem Herrn Reichsminister des Auswärtigen folgende Reichsangehörige der deutschen Reichsbürgerschaft für verlustig, weil sie durch ein Verhalten, das gegen die Pflicht zur Treue gegen Reich und Volk verstößt, die deutschen Belange geschädigt haben . . . "(228) Die im „Deutschen Reichsanzeiger" vom 3. Dezember 1936 veröffentlichte Ausbürgerungsliste enthält neben Max Braun u. a. die Namen der Sozialdemokraten Emil Kirschmann, Georg Reinbold, Wilhelm Sollmann und des Literaturnobelpreisträgers Thomas Mann. Der Verlust der deutschen Staatsbürgerschaft wird auf die Familienangehörigen ausgedehnt und damit auch Angela Braun ausgebürgert. Die Brauns sind nun vogelfrei. Unter der Überschrift „Über 50 Volksverräter verlieren die deutsche Staatsangehörigkeit" kommentiert die „Saarbrücker Zeitung", Max Braun habe in unzähligen Aufrufen, Versammlungen und Zeitungsartikeln „seinem blinden Haß gegen den deutschen Wiederaufbau Ausdruck" gegeben. Seine Ausbürgerung sei wegen seiner deutschfeindlichen Betätigung nach Ende des Abstimmungskampfes erfolgt.(229) Demgegenüber schreibt die „Pariser Tageszeitung" zu den Intentionen der erfolgten Ausbürgerung, die Hitlerregierung versuche, „den deutschen Freiheitskämpfern ihr Vaterland zu nehmen. Sie will sie ächten, in der Welt schutzlos machen. Sie wird den Schwung und die Opferbereitschaft ihrer Gegner damit nicht lähmen. Ihnen (. . .) bleibt das ewige, unvergängliche Deutschland, das echte Vaterland der Freien, unverloren. Wir werden es wiedererobern und die Schmachlisten der

Proskription werden dann als Ehrenlisten des deutschen Freiheitskampfes in Erz gegossen und in Stein gegraben werden."(230) Max Braun selbst interpretiert seine Ausbürgerung als einen „Verlegenheitsakt“ der deutschen Machthaber, mit dem sie sich selbst entlarven.(231) Seine Ausbürgerung empfindet er als „Ehrenbürgerschaft“.(232)

Die Gestapo ist bestens über Brauns Aktivitäten informiert. Sie observiert seit 1933 das gesamte familiäre Umfeld Brauns in Neuss. Unmittelbar nach dem 30. Januar 1933 findet bei seiner Schwester Josefine in Neuss, die seit 1922 der SPD angehört und in Neuss als Lehrerin arbeitet, eine Hausdurchsuchung statt, bei der sich aber kein belastendes Material findet.(233) Die Düsseldorfer Staatspolizei erwägt, ob nicht Maßnahmen gegen die Schwester auf Grund des Gesetzes zur Wiedereinführung des Berufsbeamtentums geboten seien.(234) Die Post der Eltern Max Brauns, seiner Schwester, seiner Schwiegereltern und der nächsten Verwandtschaft — insgesamt 10 Personen sind betroffen — wird von der Gestapo überwacht.(235) Rechtliche Grundlage hierfür ist die seit dem 28. Februar 1933 geltende Verordnung des Reichspräsidenten, nach der die Gestapo beim zuständigen Postamt über Verdächtigte eine „Postsperre“ verhängen kann. Das Bankkonto Angela Brauns in Neuss wird überprüft, enthält aber nur mehr 6 Reichsmark. Über Brauns Schwiegervater, den aus Elberfeld stammenden katholischen Regierungsrat a. D. Theodor Stratmann, einem Zentrumsmitglied, wird ein Dossier angefertigt, wonach dieser „stark klerikal eingestellt“ und dem national-sozialistischen Staat gegenüber ablehnend eingestellt sei.(236) Auslandsreisen von Angehörigen — so von Brauns Schwager Josef Stratmann 1936 nach Moulins-les-Metz — werden beobachtet.(237) V-Leute der Gestapo überwachen Max Brauns politisches Treiben in Paris. Sie verfolgen die Auseinandersetzungen im Lutetia-Kreis, über die das Reichssicherheitshauptamt der SS so bestens informiert ist(238), oder sind zur Stelle, wenn die Landesgruppe der SPD in Paris tagt.(239)

Angesetzt auf Max Braun ist die bildschöne Schweizer Journalistin Carmen Maria Mory, die in München studiert, bei Ullstein gearbeitet hat und nun in Paris lebt. Mit ihren Komplizen gelingt es Carmen Mory, Büroräume zu mieten, die unmittelbar an die Geschäftsstelle der „Deutschen Mitteilungen“ angrenzen. Ihre Mitarbeiter geben sich als politische Flüchtlinge aus und erkunden das Terrain, indem sie sich mit Max Braun verabreden. Carmen Mory baut derweil ein Mikrophon in die Trennwand zu den Büroräumen der „Deutschen Mitteilungen“ ein, belauscht Max Brauns Gespräche, wenn er illegale Kuriere aus Deutschland empfängt, notiert deren Namen und leitet sie an die Gestapo weiter, die einen nach dem anderen Kurier verhaftet.(240) Die Komplizen besorgen sich Waffen, um ihren Attentatsauftrag zu erfüllen. Sie machen sich verdächtig und werden gemeinsam mit der jungen Journalistin verhaftet. Das Pariser Militärgericht verurteilt am 27. April 1940 die 35jährige Gestapo-Agentin zum Tode, jedoch nicht, weil sie Namen und Adressen deutscher Widerstandskämpfer aus dem Saarland an die Gestapo verraten hat — das beunruhigt die französischen Behörden nicht sonderlich — sondern weil sie der Militärspionage in den Dörfern entlang der Maginot-Linie überführt ist.(241) Die Angeklagten sind geständig, von Berlin beauftragt worden zu sein, die Urheber, Mittelsmänner und Verbindungswege der aus Deutschland stammenden Nachrichten der „Deutschen Mitteilungen" festzustellen und den Herausgeber Max Braun und dessen Mitarbeiter Helmut Klotz umzubringen. Präsident Lebrun begnadigt die attraktive Schweizerin, als sich diese dem französischen Nachrichtendienst zur Verfügung stellt und fortan in Deutschland arbeitet.

Einmal mehr ist Braun einem Attentatsversuch der Nationalsozialisten entgangen. Aber die Gestapo gibt nicht auf. Die Besetzung Frankreichs gibt ihr eine neue Chance. Wer zu Kriegsbeginn in den französischen Internierungslagern festsitzt, sitzt in der Falle. Max Braun gehört zu den privilegierten deutschen Emigranten, die der Internierung entgehen. Am 22. Juni 1940 unterzeichnet das Kabinett des Marschall Pétain im Wald von Compiégne ein Waffenstillstandsabkommen mit den deutschen Invasoren. Vor sieben Jahren ist die SPD in Deutschland verboten worden. Jetzt beginnt die Treibjagd auf die Funktionäre, denen die Gestapo bislang nicht Herr werden konnte. Artikel 19 des Abkommens verpflichtet die französische Regierung, „auf Verlangen alle Deutschen" auszuliefern, „die von der deutschen Regierung genannt werden". Besorgt wendet sich am 24. Juni 1940 der ehemalige Generalsekretär der Deutschen Liga für Menschenrechte Kurt R. Grossmann an Thomas Mann in Princeton und macht ihn auf die drohende Auslieferung noch in Frankreich lebender Hitlergegner wie Heinrich Mann, Lion Feuchtwanger, Willi Münzenberg, Erich Ollenhauer, Friedrich Stampfer, Hans Vogel, Jakob Walcher und Max Braun aufmerksam und bittet ihn, sich beim Weißen Haus für die Einreise der sich in Todesgefahr befindlichen Hitlergegner in Frankreich zu verwenden.(242)

Viele deutsche Emigranten werden von den Gestapo-Häschern in den französischen Internierungslagern aufgespürt und von den französischen Behörden an Hitlerdeutschland — und damit dem Tod — ausgeliefert:

unter ihnen der mehrjährige politische Weggefährte Max Brauns, Rudolf Breitscheid, der am 24. August 1944 im KZ Buchenwald ums Leben kommt. Helmut Klotz wird im Juli 1940 festgenommen und ins KZ Sachsenhausen überführt. 1942 macht ihm der Volksgerichtshof den Prozeß und verurteilt ihn am 27. 11. 1942 wegen Hoch- und Landesverrats zum Tode. Als erschwerend sieht es Freisler an, daß Klotz mit dem „Verräter" Braun kollaboriert habe.(243) Wie Willy Brandt später berichtet, sei Klotz 1943 „bei lebendigem Leibe" gevierteilt worden.(244) Unter dem Vorsitz des Blutrichters Freisler wird auch der 1888 in Otterndorf geborene Journalist Hans Wilhelm von Zehl am 29. Oktober 1943 zum Tode verurteilt. Von Zehl hat 1934 auf Seiten Brauns am Saarkampf teilgenommen, für Brauns „Deutsche Freiheit" geschrieben und sich für den Status quo engagiert. Wie schon bei Klotz wird seine Zusammenarbeit mit Max Braun als Beweis seiner hochverräterischen Tätigkeit gewertet. Daß er mit allen Mitteln das Ziel verfolgt habe, den Nationalsozialismus zu stürzen, „ergibt sich aus dem Leben dieses Mannes in der Emigration, aus seiner Arbeit unter Matz Braun, aus seinen Artikeln, aus seiner ganzen Einstellung, vor allem aus seiner Mitgliedschaft in der Matz-Braun-Organisation. Solch hochverräterischer Volksverräter muß mit dem Tode bestraft werden . . . "(245) Weil sie Jahre lang „mit den Volksverrätern Matz Braun und Emil Kirschmann unter Emigranten und in unserem Reich hochverräterisch gewühlt" habe, muß 1944 auch Johanna Kirchner sterben.(246) Es scheint, als sei Max Braun ein Aussätziger, der alle in seiner Nähe tödlich infiziert.

Was ihm selber droht, wenn ihn die Sonderfahndungskommandos der Gestapo erwischen, ist Max Braun klar. Anfang September 1940 vermuten ihn die NS-Behörden in Marseille. Dank der bewußten Laxheit der französischen Lagerkommandeure und der Militärbehörden ist es zahlreichen deutschen Emigranten gelungen, aus den Internierungslagern zu entkommen und nach Süden, ins unbesetzte Frankreich und die überfüllten Hafenstädte zu fliehen. Die Verwirrung hier ist grenzenlos. Die Pétain-Regierung versucht die Flucht zu stoppen, indem sie den Ausländern das Reisen verbietet. Der Chef des Ausländeramtes der Stadt Marseille erhält von der auch hier operierenden Gestapo die Namen von drei Ausländern, die er verhaften lassen soll. Es handelt sich um den österreichischen Prinzen Fürst Ernst Rüdiger von Starhemberg, der 1934 die Heimwehr gegen die Wiener Sozialisten angeführt hat und später gegen die Nazis kämpfte, um Georg Bernhard, den Herausgeber der „Pariser Tageszeitung", und um Max Braun.(247) Tatsächlich befindet sich Max

Braun zu diesem Zeitpunkt bereits in Sicherheit: in der Sicherheit eines englischen Internierungslagers!

Die Flucht nach Casablanca

Gegen Abend des 14. Juni, einem Freitag, treffen die völlig verstörten und übermüdeten Mitglieder der französischen Regierung in Bordeaux ein, der großen Hafenstadt im Südwesten Frankreichs, die bereits 1871 und für kurze Zeit im Herbst 1914 als provisorische Hauptstadt diente. Bordeaux quillt über von Flüchtlingen, die Hotels und Restaurants belagern. Die Straßen der Stadt sind mit Autos versperrt. Chaos und Verzweifelung herrschen. Unter denen, die an jenem Abend in den überfüllten Hotels Quartier suchen, befindet sich auch Max Braun. Buchstäblich in letzter Minute ist ihm zusammen mit Frau Angela, Freundin Lydia und seinem Bruder Heinz die Flucht aus Paris gelungen. Wie schwer es ist, Unterkunft zu finden, erlebt auch Leon Blum, den es ebenso wie die Brauns nach Bordeaux verschlagen hat. Weil er Jude ist und als „Kriegshetzer" gilt, findet er nicht einmal in einem schäbigen Hotel Quartier. Die Verwirrung der Menschen ist grenzenlos. Nur wenigen Flüchtlingen ist es möglich, irgendwelche Habseligkeiten mitzunehmen; die Mehrheit ist mittellos. Alle haben nur einen Gedanken, aus Frankreich herauszukommen, koste es, was es wolle. Angesichts der Gefahr, daß die französische Regierung den Deutschen in die Hände fällt, wird beschlossen, die Präsidenten der Kammer und des Senats, den stellvertretenden Ministerpräsidenten Chautemps und einige andere Minister am 20. Juni nach Nordafrika zu schaffen. Durch ein Intrigenspiel verzögert sich die Abfahrt um einen Tag. Unter denen, die am 21. Juni 1940 von Bordeaux aus an Bord des Dampfers „Massillia" Frankreich Richtung Casablanca verlassen, befinden sich Deputierte und Senatoren: Edouard Daladier, von 1938 bis 1940 französischer Ministerpräsident und seit 1936 Verteidigungsminister, einer der Unterzeichner des Münchener Abkommens; Georges Mandel, letzter Innenminister der dritten Republik und eifriger Leser von Brauns „Deutschen Informationen", durch dessen Vermittlung die Brauns an Bord des Regierungsdampfers gelangen; Jean Zay, Frankreichs früherer Unterrichtsminister, der — wie Mandel — am 21. Juli 1944 von den Pétain-Leuten ermordet wird; die Minister Campinchi und Delbos; der spätere französische Ministerpräsident Mendès-France *und* die Brüder Braun. Sie erleben, wie sich Offiziere und Besatzung des Schiffes weigern, auszulaufen und Matrosen die Parlamentarier mit Pfuirufen verhöhnen. Erst nachdem Campinchi, vor wenigen Tagen noch Marineminister, sich an die Besatzung wendet, läuft das Schiff aus. Leon Blum und Herriot beschließen, der Regierung in wenigen Tagen zu folgen.(248) Max Braun und Leon Blum treffen vor der Abfahrt noch kurz zusammen. Braun berichtet später hierüber: „Als ich mich am 20. Juni 1940 in Bordeaux von ihm und Frankreich vorläufig verabschiedete, um mit der ‚Massillia' nach Maroc zu gehen, traf ich auf einen Mann von seltener Größe: Als leidenschaftlicher französischer Patriot auf schmerzlichste getroffen vom Kollaps seines Landes, war er zugleich von einer klaren Gefaßtheit, Haltung und Entschlossenheit, die mich tief beeindruckte. Es gab in diesen Stunden und Tagen am französischen Regierungssitz in Bordeaux nicht viele Männer einer gleichen großen Haltung. Ich sah nach dem Collaps in Deutschland 1933 manche deutsche politische Größe durch die Saar ins Ausland gehen, ich sah in Bordeaux und auf der ‚Massillia' manche politische Prominenz Frankreichs in ähnlicher Situation — aber den stärksten Eindruck hinterließ mir der große Franzose und Europäer Leon Blum . . . "(249) Über Bordradio erfahren die Passagiere der „Massillia", daß die Regierung Pétain die Parlamentarier an Bord des Schiffes als „Deserteure" und „Verräter" beschimpft und soeben mit Deutschland einen Waffenstillstand vereinbart hat.

Während Daladier, Campinchi und Jean Zay aufgeregt auf Deck hin- und herlaufen und debattieren, sitzen Max Braun und Georges Mandel ruhig in einer Ecke und sprechen über die Nachkriegspolitik. „Sicher wird dieser Krieg am Ende gewonnen werden", sagt Mandel. „Aber wird es der letzte Krieg sein? Es wäre pflichtvergessen von jedem Staatsmann damit zu rechnen. Vielleicht hilft es, wenn Deutschland zerschlagen und aufgeteilt wird." — „Könnte man es nicht anstatt mit Gewalt und Feuer und Schwert mit der Verständigung versuchen?" wirft Max Braun schüchtern ein. "Ja, wenn alle dächten und fühlten wie Sie", schmeichelt Mandel, „aber es wäre unentschuldbarer Leichtsinn von uns, damit zu rechnen."(250) Braun bleibt nur die Hoffnung, daß die Deutschen aus diesem Krieg lernen mögen und der Nationalismus in Deutschland nie mehr eine Chance hat. Er glaubt, besonders die Menschen an der Saar würden besser als irgendwer in Deutschland, „die Stimme des Schicksals verstehen und beherzigen". Ihnen käme — so der alte Gedanke Brauns — bei der Aussöhnung zwischen Deutschland und Frankreich eine wichtige Vermittlerrolle zu.(251)

Am Morgen des 24. Juni trifft die „Massillia" in Casablanca ein. Die französischen Behörden bereiten dem Schiff einen kühlen Empfang. Besatzung und Passagiere werden unter Polizeiaufsicht gestellt und mehrere

Tage lang auf dem Dampfer interniert, der weit draußen im Hafen vor Anker liegt. Während die hinters Licht geführten Abgeordneten in den nächsten Tagen versuchen, in ihre Heimat zurückzukehren, wo ihnen später der Prozeß gemacht werden wird bzw. Pétains Mörderbanden auf sie lauern, haben die Brauns Glück im Unglück. Der französische Minister beim Sultan von Marokko heißt Jean Morize. Ihn kennt Max Braun aus Saarbrücken, wo Morize zunächst von 1920 bis 1926 Generalsekretär der internationalen Regierungskommission und dann bis zur Saarabstimmung Mitglied der Völkerbundsverwaltung für Finanzen und Wirtschaft war. Morize holt Max Braun nebst Frau, Freundin und Bruder vom Schiff und läßt sie vom englischen Generalkonsul nach Gibraltar bringen. Von dort geht es mit dem Schiff nach England, wo sie gerade zur rechten Zeit eintreffen, um Görings Luftangriffe zu erleben.(252) Aus Solidarität mit dem von Hitler überfallenen Frankreich haben die Brauns, noch bevor sie Marokko erreichen, die französische Staatsangehörigkeit angenommen.(253)

V. LONDON (1940 — 1945)

In London hat in der Zwischenzeit auch der Exilvorstand der SPD ein neues Domizil gefunden. Da mit Beginn des Krieges die britischen Behörden die Einreisemöglichkeiten verschärft haben, verwehren sie dem Schiff aus Nordafrika, auf dem sich Max Braun befindet, an den Londoner Kais festzumachen. Vierzehn Tage dümpelt das Schiff diesmal im Londoner Hafen, bevor den Passagieren erlaubt wird, an Land zu gehen.

Die Internierung in England

In England grassiert die Angst vor Hitlers „fünfter Kolonne". Sofort nach Kriegsbeginn sind überall „tribunals" eingerichtet worden, die die Zuverlässigkeit der Flüchtlinge aus Deutschland, aus Österreich und den Sudeten überprüfen und in drei Sicherheitskategorien einteilen.(1) Von den mehr als 70 000 vernommenen deutschsprachigen Emigranten werden 500 bis 600 als Sicherheitsrisiko in die Kategorie A eingeordnet und die Hälfte von ihnen sofort interniert. Politische Flüchtlinge fallen unter die Kategorie B, die — obwohl in Freiheit belassen — strengen Einschränkungen unterworfen sind, da man ihnen als „potentiellen Feinden" mißtraut. Die meisten Emigranten sind C-Fälle und gelten dem britischen Gastland gegenüber als freundlich gesinnt. Mit der Besetzung Frankreichs und der Benelux-Länder wächst das Mißtrauen gegenüber den deutschsprachigen Emigranten. Die britische Presse schürt eine Panikstimmung, als deren Folge sich Innenminister Sir John Anderson gezwungen sieht, Anfang Mai 1940 die Internierung aller deutschen und österreichischen Flüchtlinge anzuordnen, die von den „tribunals" als „security risks" eingestuft worden waren. Mitte Juni befinden sich bereits 11 000 reichsdeutsche, österreichische und sudetendeutsche Emigranten in Internierungshaft. Nach dem deutsch-französischen Waffenstillstandsabkommen werden noch einmal etwa 13 000 Flüchtlinge der Kategorie C interniert, so daß zu dem Zeitpunkt, als die Brauns England erreichen, fast 25 000 deutschsprachige Emigranten in England hinter Zuchthaustüren und Stacheldraht leben. Das Hauptkontingent wird in provisorischen Lagern auf der Isle of Man zusammengepfercht. Der Anteil der „Politischen" an den Internierten dieser Lager beträgt etwa 10 %, von denen wiederum zwei Drittel ehemals antinationalsozialistischen Parteien angehört haben.(2) Nach ihrer Ankunft in England werden auch die Gebrüder Braun in eines der Lager auf der Isle of Man gebracht.(3)

Noch vor Abschluß der allgemeinen Internierung der deutschsprachigen Hitlerflüchtlinge setzt in der britischen Öffentlichkeit ein Stimmungsumschwung zugunsten der Internierten ein. Schriftsteller und Publizisten, Rechtsanwälte und Politiker verurteilen in Zeitungsartikeln die Internierung bekannter Antifaschisten als Skandal und attackieren die z. T. grotesken Zustände in den Lagern und Gefängnissen. Der britische Kronanwalt D. N. Pritt, der seit 1933 zu den Mitgliedern von Münzenbergs „Welthilfskomitee für die Opfer des Hitlerfaschismus" zählt, weist die Öffentlichkeit auf die unhaltbaren Zustände in den Lagern der internierten Hitlergegner hin: „Die Antifaschisten litten sowohl geistig als auch psychisch. (. . .) Sie mußten die Schmach ertragen, als Feinde behandelt zu werden und in einigen Fällen zusammen mit Nazis eingesperrt zu sein, während sie im ungewissen blieben, was sich ‚draußen' ereignete. (. . .) Man zwängte sie in alle möglichen verfügbaren Transportmittel. Tage- und selbst wochenlang mußten sie unter unwürdigen Bedingungen in Gefängnissen und Lagern, auf Rennplätzen, in verlassenen Fabrikgebäuden und halbfertigen Häusern leben."(4) Nachdem sowohl im Unter- wie im Oberhaus schärfste Kritik an den Maßnahmen des „Home Office", das für die Internierung zuständig ist, laut wird, erklärt sich der Innenminister zu einer Lockerung der Internierung bereit. Diejenigen Flüchtlinge sollen entlassen werden, von denen feststeht, „daß sie durch ihre Schriften und Reden oder politische oder amtliche Tätigkeit ständig und Jahre hindurch einen öffentlichen und hervorragenden Anteil an der Opposition gegen das Naziregime genommen haben und der alliierten Sache freundlich gegenüberstehen."(5) Zwischen August und Dezember 1940 werden bereits 8500 Emigranten aus den Lagern und Zuchthäusern entlassen. 20 Prozent von ihnen haben mit Erfolg auf ihr bisheriges aktiv-oppositionelles Verhalten gegenüber den Nationalsozialisten verweisen können. Nach wenigen Wochen der Internierung kommen auch die Gebrüder Max und Heinz Braun frei.

Die „Gruppe der Parlamentarier"

Die Brauns lassen sich in London nieder. Am 25. Februar 1941 beginnen hier offizielle Verhandlungen zur Gründung eines Kartells von SOPADE, „Neu Beginnen", Internationalem Sozialistischen Kampfbund, SAP und der Landesgruppe deutscher Gewerkschafter in Großbritannien, die am 19. März 1941 mit der Gründung der „Union der deutschen sozialistischen Organisationen in Großbritannien" unter dem Vorsitz Hans Vogels abgeschlossen werden. Der seit 1938 feststellbare Annäherungsprozeß der sozialdemokratischen und sozialistischen Exilorganisationen, durch die gemeinsame Erfahrung der Not in der Emigration gefördert, hat seinen Abschluß gefunden. In ihrer Erklärung vom 19. März bekunden die in der „Union“ zusammengefaßten Sozialisten ihre Entschlossenheit, „mit allen ihnen zur Verfügung stehenden Mitteln“ an der Niederzwingung der „totalitären Kräfte“ zu arbeiten und für einen demokratischen Frieden zu wirken, „der einem neuen Deutschland die Möglichkeit gibt, als freies Glied der europäischen Völkergemeinschaft seinen Beitrag zum Wiederaufbau Europas zu leisten“.(6)

Nicht mit von der Partie sind Max Braun und Karl Höltermann, der ehemalige Reichstagsabgeordnete der SPD und Chef des Reichsbanners Schwarz-Rot-Gold aus Pirmasens, den Max Braun seit 10 Jahren kennt und der 1933/34 im Saarbrücker SPD-Büro Brauns Status quo-Propaganda aktiv unterstützt hat, bevor er 1934 nach England übersiedelte. Mit ihm tut sich Max Braun nun zusammen. Höltermann verfügt, da er seit 7 Jahren in London lebt, über gute Beziehungen zur Labour Party und den britischen Gewerkschaftsverbänden. Bereits im September 1934 bezeichnet ihn die Gestapo als „unmittelbaren Agenten“ Brauns in London.(7) Mit Braun teilt Höltermann sein gespanntes Verhältnis zum SPD-Vorstand und eigene Vorstellungen über den Widerstand gegen den Nationalsozialismus. Die Zerwürfnisse resultieren aus den Tagen der „Eisernen Front“, als Höltermann beim „Preußenschlag“ 1932 gegen die Mehrheit des SPD-Vorstandes für Widerstand plädierte und später erklärte, er denke gar nicht daran, „noch einmal den Soldat zu spielen für Leute, die gar nicht wollen, daß man sich für sie schlüge.“(8) Wie Braun so hält auch Höltermann die SPD-Führung für diskreditiert, zum Zentrum der antifaschistischen Sammlungsbewegung zu werden.(9) Parallel zu den Verhandlungen der sozialdemokratischen und sozialistischen Exilgruppen zum Jahresbeginn 1941 entwickeln Höltermann und Max Braun die Vorstellung einer Gesamtvertretung des deutschen Exils, die ihre Legitimation nicht aus parteipolitischen Ämtern, sondern aus dem parlamentarischen Mandat ihrer Mitglieder ableitet.

Im Februar 1941 konstituiert sich die „Gruppe der Parlamentarier“, die mitunter in der Öffentlichkeit als „Free German Commitee“ oder als „Freie Deutsche Bewegung“ bezeichnet wird. Zu der Parlamentariergruppe zählen der sächsische Reichstagsabgeordnete Arthur Arzt, Mitglied der Prager „Volkssozialistischen Bewegung“, Hans Geiser, sächsischer Landtagsabgeordneter der SPD, der ebenfalls aus Sachsen geflüchtete Sozialdemokrat und Landtagspräsident Kurt Weckel, der

SPD-Landtagsabgeordnete Franz Xaver Aenderl aus Bayern, Dr. E. M. Meyer vom Zentrum, Otto Lehmann-Russbueldt als Vertreter der Deutschen Liga für Menschenrechte und als Repräsentant der Londoner Gruppe der Deutschen Freiheitspartei, Dr. August Weber, ehemals Fraktionsvorsitzender der Deutschen Staatspartei im Reichstag.(10) Wiederholt appelliert die Parlamentariergruppe an Hans Vogel von der „Union", am Experiment einer Gesamtvertretung der deutschen Emigration teilzunehmen. Max Braun und Kurt Weckel führen Gespräche mit dem Vorsitzenden der Labour Party, um diesen über die Ziele der neuen Exilorganisation zu informieren. Max Braun verweist dabei auf seine Erfahrungen im französischen Exil, findet aber wenig Gegenliebe in seinen Bemühungen, die englischen Sozialdemokraten für eine Unterstützung der offiziellen Anerkennung der „Gruppe der Parlamentarier" zu gewinnen.(11) In der Labour Party beginnt die nationale Komponente zunehmend die vordem dominierende Solidarität mit den deutschen Sozialisten zu überlagern. Hinzu kommt, daß in ihren Augen diejenigen Sozialdemokraten durch den Hitler-Stalin-Pakt diskreditiert sind, die sich — wie Max Braun — zuvor für ein Zusammengehen mit den Kommunisten ausgesprochen haben. Auch die englische Regierung lehnt eine Gleichstellung der Braun-Höltermann-Gruppe mit den in England residierenden Exilregierungen anderer Länder ab. Auf eine Anfrage im Unterhaus antwortet Außenminister Eden, daß die Regierung die Schaffung eines besonderen Status für die „Freien Deutschen" weder für nützlich noch für zweckmäßig halte. „Die Motive der Regierung sind völlig klar", kommentiert Erich Ollenhauer von der „Union" die Entscheidung der Regierung. „Man übersieht in keiner Weise, wie sich die Dinge in Deutschland weiter entwickeln werden, man weiß nicht, welche Kräfte in der Lage und gewillt sein werden, Hitler abzulösen, man will sich die Freiheit der Entscheidung über das Schicksal Deutschlands nach dem Krieg vorbehalten und man will nach allen diesen Überlegungen jeden Schritt vermeiden, der als eine Art Anerkennung irgend einer deutschen politischen Gruppe oder einer Arbeitsgemeinschaft von Gruppen gedeutet werden könnte."(12) Ollenhauer selbst ist hinsichtlich des Wertes einer Gesamtvertretung der deutschen Opposition äußerst „skeptisch". „An sich könnte sie nützliche Arbeit leisten, sowohl auf dem Gebiet der Propaganda während des Krieges, als auch im Hinblick auf die notwendigen Vorbereitungsarbeiten für die Zeit nach dem Krieg. Aber wo sind die ernsthaften Partner? Hier in England sind außer Demuth und Weber keine namhaften Vertreter des demokratischen Bürgertums oder des Zentrums. Das zeigt ja auch der Versuch Höltermanns. Wir haben diesen Ver-

Abb. 44: Karl Höltermann, Bundesführer des Reichsbanners

Abb. 45: Sefton Delmer, Chef der britischen "Soldatensender"

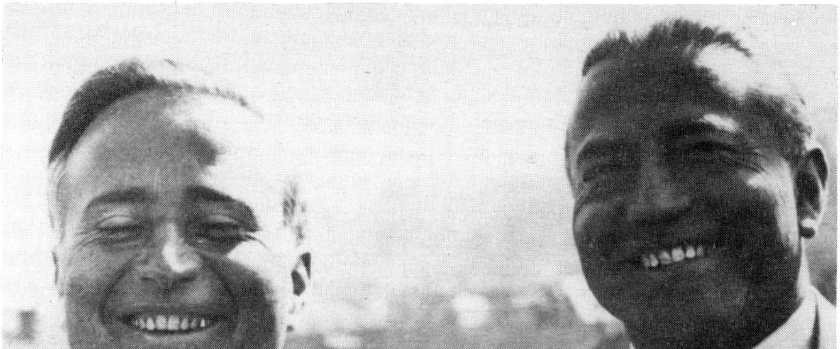

Abb. 46: Max und Heinz Braun

such für verfehlt gehalten, weil es heute, acht Jahre nach Hitlers Machtergreifung, leicht komisch wirkt, sich auf alte parlamentarische Mandate zu berufen . . . "(13) Tatsächlich bleibt die „Gruppe der Parlamentarier" um Braun und Höltermann auf wenige Mitglieder beschränkt und vermag weder eine Anerkennung bei den englischen Regierungsstellen noch unter den deutschen Emigranten zu erwirken.

Im Gegenteil: mit öffentlichen Erklärungen gegen den „Vansittartismus" mobilisiert sie Teile der englischen Regierung und Presse und der deutschen Emigranten gegen sich. Lord Robert Vansittart, diplomatischer Chefberater der britischen Regierung und früher Unterstaatssekretär im Foreign Office, ist ein aggressiver Verfechter der Kollektivschuldthese, der den deutschen Volkscharakter für den Nationalsozialismus verantwortlich macht und im Lande eine undifferenzierte Deutschenfeindlichkeit fördert. „Sir Robert Vansittart hat in seinem ‚Black Record' zu größter Vorsicht in bezug auf neues Vertrauen zu Deutschland gemahnt", schreibt Max Braun in seinen Londoner Erinnerungen. „Er hat Recht, soweit er *die* deutschen Kreise meint, die bis zum Kriege das Vertrauen weiter englischer Kreise besaßen, ob die Leute nun Schacht oder Blomberg oder Neurath hießen oder der Herzog von Coburg oder die Prinzen von Hessen waren."(14) Kein Recht habe er, wenn er alle die „zur Demokratie fähigen Volksstände Deutschlands" meine und diese zu den Hauptverantwortlichen des Krieges erkläre. In einem Schreiben an Vansittart weisen die Mitglieder der Parlamentariergruppe darauf hin, „daß der Charakter eines Volkes keine unabänderliche Eigenschaft seines Blutes oder seiner Rasse ist, sondern vielmehr seiner Tradition und der für ein Volk aufgewandten erzieherischen und politischen Arbeit". Eine unumgängliche Voraussetzung für eine dauerhafte Lösung des deutschen und europäischen Problems sei die „Überführung von rund 80 Millionen Deutscher vom Despotismus und Militarismus zur Freiheit und friedlichem Fortschritt" unter „tätigster Anteilnahme des deutschen Volkes selbst" und der „wachsamen Hilfe" des Auslandes. In dem von Max Braun formulierten Text bitten die unterzeichnenden ehemaligen Parlamentarier, „daß der gleiche Unterschied, der zwischen Mussolini und dem Faschismus einerseits und dem italienischen Volke andererseits gemacht wird, auch gegenüber Deutschland Platz greift. Es kann nicht bestritten werden, daß Millionen Deutsche überzeugte Hitlergegner geblieben sind, auch wenn der Terror sie zum stillschweigenden Dulden gezwungen hat. Andere Millionen sind nur äußerlich dem Nationalsozialismus beigetreten. Von diesen beiden Gruppen her muß das Nazibollwerk zermürbt werden.“ Zur Mitarbeit an der Re-Demokratisierung des deutschen Volkes nach dem Kriege bieten die Abgeordneten ihre Hilfe an. Sie werben zugleich für die Wiedergewinnung eines „neuen Vertrauens zu Deutschland“, indem sie die alleinige Kriegsschuld des gegenwärtigen NS-Regimes in Deutschland am Ausbruch des Krieges anerkennen, auf ihren jahrelangen Kampf gegen Hitler verweisen und das Bild eines Nachkriegs-Deutschlands skizzieren, das nach folgenden Gesichtspunkten organisiert sein soll: „Wiedereinführung der Demokratie in Deutschland; vollständige Entwaffnung Deutschlands, aber eventuelle Teilnahme an einer internationalen Truppe; restlose Entmachtung der Junker, der mit ihnen versippten Schwerindustrie, der Reichswehrführung und der hohen Verwaltungsbürokratie; tiefgreifende und grundsätzliche Umgestaltung der Erziehung des deutschen Volkes; Verbot jeder faschistischen und kommunistischen Bewegung; politische, wirtschaftliche, soziale und kulturelle Einordung Deutschlands in eine höhere europäische Ordnung und besondere Pflege der deutschen Beziehungen zu den Nachbarvölkern Polen, Tschechoslowakei und Frankreich; Verzicht auf alle großdeutschen Aspirationen.“(15)

Das Schreiben der Braun-Höltermann-Gruppe schlägt in der englischen Öffentlichkeit wie eine Bombe ein. Die Aktivitäten der ehemaligen deutschen Parlamentarier passen den englischen Behörden, besonders dem Foreign Office und dem Kriegsministerium, nicht ins Konzept, da die differenzierenden Äußerungen die Kampfmoral der gegen Deutschland eingesetzten Bomberpiloten erschüttern könnten. Nicht an Differenzierungen, sondern an einem pauschalen Feindbild ist man hier interessiert. Unter der Überschrift „The Free German Trick — Some Refugees Who Must Be Checked“ lancieren Vansittarts Anhänger im Foreign Office einen Artikel im „Sunday Dispatch“ vom 8. Februar 1942, der vorgibt, eine „gefährliche Bewegung“ aufzudecken, die geeignet sei, die militärischen Erfolge der Alliierten hinfällig zu machen, einen zweiten Angriffskrieg Deutschlands in wenigen Jahren heraufzubeschwören und die Sowjetunion vor den Kopf zu stoßen. „Gewisse politische Elemente“ unter den Hitlerflüchtlingen versuchten mit Hilfe einiger einflußreicher Briten die Anerkennung eines „Free German Movement“ durchzusetzen. Unter dem Banner der Demokratie und des Anti-Hitlerismus versuche diese Bewegung, Deutschland vor der Vergeltung nach dem Kriege, vor Besetzung, Entwaffnung, Überwachung oder anderen ernsthaften Konsequenzen zu bewahren.(16) Die „Union der deutschen sozialistischen Organisationen Großbritanniens“, von der massiven Attacke der

Vansittart-Anhänger aufgeschreckt, distanziert sich sofort von der Braun-Höltermann-Gruppe. Weder sie noch die „Landesgruppe deutscher Gewerkschafter" habe irgendetwas mit der „Freien Deutschen Bewegung" zu tun. Nach ihrer Meinung rechtfertigten die gegenwärtigen politischen Verhältnisse nicht die Entstehung einer solchen Bewegung.(17) Schärfer mit den Verfassern des Briefes an Vansittart geht das offiziellen englischen Kreisen nahestehende deutschsprachige Emigrantenblatt Sebastian Haffners „Die Zeitung" ins Gericht. Die Gründung der Braun-Höltermann-Gruppe ist für „Die Zeitung" nicht nur ein Fehler, sondern „vor allem auch ein Beweis, daß ihre Gründer die Lehre der letzten Jahrzehnte nicht verstanden haben". Ohne das Schreiben der Parlamentarier zu kennen, unterstellt die Zeitung den Verfassern, der „unheilvollen Reichsmystik" anzuhängen, ein zweites, verbessertes Weimar und einen zweiten, verbesserten Versailler Vertrg anzustreben. Das von den „Freien Deutschen" zu rettende „unselige Staatsgebilde" „*muß* nach den Gesetzen sozialer Körper nach Expansion drängen, unabhängig von seiner Staats- oder Regierungsform . . . "(18)

Noch 1942 scheitert der Versuch von Max Braun und Karl Höltermann, eine Gesamtvertretung der deutschen Emigration zu installieren und bei den Diskussionen der Alliierten über die Neugestaltung Nachkriegs-Deutschlands ein Wort mitzureden. Die Mitglieder der „Gruppe der Parlamentarier" wenden sich — wie August Weber — vorübergehend der am 25. September 1943 in London gegründeten, kommunistisch inspirierten „Freien Deutschen Bewegung" (FDB) oder anderen Gruppen zu oder ziehen sich resigniert ins Privatleben zurück. Unter dem Eindruck des gescheiterten Versuchs, die Alliierten vor einer Wiederholung der Fehler von 1918 zu bewahren, beginnt Max Braun Erinnerungen zu verfassen, die er bezeichnenderweise unter den Titel „Vor einem neuen 9. November . . . " stellt und mit der Frage beginnen läßt: „Wiederholt sich die Geschichte?" Er befürchtet, daß die alliierte Politik wie schon mit dem Ende des Krieges 1918 „den Bock zum Gärtner" macht und wiederum Vertrauen in die setzt, die für Krieg und KZ verantwortlich sind. Max Braun ist skeptisch, ob die Alliierten aus den Fehlern von 1918 gelernt haben und ob die Chance zu einem demokratischen Neubeginn mit dem Ende des Nationalsozialismus ergriffen wird. Die Hoffnung, der Dummheit der Gewalt mit den Waffen der Aufklärung, der List der Vernunft, zu Leibe zu rücken, hat sich nicht erfüllt. Die Alliierten setzen auf Bomben und Panzer. Nur diese Sprache scheint Hitlerdeutschland zu verstehen. Für den Propheten der Aufklärung ist in diesem Gemetzel kein Platz mehr. Brauns berufliche Tätigkeit spiegelt diese ernüchternde Erkenntnis wider.

Bei Sefton Delmers „Soldatensender"

Der März 1941 markiert einen Wendepunkt in der psychologischen Kriegsführung Englands gegen Deutschland. Das 1940 auf Initiative Churchills gegründete „Special Operation Executive", das mit seinen beiden Tarnsendern „Sender der Europäischen Revolution", der sich an eine linke Hörerschaft in Deutschland wendet, und „Hier spricht Deutschland", der konservative und kleinbürgerliche Schichten in Hitlerdeutschland ansprechen soll, bislang einem Konzept der „ehrlichen Propaganda" gefolgt ist, muß feststellen, daß die erhoffte Resonanz ausgeblieben ist. Die Mehrheit des deutschen Volkes läßt sich durch Aufklärung über die Gefährlichkeit des Nationalsozialismus und durch bessere Argumente nicht überzeugen, geschweige denn zu versteckter oder offener Kritik am NS-System verleiten. Der Sender „Hier spricht Deutschland" muß seinen Betrieb einstellen. Eine neue Station wird ins Leben gerufen, die sich wiederum hauptsächlich an konservative und kleinbürgerliche Kreise in Deutschland wendet, aber nicht mehr nach dem Prinzip der „Überzeugung" arbeiten soll. Zum Chef des neuen Schwarzsenders „Gustav Siegfried Eins", kurz GS 1, wird der 1904 in Berlin, als Sohn britischer Eltern geborene Journalist Sefton Delmer berufen, der nicht nur akzentfrei deutsch spricht, sondern aus seiner Zeit als Korrespondent in Deutschland auch die meisten Nazi-Führer persönlich kennt. Mit der Ernennung Delmers zum Leiter aller gegen Deutschland und seine Verbündete gerichteten „grauen" und „schwarzen" Sender tritt die britische psychologische Kriegsführung in ein neues Stadium. Der „Ätherkrieg" gegen das „Dritte Reich" wird professionalisiert und entpolitisiert.(19)

Der seit Mai 1941 auf dem 31-m-Kurzwellenband zu hörende Zersetzungssender „Gustav Siegfried Eins" setzt an die Stelle von Aufklärung und Überzeugung die bewußte Irreführung und Subversion. Nach der Devise „Die Parteiführung ist korrupt, sie lebt wie die Made im Speck, sie verlangt vom kleinen Mann alles, ohne jedoch selbst irgendwelche Opfer zu bringen!"(20) soll GS 1 die deutsche Kampfmoral an der Front wie in der Heimat unterminieren. Delmer hofft, durch die Aufzählung von echten und erfundenen Skandalen die Unzufriedenheit der „kleinen Leute" mit der „Parteibonzokratie" zu schüren und Sand ins ideologische Getriebe von Hitlers Kriegsmaschinerie zu streuen. Der im Stile rechten Boulevardjournalismus von Delmer aufgezogene Sender verknüpft

Halbwahrheiten und absichtliche Manipulation. In betont schnoddrigem Jargon, mit vulgärsten Ausdrücken gespickt, werden ausschweifend Liebesaffären aus der Nazi-Hierarchie erzählt, wird über Schiebungen von Parteifunktionären berichtet und werden Latrinenparolen von der Front zum besten gegeben. Um sein deutsches Publikum zu ködern, tischt „Gustav Siegfried Eins“ „ihm die gesamte Palette ‚großdeutscher‘ und reaktionärer Vorurteile auf: die Franzosen waren ihm ‚lausige Soldaten und Frauenverführer‘, die Juden nannte er nur ‚Untermenschen und Bastarde‘ und von den Sowjets sprach er als der ‚barbarischen roten Meute‘ und den ‚menschenfressenden Bolschewiken‘ . . . “(21) Der „Chef“, Sefton Delmer, avanciert zum „Pornograph des Äthers“, indem er plastisch obszöne Einzelheiten und sexuelle Leidenschaften aus dem Privatleben von Partei- und SS-Chargen „enthüllt“. Viele deutsche Emigranten — wie Richard Löwenthal von „Neu Beginnen“, der für den „Sender der europäischen Revolution“ arbeitet und nach wie vor auf die Waffe der Kritik und der Vernunft setzt — lehnen die Mitarbeit in Delmers Zersetzungssender deshalb ab. Schon bald kann Delmer mit seinen beiden Mitarbeitern die anfallende Arbeit nicht mehr alleine bewältigen. Personal- und Sacharchive sind anzulegen, Zeitungsmaterial muß gesichtet und katalogisiert werden. Vor allem aber fehlt Nachrichtenmaterial, „mit dem wir unserer Zersetzungskampagne Fleisch und Blut verleihen konnten“.(22)

Im August 1941 wird Delmers Team, das in einer abgelegenen roten Ziegelvilla in Aspley Guise in der Nähe Londons arbeitet, durch einen dritten Mann ergänzt: durch Max Braun.(23) Delmer kennt Braun seit den Tagen des Saarkampfes und schätzt ihn als einen „ausgezeichneten Nachrichten-Fachmann“ und „als aufrechten und redlichen deutschen Patrioten“. Durch seine persönlichen Kontakte mit Sozialisten in ganz Europa und seine intensive Lektüre der deutschen Zeitungen ist er Delmer zufolge in der Lage, das Nachrichtenloch des Senders zu stopfen und Delmer mit Detailkenntnis beratend zur Seite zu stehen.(24) Clifton J. Child, von 1943 bis 1945 Delmers „Chief Political Intelligence Officer“, schildert Max Braun als „key man“ in Sefton Delmers Organisation, der von dem „Chef“ heimlich bewundert worden sei, obwohl er als ein „old fashioned Tory“ die sozialistischen Einstellungen Brauns nicht teilt. Ein Beleg für Delmers besondere Vorliebe für Max Braun — und seinen Bruder Heinz, der später ebenfalls zu Delmers Team vorstößt — ist die Tatsache, daß die Brauns das Privileg genießen, zeitweise in Delmers Haushalt in Aspley Guise zu leben, dessen Haus den Spitznamen „The Rookery“, die „Gaunerherberge“, trägt.(25) Dieses Privileg genießen nur noch die beiden Mitbegründer von GS 1, Frank Lynder und Peter Seckelmann, und seit 1944 Adenauers späterer Chef des Bundesverfassungsschutzes Otto John, der zur Gruppe um Admiral Canaris zählte und 1944 über Madrid nach England geflohen ist. Auch unter den anderen Mitarbeitern Delmers besitzt Max Braun hohes Ansehen und gilt als sehr populär. Besonders Clifton Child, in den frühen 30er Jahren Mitglied der unabhängigen Jugendorganisation der Labour Party und Sekretär des Arbeiter-Clubs an der Birminghamer Universität, hat große persönliche Sympathien für Max Braun und bewundert dessen konsequentes und selbstloses Engagement gegen die Hitlertyrannei.(26)

Gleichwohl ist Delmer, der „Chef“, die unumstrittene Autorität. Seine deutschen Mitarbeiter — und auch Max Braun — dürfen nur das tun und sagen, was von ihm angeordnet ist. Für die morgendlichen Programm-Konferenzen im Steinhaus des Gutshofes können sie Delmer allenfalls Vorschläge unterbreiten. Mit Hilfe seines Bruders übernimmt Max Braun die Nachrichtenabteilung des Senders und wertet, um milieugerechtes Material für die Zersetzungssendungen zu recherchieren, Agenten-Meldungen und erbeutete Feldpostbriefe aus, studiert die NS-Presse vom „Völkischen Beobachter“ bis zum unbedeutendsten deutschen Lokalblatt und legt bis zum Kriegsende eine etwa 60 000 Karteikarten umfassende Personendatei vom „Führer“ bis hinunter zu einzelnen Blockleitern an. „Ihr besonderer Wert für die Organisation“, schreibt Clifton Child, „bestand nicht nur in dem wahrhaft enzyklopädischen Wissen, das sie besaßen, und das Delmer, der Direktor, und die Redakteure bei nur jeder denkbaren Gelegenheit nutzten, sondern auch in ihrer persönlichen Intelligenz, ihrer Integrität und ihrem selbstlosen und konsequenten Einsatz für den Sturz Hitlers“.(27)

1942 und 1943 gesellen sich zu GS 1 neue Tarnsender wie der „Kurzwellensender Atlantik“ und der „Soldatensender Calais“ hinzu, der der stärkste Mittelwellensender Europas ist und auf den deutschen Mittelwellen mit der gleichen Stärke und Klarheit senden kann wie die deutschen Sender. Der Soldatensender gibt sich den Anschein, ein Nazisender zu sein. Die deutschen Armeen nennt er „unsere Truppen“ und die Alliierten „den Feind“. Er berichtet von der Bombardierung deutscher Städte und richtet Grüße an die Soldaten an der Front aus. Zwischen Jazzmusik — nach deutscher Art gespielt — ist die Propaganda Delmers verpackt. Mit Hilfe von Max Braun stellen Clifton Child und C. E. Stevens, Professor für Alte Geschichte in Oxford, ein „Intelligence Team“ zusammen, das Geheimdienstberichte auswertet, die täglich über Schweden nach England eingeflogene NS-Presse auswertet und alles Wissenswerte über die deutsche Rüstung und Wehrmacht sammelt. Zu den Mitarbeitern Brauns zählt zeitweise Fritz Heine, Mitglied des Londoner SPD-Parteivorstandes und später Teilnehmer der SPD-Parteikonferenz von Wennigsen und Schatzmeister der Friedrich-Ebert-Stiftung. Für den „Soldatensender Calais" arbeiten auch der junge Philipp Rosenthal, Porzellanfabrikant und Sozialdemokrat, und Karl Eduard von Schnitzler, heute Chefkommentator des DDR-Fernsehens.

Es geht geheim zu beim Soldatensender Sefton Delmers. Von der Außenwelt sind die Mitarbeiter abgeschirmt. Sie werden von bewaffneten Polizisten und Kettenhunden bewacht. Alle nichtbritischen Mitarbeiter der Sender werden aus London abgezogen und nach Nationalitäten getrennt in den Ortschaften der Grafschaft Bedfordshire untergebracht. Sie dürfen weder den örtlichen Pub besuchen, noch Telefone und Autos benutzen. Besuche in London bedürfen der ausdrücklichen Erlaubnis der britischen Vorgesetzten. Selbst die Studiozeiten sind so eingerichtet, daß sich die verschiedenen Teams, Nationalitätengruppen und einzelnen Mitarbeiter, die nicht ohnehin zusammenarbeiten, nicht begegnen.(28) Nicht verwunderlich ist es daher auch, daß Egon Larsen, Publizist in London und bis zuletzt Mitarbeiter des Soldatensenders, schreibt: „. . . Es war alles so geheim, daß man nur durch Zufall von Kollegen hörte oder sah. Ein sudetendeutscher Sozialdemokrat sagte mir nur, er habe von Braun lediglich dem Namen nach gehört . . . "(29) Nicht zu klären ist die Vermutung Clifton Childs, Max Braun habe über seine nach wie vor guten Beziehungen nach Deutschland Kontakte mit Julius Leber, dem Sozialdemokraten aus dem Kreis der Widerstandskämpfer des 20. Juli 1944, gehabt.(30)

Der Tod

Seit Ende des Krieges leben die Gebrüder Braun wieder in London. Als bekannt wird, daß amerikanische Truppen im März 1945 das Saarland erobert haben, trifft Max Braun Reisevorbereitungen, doch die amerikanischen Besatzungsbehörden sind an dem engagierten Hitlergegner nicht sonderlich interessiert. Brauns politische Saarkonzeption stört ihre eigenen Pläne. Ernst Kunkel, Sozialdemokrat aus Dudweiler, Anhänger Max Brauns und seit 21. Juni 1945 Bürgermeister von Völklingen, notiert in seinen Erinnerungen, daß sie Anweisung gegeben hätten, Anhänger Max Brauns nicht ins Saarland zu lassen. Seine Ernennung zum Bürgermeister von Völklingen führt er darauf zurück, daß er seit Jahren keinen Kontakt mit Braun mehr hat.(31) Auch Karl Retzlaw berichtet, daß die Behörden Max Braun zunächst Schwierigkeiten machen, England in Richtung Saarbrücken zu verlassen.(32) Erst nachdem sich die Alliierten geeinigt haben, daß am 10. Juli 1945 französische Truppen die amerikanische Besatzung des Saarlandes ablösen werden, wird ihm die Ausreisegenehmigung erteilt. Mit dem Flugzeug soll es nach Paris und von dort nach Saarbrücken gehen. Max Braun ist auf seine Rückkehr gut vorbereitet. Er verfaßt ein Schreiben an seinen Freund Leon Blum, in dem er diesen bittet, sich bei der französischen Regierung dafür einzusetzen, daß der saarländischen SPD das von den Nazis 1935 geraubte Vermögen zurückerstattet wird und die „Volksstimme" wieder erscheinen kann. Journalisten bestürmen ihn im Mai und Juni nach der Kapitulation Hitlerdeutschlands und wollen von ihm wissen, wie er sich ein Nachkriegs-Deutschland vorstellt, was seine eigenen Pläne sind. Max Braun ist skeptisch geworden, ob die Deutschen aus der Katastrophe des „Dritten Reiches" und des Zweiten Weltkrieges wirklich gelernt haben. Zwar sei das Risiko eines jeden Krieges allen sichtbar geworden, „die letzte Hoffnung eines großen Teiles der geschlagenen Armee von Dönitz bis herunter zum Gefreiten Hirnschal" aber habe trotz allem „in dem wahnwitzigen Gedanken" bestanden, „kehrt zu machen und mit Engländern und Amerikanern gegen Rußland zu einem neuen Krieg zu marschieren. Und das Spiel mit diesem Feuer, der Gedanke mit dem Westen gegen den Osten, oder mit dem Osten gegen den Westen zu ziehen, wird nicht abreißen". In den Auswirkungen des Nachkriegs-Elends und in der Macht der nationalen Phrase sieht Max Braun die Hauptgefahren. „Die Deutschen werden nur zu gerne bereit sein, über das Elend zu schimpfen und zu vergessen, wer dieses Elend über uns und die ganze Welt gebracht hat. Sie werden denjenigen hassen, der ihnen ihre eigene Verantwortung für diesen Hitler und sein teuflisches Werk vor Augen hält." Der „nationalen Phrase" setzt Braun in einer Antwort auf eine Frage des Reporters des „Evening Standard" seine europäische Idee entgegen: „Ich glaube mich nicht zu täuschen, daß die Stunde der Vereinigung Europas geschlagen hat. Will Europa nicht untergehen, muß es zusammenstehen. Wir an der Saar haben 1935 der Völkerverständigung und dem Frieden nicht zu dienen verstanden. Wir werden alles daran setzen, daß die neue Chance — durch dauernde Verständigung mit Frankreich dem Weltfrieden zu dienen — nicht wieder ein kleines Geschlecht an der Saar findet".(33)

In Brauns Londoner Wohnung sind schon ganze Berge von Geschenken für die saarländischen Freunde aufgestapelt, als ihn die Nachricht erreicht, er darf England verlassen. Am 3. Juli 1945 holt er auf der französischen Botschaft in London seinen Paß ab, der ihn zur Einreise ins Saarland berechtigt. Die Franzosen haben mit Max Braun Großes an der Saar vor. Vor lauter Freude, alte Freunde wiederzusehen und nun doch noch mit seiner Lieblingsidee von der kleinen Saar als Brücke der Verständigung zwischen dem geschlagenen Deutschland und Frankreich beginnen zu können, in dem er fünf Jahre Gastrecht hatte, macht er — nun 52 Jahre alt — einen Kopfstand. Am Abend des 3. Juli ist Max Braun tot. Er stirbt an einer, den Ärzten unerklärlichen Verstopfung der Hauptschlagader.(34) Lydia Melchior, Brauns langjährige Freundin, die er aus saarländischen SAJ-Zeiten kennt, kehrt Jahre später mit der Urne des Verstorbenen nach Saarbrücken zurück.(35) Sie bewahrt die Urne in ihrer Wohnung auf. Erst 1955 wird Max Braun in Saarbrücken beigesetzt. Ihr vorausgeeilt sind Angela Braun und der Bruder Heinz, die die Saarpolitik im Sinne Brauns in den nächsten Jahren in politisch verantwortlichen Positionen mitzubestimmen versuchen: Angela Braun als Journalistin, als Vorsitzende der Arbeiterwohlfahrt und als Landtagsabgeordnete; Heinz Braun als Generalstaatsanwalt und saarländischer Justizminister.

Max Braun ist in dem Augenblick gestorben als das Zeitalter der Gewalt zweier Weltkriege ein Ende findet und ein Neubeginn einer auf Aufklärung und Vernunft begründeten Politik, wie sie Braun propagiert hat, möglich zu sein scheint. Die Sozialdemokratie — zumal an der Saar — hätte ihn jetzt gebraucht. Daß den Deutschen wie 1918 der Frieden und eine politische und ökonomische Ordnung diktiert wird, hätte auch Max Braun nicht verhindern können. Denn wiederum — wie er in seinen Erinnerungen befürchtet hat — schenken die Alliierten denen Gehör und Vertrauen, die für Krieg und Terror mitverantwortlich sind. Verhörspezialisten der Gestapo und jene, die Max Braun seit 1933 auf den Fersen waren, finden bei den Amerikanern Unterschlupf. Die von Braun geforderte Sicherheitspartnerschaft ist weiter entfernt denn je. Im Zeichen des beginnenden West-Ost-Konflikts und des „Kalten Krieges“ regiert schon bald wieder die „Sicherheit der Bajonette“. Mit der Entwaffnung Deutschlands ist es 1955 vorbei. Die Entmachtung der Junker, der Schwerindustriellen, der Verwaltungsbürokratie und Justiz, die Brauns Mitarbeiter auf dem Gewissen haben, bleibt aus. Nachfolgeorganisationen der von Braun bekämpften NSDAP formieren sich zu Beginn der 50er Jahre. Entschuldigungsversuche für Nationalsozialismus und Krieg sind zu hören.

Und ob das bis an die Zähne bewaffnete und von Atomanlagen überzogene Nachkriegs-Europa Brauns Vorstellungen entsprochen hätte, bleibt zumindest fraglich.

VI. EPILOG

Max Braun und die Saarpolitik der SPS

Daß Max Braun und seine politischen Ideen im Nachkriegs-Saarland umstritten bleiben, verwundert nicht. Sie passen nicht in die politische Großwetterlage der Restaurationszeit. Zunächst aber sieht es anders aus.

Ende September 1945 treffen sich etwa zwei Dutzend Sozialdemokraten aus dem Saarland, die das „Dritte Reich“ im Exil, in Gefängnissen überlebt oder 10 Jahre, ohne sich zu rühren, an der Saar „überwintert“ haben, im Rathaus in Friedrichsthal und bekunden ihren Willen, die SPD neu aufzubauen. Noch ist ihr Treffen illegal. Um am Tage der Wiederzulassung der Parteien bereit zu sein, ergeht eine Einladung an alle ehemaligen Parteimitglieder, sich am 22. Oktober 1945 im Sitzungssaal des Völklinger Rathauses einzufinden. Auf der Tagesordnung stehen zwei Punkte: „Die Überwindung des Nationalsozialismus“ und Wahlen. Es wird diskutiert, wie die Partei neu organisiert werden kann, wie man an das frühere Parteivermögen herankommen kann und welche Möglichkeiten bestehen, die „Volksstimme“ wieder herauszugeben. Zum Vorsitzenden des provisorischen Bezirksvorstandes wird Georg Schulte, ehemaliger Mitarbeiter Max Brauns in der „Volksstimme“-Redaktion, gewählt. Gemeinsam mit Peter Michely wird er in den politischen Beirat des am 30. August 1945 ernannten französischen Militärgouverneurs Gilbert Grandval berufen,(1) 1946 dann durch Richard Kirn und den an die Saar zurückgekehrten Bruder Max Brauns, Heinz Braun, ersetzt, der 1945 nach seiner Rückkehr aus London zunächst als Generalstaatsanwalt am interalliierten Gerichtshof in Nürnberg tätig war. Für die saarländischen Sozialdemokraten, besonders jene, die im französischen Exil waren, ist die Zusammenarbeit mit den Besatzungsbehörden eine Selbstverständlichkeit und keine „nationale Schmach“. Am 6. Januar 1946 wird die „Sozialdemokratische Partei, Bezirk Saar“ von Grandval offiziell zugelassen. Zur selben Zeit erhält sie die Lizenz zur Wiederherausgabe der „Volksstimme“. Der erste ordentliche Parteitag der saarländischen Sozialdemokraten am 30. Juni 1946 auf der unzerstörten Kammerbühne des Saarbrücker Stadttheaters wählt Richard Kirn zum Vorsitzenden der Partei. Kirn ist nach seiner Verhaftung in Frankreich 1943 vom Volksgerichtshof zu 8 Jahren Zuchthaus verurteilt und 1945 von der „Roten Armee“ aus dem Zuchthaus Brandenburg-Göhrden befreit worden. Obwohl er

1937/38 zu den innerparteilichen Opponenten Max Brauns in Frankreich gehörte, teilt er dessen politische Grundauffassungen. Sein — und Heinz Brauns — innerparteilicher Widersacher ist Ernst Roth, der Generalsekretär der Partei und Chefredakteur der „Volksstimme", den seine Gegner wegen seines diktatorischen Gebarens gerne den „Schumacher des Saargebietes" nennen.

Am 15. September 1946 stellen sich die wiederzugelassenen Parteien erstmals den Wählern. Die Gemeinderäte sind zu besetzen. Mit 25,2 Prozent wird die SP-Saar hinter der „Christlichen Volkspartei" des aus seiner südamerikanischen Emigration heimgekehrten Katholiken Johannes Hoffmann zweitstärkste Partei. Die Kommunisten erhalten nur mehr 9,1 Prozent der Stimmen. Die Konstellation der beiden linken saarländischen Arbeiterparteien von 1932 hat sich verkehrt. Das kommunistische Milieu hat unter den Schlägen der Gestapo fast seinen gesamten Funktionärskörper verloren. Hinzu kommt, daß Stalins Terrorpolitik und der Hitler-Stalin-Pakt von 1939 der Partei keine neuen Freunde eingebracht haben. Eine der ersten Amtshandlungen des neu gebildeten Saarbrücker Stadtrats ist es, eine Hauptstraße in Saarbrücken nach dem im Londoner Exil verstorbenen ehemaligen SPD-Chef zu benennen. Am 19. November 1946 beschließt der Rat mit großer Mehrheit: die Großherzog-Friedrich-Straße soll künftig Max-Braun-Straße heißen. An Brauns zweitem Todestag wird die offizielle Umbenennung vorgenommen. „Wie Moses auf dem Berg Horeb das Land Kanaan noch sehen, aber nicht mehr erreichen konnte, so durfte auch Max Braun nur mehr den Zusammenbruch des Nazireiches und noch den Frieden erleben, aber nicht mehr an die Saar zurückkehren." Nach diesen Worten des ehemaligen Braun-Freundes und Sozialdemokraten Dr. Walter Sender, jetzt gemeinsam mit dem ehemaligen saarländischen KP-Chef Fritz Pfordt Leiter der profranzösischen Anschlußbewegung MRS („Mouvement pour la Rattachement de la Sarre à la France"), löst Angela Braun ein weißes Tuch von der Wand der Sparkasse der Stadt Saarbrücken, das den Blick freigibt auf ein tannumkränztes Schild mit der Aufschrift „Max-Braun-Straße". Der Straßenumbenennung ist eine Gedenkfeier für den Toten im Saarbrücker Rathaussaal vorausgegangen. Zwischen zwei Trikoloren hängt das Bild Max Brauns. Die französische Besatzungsmacht versucht den Toten, von dem der „SPIEGEL" schreibt, er sei ein „leidenschaftlicher Gegner Hitlers" gewesen, für ihre Politik einzuspannen.

Das Parteileben an der Saar beginnt sich langsam zu normalisieren. Für 1946 wird die Mitgliederschaft der Saar-SPD auf 9800, für 1947 auf 11 000

Personen geschätzt. In diesem Jahr existieren bereits wieder 188 Ortsvereine der Partei. Der Geschäftsbericht des Parteitages von 1951 gibt für 1949 10 544 Mitglieder an.(2) Wie Karl Retzlaw, 1946 Kultursekretär und kooptiertes Mitglied des Parteivorstandes, in seinen Erinnerungen hervorhebt, macht man allerdings bald die Entdeckung, daß 71 Prozent der Mitglieder der neuen SPD vorher der NSDAP angehört haben. Aus Gesprächen gewinnt Retzlaw den Eindruck, daß bei den meisten „Angst und Opportunismus“ für den Beitritt zur Nazipartei verantwortlich waren und hier auch eine Teilerklärung für die Niederlage der Status quo-Bewegung von 1935 zu suchen ist.(3)

Opportunismus — im Sinne von „opportunitas“, eine gute Gelegenheit ergreifen — mag es auch gewesen sein und weniger wirkliche Überzeugung, daß viele saarländische Sozialdemokraten einem wirtschaftlichen Anschluß des Saarlandes an Frankreich zustimmen. Die Not der unmittelbaren Nachkriegszeit ist groß. Es geht ums nackte Überleben. Nationale Gefühle stehen zunächst hinten an. „Daß man in dieser Situation, dicht an der Grenze, alle Hoffnung auf französische Hilfe setzte, war naheliegend“, schreibt Kunkel.(4) Die Erinnerung an die „goldenen Jahre“ der Völkerbundszeit lebt wieder auf. Einstimmig stimmt eine Konferenz sozialdemokratischer Vertauensleute am 6. April 1946 in Völklingen einer Entschließung zu, „einer wirtschaftlichen Vereinigung der Saar mit dem französischen Wirtschaftsgebiet keine Schwierigkeiten in den Weg (zu) legen, wenn damit die Rettung unserer saarländischen Industrie vor Zerstörung und Abbau verbunden ist“.(5) Auch der Parteitag im selben Jahr verweist auf die „naturgegebenen Bindungen unserer Heimat mit dem französischen Nachbargebiet“ und hofft, daß durch eine wirtschaftliche Zusammenarbeit mit Frankreich die großen wirtschaftlichen Schwierigkeiten des Saarlandes und die kritische Lage der Lebensmittelversorgung behoben werden können.(6) Als Voraussetzung einer wirtschaftlichen Angliederung an Frankreich wird die politische Autonomie des Saarlandes gefordert. „Wir wollten den wirtschaftlichen Anschluß als gleichberechtigte Partner, und wir wollten uns selbst regieren. So wenig wir einer Annexion zugestimmt hatten, so wenig wollten wir andererseits ein Völkerbundsregime nach Muster des Saarstatuts des Versailler Vertrages“, erläutert Kunkel rückblickend.(7) Der Parteitag von 1946 und die Vorstellungen der saarländischen Sozialdemokraten gehen über den wirtschaftlichen Anschluß weit hinaus. „Die Sozialdemokratische Partei vertritt die Auffassung einer europäischen Lösung des deutschen Problems.“ Das Saarland soll — ganz im Sinne Max Brauns — Keimzelle eines neuen

Europas und Brücke der Verständigung zwischen Deutschland und Frankreich werden.(8) Nichts ist den jungen Anhängern Brauns, die 1935 ihre Heimat verlassen mußten, später Konzentrationslager und Zuchthäuser erlebt haben, verpönter als ein neuer Nationalismus. „Wir, die wir damals Verantwortung trugen, gehörten einer sozialdemokratischen Generation an, die ihren Internationalismus noch ernst nahm, ihn praktizieren wollte", schreibt Kunkel. „Allein das Wort Patriotismus war uns suspekt: was in seinem Namen alles möglich war, stand noch vor unseren Augen. Lange bevor es eine zweite Saarfrage gab, träumten wir von den ‚Vereinigten Staaten von Europa'. Was lag also näher, als daß wir 1945 eine Chance sahen, der Verwirklichung der europäischen Einigung näher zu kommen. Eine nationalstaatliche Restauration Europas schien uns nicht nur grundfalsch, sondern auch unmöglich. Niemand schien uns damals prädestinierter zu sein als Deutschland, an der Saar einen ersten Beitrag zu diesem künftigen Europa zu leisten. (. . .) Was machte es im Hinblick auf die uns nicht zweifelhafte Entwicklung schon aus, ob das Saarland in das französische Wirtschaftsgebiet eingegliedert und von Deutschland abgetrennt würde?"(9) Der SPD-Parteitag vom Juni 1947 bejaht offiziell den wirtschaftlichen Anschluß des Saarlandes, der durch das Inkrafttreten der Zollunion am 1. April 1948 Wirklichkeit wird, und koppelt ihn an die Forderung nach politischer Selbstverwaltung des Saarlandes. Politisch bedeutet dieses Votum die Lostrennung von den übrigen Westzonen. Gleichzeitig sagen sich die saarländischen Sozialdemokraten von Schumachers SPD los und nennen sich in „Sozialdemokratische Partei Saar" (SPS) um. Die 1933 unter Max Braun begonnene organisatorische Selbständigkeit der saarländischen Sozialdemokraten wird fortgesetzt: auch dies ein Erbe Brauns. Der saarländische „Sonderweg" zeigt sich in der Mitarbeit führender Sozialdemokraten in dem vom Oberbefehlshaber der französischen Besatzungszone eingerichteten Verwaltungsausschuß, der an die Stelle des bisherigen Regierungspräsidiums des Saarlandes tritt, und in der Teilnahme an der von Grandval im Frühjahr 1947 eingesetzten Verfassungskommission, die eine Verfassung für das autonome Saarland ausarbeiten soll.

Für die SPS arbeiten hier mit: Heinz Braun, die aus dem Exil nach Saarbrücken zurückgekehrte Witwe Max Brauns, Angela Braun, Peter Michely und Peter Zimmer. Die am 5. Oktober 1947 stattfindenden Wahlen zur Gesetzgebenden Versammlung sollen zugleich über die von der Kommission erarbeitete Verfassung entscheiden. Bei den Wahlen erzielt die CVP Johannes Hoffmanns mit 51,2 Prozent die absolute Mehrheit.

Die SPS folgt ihr mit 32,1 Prozent. 8,4 Prozent der abgegebenen gültigen Stimmen fallen auf die Kommunisten und 7,6 Prozent auf die Demokratische Partei. Wie 1932 — bei den letzten freien Wahlen — befinden sich die SPS-Hochburgen im Kreis Ottweiler und im Stadt- und Landkreis Saarbrücken. Unterdurchschnittliche Ergebnisse erzielt die SPS demgegenüber in den katholischen Randkreisen des Saarlandes.(10) Am 17. Dezember 1947 tritt die von den saarländischen Sozialdemokraten mitformulierte Verfassung in Kraft und einen Tag später bildet Johannes Hoffmann sein erstes Koalitionskabinett aus CVP und SPS. Erstmals bestimmen die Saar-Sozialdemokraten die Politik des Landes entscheidend mit. Richard Kirn wird stellvertretender Ministerpräsident und Arbeitsminister. Heinz Braun verwaltet das Justizressort. Am 31. Dezember 1947 schließlich endet die Militärregierung über das Saarland. Die Saar ist ein autonomer Staat.

Wirtschafts- und sozialpolitisch geht es aufwärts. Nicht durchsetzen können sich die Sozialdemokraten mit ihrer Forderung nach Verstaatlichung der Grundstoffindustrien und der Einrichtung eines Landeswirtschaftsrates, dem die Investitionslenkung obliegen soll. Auch der Versuch, die Röchling-Werke zu verstaatlichen, scheitert. Erfolgreicher ist Kirns Sozialpolitik. Bereits 1951 ist die Vollbeschäftigung erreicht. Die Löhne an der Saar liegen zunächst über den vergleichbaren Löhnen in der Bundesrepublik. Lange Zeit ist das Saarland das Land mit den höchsten Sozialleistungen in Europa.(11) Das autonome Saarland ist den Sozialdemokraten kein Selbstzweck. „Als Endziel betrachten wir das völlige Aufgehen der Saarwirtschaft in einer einheitlichen europäischen Wirtschaft und die politische Eingliederung des Saarlandes in den europäischen Bundesstaat“, hofft Richard Kirn noch 1952.(12) Innerhalb der Partei regt sich seit Jahren eine Opposition gegen den Autonomie- und Europakurs der Kirn-Braun-Gruppe. Es sind vornehmlich die, die 1935 an der Saar geblieben sind, und deren politische Vorstellungswelt nicht durch Emigration und Verfolgung geprägt ist. 1952 trennt sich die innerparteiliche Oppositionsgruppe von der SPS und bildet mit der „Deutschen Sozialdemokratischen Partei“ eine eigene Partei, der allerdings das Innenministerium die Zulassung verweigert.(13) In dem Maße wie mit dem wirtschaftlichen Aufschwung in der Bundesrepublik die durch die Politik des wirtschaftlichen Anschlusses und der politischen Autonomie erzielten Vorteile verblassen, fällt es der SPS zunehmend schwerer, ihre Anhänger bei der Stange zu halten. Neue Gelegenheiten werden sichtbar. Mit dem gesättigten Magen lebt ein neuer Nationalismus auf.

Die alten Fronten formieren sich wieder. Während CVP und SPS das am 23. Oktober 1954 zwischen Bundeskanzler Konrad Adenauer und dem französischen Ministerpräsidenten Méndes-France ausgehandelte Saarstatut gutheißen, das die Selbstverwaltung eines „europäisierten" Saarlandes unter der Oberhoheit eines von der „Westeuropäischen Union" ernannten Kommissars vorsieht, schließen sich die oppositionellen „deutschen Sozialdemokraten" mit der Saar-CDU und der „Demokratischen Partei des Saarlandes" (DPS) unter dem ehemaligen NSDAP-Funktionär Heinrich Schneider zum „Heimatbund" zusammen, der mit nationalistischen Parolen gegen das Saarstatut zu Felde zieht.

Die DPS lehnt das Saarstatut als „Kolonialstatut" ab. In ihren Plakaten mobilisiert sie — wie die „Deutsche Front" 1934/35 — die „deutsche Mutter" und das „deutsche Herz". Hermann Röchling wird als „Symbol des Freiheitskampfes um unsere deutsche Saar" in den Himmel gelobt, und Johannes Hoffmann und Heinz Braun werden als Sefton Delmers „Hetzer gegen Deutschland" beschimpft.

Die SPS Richard Kirns besinnt sich ihres 1945 verstorbenen Vorsitzenden und veranstaltet an seinem 10. Todestag am 3. Juli 1955 eine große Trauerkundgebung vor dem Saarbrücker Rathaus. In seiner Gedenkrede weist Richard Kirn besonders auf den „wahren und aufrichtigen Europäer" Max Braun hin, den Vorkämpfer für die europäische Idee an der Saar, als dessen politischer Testamentsvollstrecker sich die SPS betrachte. „Es ist der Sozialdemokratischen Partei des Saarlandes Verpflichtung, heute erneut zu geloben, daß alle Mittel und Wege versucht werden, die Politik der europäischen Versöhnung, der Verständigung und des Friedens endlich Wirklichkeit werden zu lassen. Jeder seiner Mitkämpfer aus der damaligen Zeit weiß, mit welcher Opferbereitschaft der Kampf unter Führung von Max Braun für die Demokratie, die Freiheit und die europäische Verständigung gegen das Terrorsystem des ‚Dritten Reiches' geführt wurde. (. . .) Wir sind stolz auf unseren Max Braun, den großen Freiheitskämpfer, Sozialisten und unbeugsamen Europäer!"(14) Im Anschluß an die Trauerkundgebung findet die Beisetzung der Urne des 1945 Verstorbenen im Kreise der Verwandten und politischer Freunde aus Saarbrücken und Neuss statt.

SPS und CVP finden für das Saarstatut in der Abstimmung vom 23. Oktober 1955 keine Mehrheit in der Bevölkerung. Mit dem Scheitern der Europäischen Verteidigungsgemeinschaft 1954 am Widerstand Frankreichs ist die Europakonzeption von CVP und SPS von einem realpolitischen Ziel zur Utopie geworden. Die Niederlage bei der Volksabstimmung und das Debakel bei den Landtagswahlen vom Dezember 1955 — die SPS erreicht nur mehr 5,8 Prozent der gültigen Stimmen — sind das Ende der Partei. Bereits vier Tage nach dem Referendum treten Richard Kirn, Heinz Braun und Ernst Kunkel von ihren Vorstandsämtern zurück. Am 18. Mai 1956 findet der letzte Parteitag statt, der mit großer Mehrheit die Auflösung der Partei beschließt.

Die neuen politischen Mehrheiten spiegeln sich auch im Saarbrücker Rathaus wider. Am 25. September 1956 beschließt der Stadtrat der Saarmetropole, die Max-Braun-Straße wieder in Großherzog-Friedrich-Straße zurückzubenennen. Aus Protest gegen diese Entscheidung des Stadtrates läßt Angela Braun die Urne mit der Asche Max Brauns am 14. März 1957 von Saarbrücken nach Neuss überführen und dort endgültig am 16. März im Familiengrab auf dem Hauptfriedhof beisetzen. Auch die saarländische SPD tut sich lange schwer mit ihrem ehemaligen Vorsitzenden. Erst seit 1983 erinnert wieder eine kleine Straße im Saarbrücker Prominentenviertel am Rotenbühl an den frühen Europäer, den leidenschaftlichen Hitlergegner und Freiheitskämpfer Max Braun.

Abkürzungen

A.A.	Auswärtiges Amt
Abb.	Abbildung
ADGB	Allgemeiner deutscher Gewerkschaftsbund
AdSD	Archiv der sozialen Demokratie
AfA-Bund	Allgemeiner freier Angestellten-Bund
BA	Bundesarchiv
BDC	Berlin Document Center
Bl.	Blatt
BVG	Berliner Verkehrs-Gesellschaft
CGT	Confédération Générale du Travail
CVP	Christliche Volkspartei
DAF	Deutsche Arbeitsfront
DDP	Deutsche Demokratische Partei
DFP	Deutsche Freiheitspartei
DI	Deutsche Informationen
DNVP	Deutschnationale Volkspartei
DPS	Demokratische Partei Saar
DSP	Deutsche Sozialdemokratische Partei
DVZ	Deutsche Volkszeitung
Gestapo	Geheime Staatspolizei
GPU	Sowjetische Geheimpolizei
GS 1	Tarnsender „Gustav Siegfried 1“
Hrsg.	Herausgeber
HStA	Hauptstaatsarchiv
IISG	Internationales Institut für Sozialgeschichte
IML	Institut für Marxismus-Leninismus
ISK	Internationaler Sozialistischer Kampfbund

Komintern	Kommunistische Internationale
KP	Kommunistische Partei
KPD	Kommunistische Partei Deutschlands
KZ	Konzentrationslager
LA	Landesarchiv
MRS	Mouvement pour le Rattachement de la Sarre à la France
NS	Nationalsozialistisch
NSDAP	Nationalsozialistische Deutsche Arbeiterpartei
POUM	Partido Obrero de la Unificación Marxista (Arbeiterpartei der marxistischen Einigung)
PV	Parteivorstand
SA	Sturmabteilung (der NSDAP)
SAJ	Sozialistische Arbeiterjugend
SAP	Sozialistische Arbeiter-Partei
SED	Sozialistische Einheitspartei Deutschlands
SOPADE	Sozialdemokratische Partei Deutschlands (im Exil)
SPD	Sozialdemokratische Partei Deutschlands
SPS	Sozialdemokratische Partei des Saarlandes
SS	Schutzstaffel (der NSDAP)
StA	Stadtarchiv
UdSSR	Union der sozialistischen Sowjetrepubliken
USPD	Unabhängige Sozialdemokratische Partei Deutschlands
VGH	Volksgerichtshof
ZK	Zentralkomitee
ZPA	Zentrales Parteiarchiv

Anmerkungen

Einleitung

1. Peter *Grasmann,* Sozialdemokraten gegen Hitler 1933—1945, München-Wien 1976
2. Susanne *Miller,* Heinrich *Potthoff,* Kleine Geschichte der SPD. Darstellung und Dokumentation 1848—1980, Bonn 1981[4]
3. Archiv der sozialen Demokratie der Friedrich-Ebert-Stiftung (Hrsg.), Widerstand 1933—1945. Sozialdemokraten und Gewerkschafter gegen Hitler, Bonn 1980
4. Ursula *Langkau-Alex,* Volksfront für Deutschland? Bd. 1: Vorgeschichte und Gründung des „Ausschusses zur Vorbereitung einer deutschen Volksfront", 1933—1936, Frankfurt a.M. 1977
5. Patrik von zur *Mühlen,* „Schlagt Hitler an der Saar!" Abstimmungskampf, Emigration und Widerstand im Saargebiet 1933—1935, Bonn 1979
6. Marc Dieter *Schneider,* Max Braun, in: Peter *Neumann* (Hrsg.), Saarländische Lebensbilder, Bd. 2, Saarbrücken 1984
7. Zur Geschichte der saarländischen Sozialdemokratie in der Zeit nach 1935 liegt bislang nur der Aufsatz vor von Klaus-Michael *Mallmann,* „Lieber republikanisch sterben als faschistisch verderben". Zum Widerstand saarländischer Sozialdemokraten 1933—1945 (unveröffentlichtes Manuskript), Saarbrücken 1986, der voraussichtlich 1988 im Ausstellungskatalog des Stadtverbandes Saarbrücken zur Ausstellung über die NS-Zeit im Saarland erscheinen wird.
8. Das vom Saarländischen Rundfunk erworbene Manuskript Max Brauns, vermutlich aus dem Jahr 1943, gliedert sich in zwei Teile: in einen 24 Blätter umfassenden handschriftlichen Teil, der noch deutlich den Charakter eines Rohmanuskripts trägt, und in einen maschinenschriftlichen größeren Teil, der in kleinen Bereichen mit dem ersten Teil identisch ist, sich schwerpunktmäßig mit dem Saarkampf befaßt und weniger persönlich als der handschriftliche Teil abgefaßt ist. Das dem Verfasser als Kopie zur Verfügung stehende Manuskript des handschriftlichen Teils hat als Überschrift den Titel „Vor einem neuen 9. November . . ." Unter diesem Titel werden die Erinnerungen im folgenden auch zitiert.

I. Neuss

1. Zit. nach Ernst *Kunkel,* „Für Deutschland — gegen Hitler". Die Sozialdemokratische Partei des Saargebietes im Abstimmungskampf 1933/35, Saarbrücken 1968, S. 139.
2. Zur Geschichte der Stadt Neuss vgl. Gottfried *Entner* (Hrsg.), Neuss am Rhein, Düsseldorf 1926.
3. Interview mit Frau Mathilde Sommer (Winterthur) am 2. 4. 1985
4. Ebenda
5. Stadtarchiv (StA) Neuss: Personalakte des Beigeordneten Mathias Braun: Handschriftliche Notiz des Neusser Oberbürgermeisters vom 20. 4. 1920 über die persönlichen Verhältnisse M. Brauns wegen dessen Kandidatur zum Beigeordneten.
6. Interview Frau Sommer

7. Vgl. Rolf *Kiefer,* Sozialdemokratische Arbeiterbewegung in der Stadt Neuss vom Sozialistengesetz bis zum Ersten Weltkrieg (= Nr. 18 der von G. Bers & M. Klöckner hrsg. Schriftenreihe „Die Arbeiterbewegung in den Rheinlanden"), Reinbek 1982.
8. Max *Braun,* Vor einem neuen 9. November . . . Handschriftlicher Teil der Erinnerungen. o.O. o.J. (London 1943), Bl. 4.
9. Ebenda, Bl. 1—3
10. Ebenda, Bl. 5
11. Der Freie Sprecher. Organ der Sozialdemokratischen Partei für Neuss-Grevenbroich und Oberkassel vom 2. 12. 1919. (Eine fast komplette Sammlung des „Freien Sprecher" befindet sich im StA Neuss.)
12. Der Freie Sprecher vom 10. 10. 1919
13. StA Neuss: Personalakte Braun, a.a.O.
14. Protokoll über die Verhandlungen des Parteitages der SPD abgehalten in Augsburg vom 17. — 23. 9. 1922, Berlin 1929, S. 49.
15. Vgl. Handbuch des Preußischen Landtages. Ausgabe für die 1. Wahlperiode, Berlin 1921, S. 471.
16. Protokoll über die Verhandlungen des Parteitages der SPD in Augsburg, a.a.O., S. 52.

II. Saarbrücken

1. Die Völkerbundszeit

1. Vgl. Klaus-Michael *Mallmann,* Die Anfänge der Bergarbeiterbewegung an der Saar (1848—1904), Saarbrücken 1981, S. 68 f.
2. Zit. nach Volksstimme vom 5. 3. 1928: „Wie es damals war. Partei und Presse im Saarabien der Vorkriegszeit"
3. Ebenda
4. Volksstimme vom 21. 9. 1922: „Ein brutaler Gewaltakt der Regierungskommission"
5. Ebenda
6. Protokoll über die Verhandlungen des Parteitages der SPD in Augsburg, a.a.O., S. 97
7. Ebenda, S. 52
8. *Braun,* Vor einem neuen 9. November, a.a.O., Bl. 8
9. Ebenda; zum Bergarbeiterstreik vgl. Gerhard *Bungert,* Klaus-Michael *Mallmann,* Der Bergarbeiterstreik 1923, in: Der Arbeitnehmer, 26. Jg., 1978, S. 333—338 und Gerhard *Paul,* „Deutsche Mutter — heim zu Dir!" Warum es mißlang, Hitler an der Saar zu schlagen. Der Saarkampf 1933—1935, Köln 1984, S. 52 ff.
10. *Braun,* Vor einem neuen 9. November, a.a.O., Bl. 9
11. Volksstimme vom 15. 5. 1923: „Der Bergarbeiterstreik erfolgreich beendet"
12. *Braun,* Vor einem neuen 9. November, a.a.O., Bl. 9
13. Volksstimme vom 23. 4. 1923
14. Angela *Braun-Stratmann,* „7 Jahre ‚Arbeiterwohlfahrt des Saargebietes'", in: Volksstimme vom 26. 7. 1930

15. Vgl. Bericht über die SPD-Frauenkonferenz, in: Volksstimme vom 23. 3. 1929
16. Angela *Braun-Stratmann,* „Frauenarbeit im deutschen Grenzland", in: Volksstimme vom 20. 3. 1929
17. Dies., „Frauenarbeit im deutschen Grenzland", in: Volksstimme vom 20. 3. 1929
18. Dies., „Frau und Politik", in: Volksstimme vom 20. 3. 1929
19. Dies., „Frau und Verfassung", in: Volksstimme vom 12. 4. 1929
20. Dies., „Die politische Gleichberechtigung der Frau", in: Volksstimme vom 11. 4. 1929
21. Paris-Midi vom 3. 5. 1933: „Une interview avec Max Braun"
22. Interview Frau Sommer
23. Internationales Institut für Sozialgeschichte, Amsterdam: Nachlaß Paul Hertz (S 16): Otto Wels, Bericht über eine Reise nach Saarbrücken (8. 11. 1933)
24. Interview mit Herrn Bernhard Güth (Saarbrücken) am 9. 10. 1985
25. Zit. nach *Kunkel,* „Für Deutschland — gegen Hitler", a.a.O., S. 140
26. Interview Frau Sommer
27. Max *Braun,* „Kandinsky in Saarbrücken", in: Volksstimme vom 15. 1. 1930
28. Ders., „Piscator im Saargebiet", in: Volksstimme vom 23. 6. 1930
29. Ders., „Wenn der Zeppelin sich in unserem Ländle herumdreht", in: Volksstimme vom 23. 4. 1930
30. Ders., „Ein Menschheitserfolg", in: Volksstimme vom 29. 5. 1931
31. Volksstimme vom 8. 2. 1929
32. Interview Frau Sommer
33. Max *Braun,* „Zur Neubesetzung des Arbeitsamtes", in: Volksstimme vom 1. 10. 1928
34. Zu den Anfängen der SPD im Saarrevier vgl. *Mallmann,* Die Anfänge der Bergarbeiterbewegung, a.a.O., S. 62 ff., S. 262 ff. und S. 323 ff.
35. Vgl. ebenda, S. 262 ff. und Volksstimme vom 5. 3. 1928: „Wie es damals war. Partei und Presse im Saarabien der Vorkriegszeit"
36. Volksstimme vom 3. 9. 1932: „25 Jahre Sozialdemokratische Partei in Neunkirchen"
37. *Mallmann,* Die Anfänge der Bergarbeiterbewegung, a.a.O., S. 324 f.
38. Maria *Zenner,* Parteien und Politik im Saargebiet unter dem Völkerbundsregime 1920—1935, Saarbrücken 1966, S. 179
39. Volksstimme vom 4. 2. 1928: „Der Bericht des Vorstands des Unterbezirk Saar"
40. Bericht der Volksstimme vom 14. 3. 1927 über den SPD-Parteitag vom Vortag
41. Vgl. z. B. Volksstimme vom 2. 1. 1925: „‚Kulturkampf' in Schiffweiler"

42. Ergebnisse der saarländischen Sozialdemokratie (SPD/SPS) 1922—1932 / 1947 (absolut und in % der abgegebenen gültigen Stimmen) bei den Landesrats- und Landtagswahlen

Kreis	1922		1924		1928		1932		1947	
Saarbrücken-Stadt	7258	19,2	7863	19,2	9182	21,5	8018	14,0	20840	41,9
Saarbrücken-Land	9072	17,9	13829	20,6	13980	18,0	11882	12,2	44323	37,7
Ottweiler	4876	15,4	10671	21,5	7763	14,3	6106	9,1	27198	35,1
Saarlouis	2847	9,4	5642	13,0	4090	8,6	3411	5,4	19894	26,5
Merzig	1078	12,5	1359	11,4	1570	12,7	1075	6,6	10252	27,2 (1)
St. Wendel	1024	10,8	1520	14,9	1269	11,2	950	6,5	8526	23,5
St. Ingbert	1380	9,4	2595	14,3	2532	13,2	2110	8,2	7868	26,5
Homburg	1672	16,3	3154	23,0	3171	23,4	2416	11,6	8391	32,0
insgesamt	29207	15,1	46633	18,4	43557	15,6	35968	9,9	147292	32,8
Wahlbeteiligung		54,5		67,5		66,1		77,3		95,7

Ergebnisse der saarländischen Sozialdemokratie (SPD/SPS) 1922—1932 / 1946/47 (absolut und in % der abgegebenen gültigen Stimmen) bei Wahlen in Saarbrücken

Landesratswahl	1922	7258	19,2
Landesratswahl	1924	7863	19,2
Gemeinderatswahl	1926	7937	21,8
Landesratswahl	1928	9182	21,5
Gemeinderatswahl	1929	8782	19,0
Landesratswahl	1932	8018	14,0
Gemeinderatswahl	1932	6609	13,1
Gemeinderatswahl	1946	15919	33,7
Landtagwahl	1947	20840	41,9

43. Ergebnisse der saarländischen Sozialdemokratie (SPD/SPS) 1926—1932 / 1946 (absolut und in % der abgegebenen gültigen Stimmen) bei den Kommunalwahlen

Kreis	1926		1929		1932		1946	
Saarbrücken-Stadt	7937	21,8	8782	19,0	6609	13,1	15919	33,7
Saarbrücken-Land	13936	19,4	15469	18,1	12795	13,6	36718	33,0
Ottweiler	8570	16,9	8481	14,6	6409	9,9	22961	31,2
Saarlouis	3016	6,4	3632	6,7	3387	5,3	10616	15,8
Merzig	1133	9,5	871	6,3	762	4,7	5820	17,0
St. Wendel	623	6,0	843	6,3	651	4,6	4149	11,9
St. Ingbert	2526	12,6	1892	8,4	2279	9,1	5063	18,0
Homburg	2307	13,1	2845	14,4	2073	9,1	6706	25,6
insgesamt	40048	15,0	42815	13,6	34965	9,9	107952	25,5
Wahlbeteiligung		67,3		71,6		73,6		93,0

44. Gemeindegröße und SPD/SPS-Wähleranteil bei der Landesratswahl 1932 und der Landtagswahl 1947 im Saarland in %

Gemeindegröße	Von 100 Wählern der Gemeindekategorie stimmten 1932 für die SPD	Von 100 SPD-Wählern kamen aus der jeweiligen Gemeindegröße	Von 100 Wählern der Gemeindekategorie stimmten 1947 für die SPS	Von 100 SPS-Wählern kamen aus der jeweiligen Gemeindegröße
0 – 5000	7,5	28,7	28,0	32,5
5000 – 10000	9,8	18,2	32,0	17,9
10000 – 20000	9,2	9,9	35,7	10,3
20000 – 50000	10,7	21,0	35,6	25,1
über – 50000	14,4	22,2	41,9	14,2
Landesdurchschnitt	9,9		32,8	

Errechnet nach den Ergebnissen der Landesratswahl 1932 in der „Saarbrücker Zeitung" und Statistisches Amt des Saarlandes (Hrsg.), Die Gemeinderatswahl am 27. März 1949, Saarbrücken 1952

45. Volksstimme vom 18. 2. 1929: „Bericht über den Parteitag vom 16./17. 2. 1929"
46 Max *Braun,* Unsere Hoffnungen und Ziele, in: Fritz *Kloevekorn* (Hrsg.), Das Saargebiet, seine Struktur, seine Probleme, Saarbrücken 1929, S. 549.
47. Max *Braun,* „Appell an Frankreich", in: Volksstimme vom 29. 6. 1929
48. Volksstimme vom 13. 7. 1931: „Die Lösung der Saarfrage"
49. Max *Braun,* Saar und Völkerbund, in: Georg Wilhelm *Sante* (Hrsg.), Die Saarfrage, Saarbrücken 1931, S. 83
50. Volksstimme vom 28. 6. 1930: „Deutsche der Saar!"
51. Volksstimme vom 13. 7. 1931: „Die Lösung der Saarfrage"
52. *Braun,* Unsere Hoffnungen und Ziele, a.a.O., S. 553
53. Volksstimme vom 26. 1. 1924: „Für des Saarvolkes Freiheit!"
54. Ebenda
55. Vgl. Max *Braun,* „Frankreichs Methoden an der Saar", in: Volksstimme vom 15. 6. 1929
56. Ders., „Lüge und Wahrheit in der Politik. Am Beispiel der französischen Schule des Saargebietes", in: Volksstimme vom 11. 6. 1930
57. Ders., „Saar-Orakel", in: Volksstimme vom 11. 1. 1930
58. Volksstimme vom 6. 2. 1928: „Ein kampfentschlossener Wahlauftakt"
59. Max *Braun,* „Der Vortrupp", in: Volksstimme vom 4. 2. 1928
60. Ders., „Aufmarsch zur Saar-Landesratswahl", in: Volksstimme vom 6. 2. 1928
61. Volksstimme vom 6. 2. 1928: „Ein kampfentschlossener Wahlauftakt"; zur SPD-Politik der Völkerbundszeit vgl. auch *Zenner,* Parteien und Politik im Saargebiet, a.a.O., S. 179—190
62. Volksstimme vom 12. 6. 1929: „Drohende Arbeitslosigkeit!"
63. Max *Braun,* Saar und Völkerbund, a.a.O., S. 84

64. Ders., „Deutschland im Völkerbund“, in: Volksstimme vom 10. 9. 1926
65. Volksstimme vom 14. 9. 1926: „In Übereinstimmung mit der Reichsregierung“
66. Die Rede *Brauns* ist abgedruckt im Protokoll der Verhandlungen des Parteitages der SPD in Magdeburg 1929, Magdeburg 1929, S. 211 f. sowie in der Volksstimme vom 1. 6. 1929
67. Protokoll der Verhandlungen des Parteitages der SPD abgehalten vom 10. — 16. 10. 1920, Berlin 1920, S. 119
68. Protokoll der Verhandlungen des Parteitages der SPD abgehalten in Görlitz vom 18. — 24. 9. 1921, Berlin 1921, S. 286
69. Protokoll des Sozialdemokratischen Parteitages 1927 in Kiel, Kiel 1927, S. 242
70. Max *Braun,* Unsere Hoffnungen und Ziele, a.a.O., S. 551
71. Volksstimme vom 13. 7. 1931: „Die Lösung der Saarfrage“
72. Max *Braun,* „Die notgedrungene Verfassungsfeier“, in: Volksstimme vom 13. 8. 1928
73. Ders., Deutsche Republik wir schwören: „Letzter Tropfen Bluts soll dir gehören!“, in: Volksstimme vom 9. 11. 1928
74. Ders., „Das Fest der Verfassung“, in: Volksstimme vom 11. 8. 1930
75. Volksstimme vom 28. 2. 1930
76. Max *Braun,* „Verfassungstag ist Freiheitstag“, in: Volksstimme vom 11. 8. 1932
77. Volksstimme vom 23. 2. 1931
78. Max *Braun,* „Wie hältst Du's mit der Religion?“ (I), in: Volksstimme vom 14. 1. 1930
79. Ebenda (V), in: Volksstimme vom 12. 1. 1930
80. Ebenda (II), in: Volksstimme vom 21. 1. 1930
81. Ebenda (IV), in: Volksstimme vom 5. 2. 1930
82. Ebenda (III), in: Volksstimme vom 31. 1. 1930
83. Max *Braun,* „Geschäfte machen, statt Regieren!“, in: Volksstimme vom 26. 4. 1930
84. Volksstimme vom 15. 4. 1930
85. Max *Braun,* „Die Ahnungslosen!“, in: Volksstimme vom 25. 4. 1930
86. Ders., „Demut und Klamauk“, in: Volksstimme vom 24. 1. 1930
87. Ders., „Die von Moskaus Gnaden!“, in: Volksstimme vom 30. 1. 1929
88. Ders., „Quo vadis? Der Weg der Deutsch-Demokraten“, in: Volksstimme vom 25. 1. 1930
89. Ders., Vor einem neuen 9. November, a.a.O., Bl. 15
90. Volksstimme vom 17. 6. 1925
91. Max *Braun,* „Es lebe die Republik!“, in: Volksstimme vom 22. 6. 1925
92. Volksstimme vom 25. 6. 1925: „Fürs Deutschtum — gegen die Republik“
93. Max *Braun,* „Es lebe die Republik!“, in: Volksstimme vom 22. 6. 1925
94. Vgl. Gerhard *Paul,* Die „NSDAP des Saargebietes“ 1920—1935, Saarbrücken 1987
95. Max *Braun,* Vor einem neuen 9. November, a.a.O., Bl. 13
96. Ders., „Heraus aus dem Sumpf! Appell an die Vernunft“, in: Volksstimme vom 11. 8. 1925

97. Ders., Vor einem neuen 9. November, a.a.O., Bl. 15
98. Ders., „Das Unglaubliche wird Ereignis!“, in: Volksstimme vom 27. 4. 1925
99. Ders., Vor einem neuen 9. November, a.a.O., Bl. 16
100. Ebenda, Bl. 17—20
101. Ebenda, Bl. 8
102. Ders., „Unsere Wehrdebatte“, in: Volksstimme vom 4. 3. 1929
103. Ders., „Panzerkreuzer B und Kinderspeisung“, in: Volksstimme vom 10. 2. 1930
104. Ders., „Unsere Parteikonferenz“, in: Volksstimme vom 14. 4. 1931
105. Vgl. *Paul,* Die „NSDAP des Saargebietes“, a.a.O.
106. So Dr. Sender (SPD) nach dem Stenographischen Bericht des Landesrates, Sitzung vom 5. 2. 1925, S. 18
107. Volksstimme vom 28. 3. 1927: „Hitlerbanden im Saargebiet“
108. Volksstimme vom 13. 9. 1929: „Eine Hitlerversammlung in Sulzbach“
109. Volksstimme vom 20. 2. 1930
110. Max *Braun,* „Grober Unfug!“, in: Volksstimme vom 18. 1. 1930
111. Ders., „Niedrigste Judenhetze“, in:-Volksstimme vom 13. 5. 1930
112. Ders., „Die Aussichten der Saar“, in: Volksstimme vom 20. 1. 1931
113. Ders., „Es geht um Sein oder Nichtsein!“, in: Volksstimme vom 8. 1. 1931
114. Volksstimme vom 6. 1. 1931: „Sensationelle Hakenkreuz-Niederlage in St. Ingbert“
115. Volksstimme vom 6. 2. 1932: „Aufruf an alle deutschen Männer und Frauen freiheitlicher Gesinnung im deutschen Saargebiet zur Bildung der Eisernen Front“
116. Walter Jung, „Der Saarbrücker Volksstimme ins Stammbuch“, in: Saardeutscher Leuchtturm vom 22. 1. 1928
117. Landesarchiv (LA) Saarbrücken: Landratsamt St. Ingbert, Nr. 430: Schreiben der Direktion des Innern an den Landrat in St. Ingbert vom 24. 4. 1931
118. Volksstimme vom 17. 1. 1931: „Morddrohungen der Saar-Nazis“
119. Volksstimme vom 30. 4. 1931: „Stahlhelm und Nazis belagern Arbeiterwohlfahrt“
120. Volksstimme vom 11. 3. 1932: „Ein Nazi-Spitzenkandidat ist Franzose!“
121. LA Saarbrücken: Nachlaß Peter Scheuer, Nr. 9: SPD-Flugblatt zur Landesratswahl 1932 „Landesratswähler“
122. Volksstimme vom 10. 1. 1931: „Saar-Verrat des Hakenkreuzes!“

2. Der Abstimmungskampf

1. Max *Braun,* „Hitler kuscht!“, in: Volksstimme vom 13. 5. 1933
2. Volksstimme vom 8. 4. 1933: „Wider die Verleumder“
3. Volksstimme vom 11. 2. 1933: „An den Parteitag der Saar“
3a. Max *Braun,* Vor einem neuen 9. November . . . Maschinenschriftlicher Teil, a.a.O.
4. Zit. nach *Kunkel,* „Für Deutschland — Gegen Hitler“, a.a.O., S. 78; vgl. Volksstimme vom 24. 3. 1933: „Die vollkommene Despotie“
4a. *Braun,* Vor einem neuen 9. November . . . Maschinenschriftlicher Teil, a.a.O.
5. Volksstimme vom 5. 5. 1933: „Die deutschen Gewerkschaften zerstört“

6. Max *Braun,* „Kurzschluß der Illusionen“, in: Volksstimme vom 19. 5. 1933
7. Volksstimme vom 24. 6. 1933: „Hilfe für unsere Verfolgten“
8. Volksstimme vom 17. 6. 1933: „Die sozialdemokratische Front im Saargebiet steht“
9. Max *Braun,* „Die freie Gewerkschaftsfront der Saar“, in: Volksstimme vom 3. 11. 1933
10. Vgl. Axel *Redmer,* „Wer draußen steht, sieht manches besser“. Biographie des Reichstagsabgeordneten Emil Kirschmann, Idar-Oberstein o. J. (Unveröff. Manuskript), S. 68 f. und IISG Amsterdam: Nachlaß Hertz (S 16): Otto Wels, Bericht über die Reise nach Saarbrücken (8. 11. 1933)
11. Max *Braun,* zit. nach: Deutsche Freiheit vom 14. 11. 1933: „Europa spricht an der Saar“
12. *Redmer,* „Wer draußen steht . . .“, a.a.O., S. 64
13. Deutsche Freiheit vom 21. 6. 1933
14. Friedrich *Stampfer,* „Deutschland eine Despotie!“, in: Neuer Vorwärts vom 2. 7. 1933; zum programmatischen Verständnis der SPD in der Emigration vgl. auch Detlef *Lehnert,* Vom Widerstand zur Neuordnung?, in: Jürgen *Schmädecke,* Peter *Steinbach* (Hrsg.), Der Widerstand gegen den Nationalsozialismus. Die deutsche Gesellschaft und der Widerstand gegen Hitler, München 1985, S. 497—519
15. Deutsche Freiheit vom 23. 6. 1933: „Die Revolution lebt!“
16. Deutsche Freiheit vom 25./26. 6. 1933: „Die Hauptaufgaben der Sozialdemokratie“
17. Max *Braun,* „Die Tat“, in: Deutsche Freiheit vom 28./29. 1. 1934
18. Max *Braun,* Vor einem neuen 9. November . . . Handschriftlicher Teil, a.a.O., Bl. 1
19. Ebenda, Bl. 6
20. Max *Braun,* „Deutsche Saar. Eine Freiheitskundgebung“, in: Deutsche Freiheit vom 27./28. 8. 1933; vgl. auch Deutsche Freiheit vom 16./17. 7. 1933: „Sozialismus und Freiheitsidee“
21. Zur „Klopfer-Affäre“ vgl. von zur *Mühlen,* „Schlagt Hitler an der Saar!“, a.a.O., S. 87 f. sowie *Kunkel,* „Für Deutschland — Gegen Hitler“, a.a.O., S. 84 ff.
22. Von zur *Mühlen,* „Schlagt Hitler an der Saar!“, a.a.O., S. 91
23. Peter *Lempert,* „Das Saarland den Saarländern!“ Die frankophilen Bestrebungen im Saargebiet 1918—1935, Köln 1985, S. 101 f.; Lempert stützt sich auf bislang nicht zugängliche und nicht ausgewertete französische Quellen.
24. Paul *Siegmann,* Vor 40 Jahren. Der Kampf um den 13. Januar 1935. Tagebuch-Auszüge, in: Zeitschrift für die Geschichte der Saargegend, 22. Jg., 1974, S. 275
25. Ebenda, S. 278
26. Interview mit Else und Walter Fuchs (St. Wendel) am 9. 10. 1985
27. Max *Braun,* „Europa erwache!“, in: Deutsche Freiheit vom 17. 8. 1933
28. Max *Braun,* „Wille und Ziel“, in: Deutsche Freiheit vom 21. 6. 1933
29. Max *Braun,* „Die Saar darf nicht zu Hitler“, in: Unsere Zeit, Jg. 7, 1934 (Saar-Sondernummer)
30. Deutsche Freiheit vom 26. 10. 1933: „Saar-Landesrat tagte“
31. Max *Braun,* „Wille und Ziel“, in: Deutsche Freiheit vom 21. 6. 1933

32. Zit. nach Deutsche Freiheit vom 29. 8. 1933: „Kundgebung der 15000 in Neunkirchen“
33. Max *Braun,* „Deutsche Saar. Eine Freiheitskundgebung“, in: Deutsche Freiheit vom 27./28. 8. 1933
34. Deutsche Freiheit vom 18. 10. 1933: „Max Braun spricht in gewaltiger Kundgebung“
35. Max *Braun,* „Jede Bastille erlebt ihren Bastillesturm“, in: Deutsche Freiheit vom 15. 7. 1933
36. Max *Braun,* „Herrschaft der zentralen Bürokratie“, in: Deutsche Freiheit vom 29. 12. 1933
37. Max *Braun,* „Judenhetze und Tatsachen“, in: Volksstimme vom 4. 4. 1933
38. Zit. nach Deutsche Freiheit vom 27. 7. 1933
39. Zur „Deutschen Front“, ihrer Organisationsstruktur, Propaganda, ihren vielfältigen Formen des Drucks und Terrors vgl. *Paul,* „Deutsche Mutter — heim zu Dir!“, a.a.O., S. 69 ff.
40. Politisches Archiv des Auswärtigen Amtes, Bonn: Besetzte Gebiete: II Saargebiet, Parteien, Bd. 7: Denkschrift der Saarländischen Freiheitsfront und der Sozialdemokratischen Landesratsfraktion vom 6. 1. 1934 an den Völkerbundsrat in Genf
41. Völkischer Beobachter vom 6. 5. 1934
42. Volksstimme vom 20. 7. 1934
43. Krieg um die Saar, o.O. o.J. (1934), S. 74 f.
44. Denkschrift der Saarländischen Freiheitsfront, a.a.O.
45. Max *Braun,* Vor einem neuen 9. November . . . Maschinenschriftlicher Teil, a.a.O.
46. Interview mit Johanna und Ernst *Braun* (Gera/DDR) am 25. 10. 1985 in Saarbrücken
47. Westland vom 7. 7. 1934: „Aufforderung zum Mord“
48. Max *Braun,* „Bilanz des Saar-Terrors“, in: Volksstimme vom 10. 4. 1934
49. Ebenda
50. Zur Arbeit des Untersuchungsausschusses vgl. Gerhard *Paul,* Die Saaraktivitäten des Welthilfskomitees für die Opfer des Hitlerfaschismus, in: Saarheimat, 29. Jg., 1985, Dezember 1985
51. Zit. nach von zur *Mühlen,* „Schlagt Hitler an der Saar!“, a.a.O., S. 94
52. Deutsche Freiheit vom 12./13. 5. 1934: „Die Freiheitsfront spricht“
53. Karl *Bartz,* Weltgeschichte an der Saar, Neustadt a.d.H. 1935, S. 83
54. Max *Braun,* „Parole der Freiheitsfront“, in: Deutsche Freiheit vom 6. 6. 1934
55. Deutsche Freiheit vom 7. 6. 1934: „Frei die Saar!“
56. Revolution gegen Hitler. Die historische Aufgabe der deutschen Sozialdemokratie, Karlsbad o.J. (1934), S. 15
57. Deutsche Freiheit vom 3./4. 6. 1934: „Sturmtag: 13. Januar 1935“
58. Deutsche Freiheit vom 27. 6. 1934: „Freiheitszug durch Saarbrücken“
59. Herbert *Wehner,* Zeugnis. Hrsg. von Gerhard Jahn, Köln 1982, S. 111; zur Entstehung der Status quo-Einheitsfront vgl. *Paul,* „Deutsche Mutter — heim zu Dir!“, a.a.O., S. 257 ff. sowie von zur *Mühlen,* „Schlagt Hitler an der Saar!“, a.a.O., S. 195 ff.

60. *Wehner,* Zeugnis, a.a.O., S. 111
61. Ebenda, S. 121
62. Deutsche Freiheit vom 5. 7. 1934: „Gemeinsamer Aufruf der Sozialdemokratischen Landespartei des Saargebietes und der Kommunistischen Partei Saargebiet"
63. Volksstimme vom 24. 5. 1933: „Der Zirkus der Gleichgeschalteten genannt Saarbrücker Stadtrat"
64. Max *Braun,* Vor einem neuen 9. November . . . Maschinenschriftlicher Teil, a.a.O.
65. Zit. nach Deutsche Freiheit vom 31. 8. 1934: „Das Saar-Parlament in bewegter Sitzung"
66. Max *Braun,* Vor einem neuen 9. November . . . Maschinenschriftlicher Teil, a.a.O.
67. Vgl. *Lempert,* „Das Saarland den Saarländern", a.a.O., S. 492 f. und S. 259
68. Interview Ehepaar Fuchs
69. Deutsche Freiheit vom 28. 8. 1934: „Brauns Forderungen für den Status quo"; zur Sulzbach-Kundgebung vgl. *Paul,* „Deutsche Mutter — heim zu Dir!", a.a.O., S. 292 ff.
70. Deutsche Freiheit vom 16./17. 12. 1934: „Programm der Einheitsfront nach dem Siege"
71. Interview Frau Sommer
72. *Redmer,* „Wer draußen steht, sieht manches besser", a.a.O., S. 79
73. *Siegmann,* Vor 40 Jahren, a.a.O., S. 309 f.
74. Ebenda, S. 323 f.
75. Georg *Glaser,* Geheimnis und Gewalt, Düsseldorf 1969, S. 195
76. Interview Herr Fuchs
77. *Glaser,* Geheimnis und Gewalt, a.a.O., S. 195
78. Karl *Retzlaw,* Spartacus. Aufstieg und Erinnerungen eines Parteiarbeiters, Frankfurt a.M. 1971, S. 344
79. Max *Braun,* Vor einem neuen 9. November . . . Maschinenschriftlicher Teil, a.a.O.
80. Ebenda
81. Max *Braun,* „Major Hennessy", in: Neue Weltbühne, Jg. 31, Nr. 21, 23. 5. 1935, S. 641
82. Schreiben Max Brauns an Thomas Blanc vom 12. 2. 1935, in: Ernst *Kunkel,* Zur Geschichte der Sozialdemokratischen Partei des Saarlandes 1935—1955. Dokumente, Erfahrungen und Bemerkungen, Dudweiler 1980 (unveröffentl. Manuskript), S. 127
83. Max *Braun,* „Major Hennessy", a.a.O.
84. Ders., Vor einem neuen 9. November . . . Maschinenschriftlicher Teil, a.a.O.
85. Vgl. z. B. Gauthier *Gebelein,* 13. Januar 1935. Was in Wirklichkeit geschah! o.O. o.J. (1946)
86. Max Klinger (i. e. Curt *Geyer*), „Eine revolutionäre Schlacht", in: Zeitschrift für Sozialismus, Jg. 2, 1935, Nr. 17, S. 529 (argumentativ identisch mit dem Bericht „Der Saarkampf" im Deutschland-Bericht II, 1935, in: Deutschland-Berichte der SOPADE 1934—1940, 2. Jg., 1935, Frankfurt a.M. 1980, S. 117—120

87. Ebenda, S. 119

88. Sozialistische Aktion, Mitte Januar 1935: „Die Entscheidung an der Saar"

89. Sozialistische Aktion, Ende Januar 1935: „Wie die Saar fiel", Vgl. auch Andreas Hohwald, „Nochmals der Saarkampf", in: Zeitschrift für Sozialismus, Jg. 2, 1935, S. 577

III. Forbach und Metz

1. Max *Braun,* „Die Saar-Emigration", in: Nachrichten von der Saar, Nr. 3, 10. 3. 1935

2. Ursula *Langkau-Alex,* Volksfront für Deutschland? Bd. 1: Vorgeschichte und Gründung des „Ausschusses zur Vorbereitung einer deutschen Volksfront", 1933—1936, Frankfurt a.M. 1977, S. 40

3. Ebenda

4. Vgl. Hans-Walter *Herrmann,* Beiträge zur Geschichte der saarländischen Emigration 1935—1939, in: Jahrbuch für westdeutsche Landesgeschichte, 4. Jg., 1978, S. 383

5. Vgl. ebenda, S. 382

6. Ebenda

7. Ebenda

8. Internationales Institut für Sozialgeschichte (IISG), Amsterdam: Nachlaß Paul Hertz: Korrespondenz Sollmann

9. Vgl. *Langkau-Alex,* Volksfront für Deutschland?, a.a.O., S. 49

10. Karlheinz *Pech,* Die gesellschaftliche Situation in Frankreich und die Bedingungen für die antifaschistischen Emigranten, in: Dieter *Schiller,* Karlheinz *Pech,* Regine *Herrmann,* Manfred *Hahn,* Exil in Frankreich, Frankfurt a.M. 1981, S. 59

11. Gegenangriff vom 24. 3. 1935

12. Max *Braun,* Vor einem neuen 9. November . . . Maschinenschriftlicher Teil, a.a.O.

13. Ebenda

14. Forbacher Bürgerzeitung, zit. nach Deutscher Front vom 23. 1. 1935

15. NSZ-Rheinfront, 1. 8. 1935: „Der Verräter sucht sein Wohlergehen"

16. Max *Braun,* Vor einem neuen 9. November . . . Maschinenschriftlicher Teil, a.a.O.

17. Ebenda

18. Ebenda

19. Ebenda

20. Rundschau über Politik, Wirtschaft und Arbeiterbewegung, Nr. 4, 24. 1. 1935: „Max Brauns Erklärung vor den Völkerbundsjournalisten"

21. Deutsche Front, 29. 1. 1935: „Auflösung der SP-Saar"

22. Bundesarchiv (BA) Koblenz: R 22/2880

23. *Herrmann,* Saarländische Emigration, a.a.O., S. 365

24. Neuer Vorwärts, 17. 2. 1935: „Das Saargebiet heute"

25. Dokumentationsarchiv des deutschen Widerstandes, Frankfurt a.M.: Volksgerichtshofurteil vom 13. 4. 1942 gegen Heinrich Hünnekens

26. Interview mit Herrn Karl Berg, 17. 9. 1984

27. Ruth *Fabian,* Corinna *Coulmas,* Die deutsche Emigration in Frankreich nach 1933, München-New York-London-Paris 1978, S. 63

28. Vgl. zu Johanna Kirchner die Biographie von Antje *Dertinger,* Jan von *Trott,* „. . . und lebte immer in Eurer Erinnerung“. Johanna Kirchner — Eine Frau im Widerstand, Berlin (West)—Bonn 1985; zu ihrer Arbeit im Saargebiet vgl. S. 112—124

29. Schreiben Walter Schevenels an Sigmund Crummenerl, zit. nach *Dertinger,* von *Trott,* „. . . und lebe immer in Eurer Erinnerung“, a.a.O., S. 129

30. IISG Amsterdam: Saarkollektion, Nr. 20: Tätigkeitsbericht Richard Kirns über die Betreuung ehemaliger saarländischer Versicherter in der Emigration vom 7. 3. 1937

31. Vgl. Berlin Document Center (BDC): Best. Oberreichsanwalt beim Volksgerichtshof: Anklageschrift des Oberreichsanwalts vom 29. 7. 1943 gegen Hermann Petri

32. Volksgerichtshofurteil vom 13. 4. 1942 gegen Heinrich Hünnekens, a.a.O.

33. *Redmer,* „Wer draußen steht, sieht manches besser“, a.a.O., S. 86

34. *Siegmann,* Vor 40 Jahren, a.a.O., S. 317 f.

35. Nachrichten von der Saar, Nr. 11, 16. 5. 1935

36. Vgl. *Herrmann,* Saarländische Emigration, a.a.O., S. 371 f.

37. *Fabian, Coulmas,* Deutsche Emigration in Frankreich, a.a.O., S. 63

38. Pariser Tageblatt, 24. 1. 1936: „Für eine Saar-Amnestie“

39. Zit. nach Nachrichten von der Saar, Nr. 3, 10. 3. 1935

40. Informationen von Emigranten für Emigranten, Nr. 9, 1935

41. *Dertinger,* von *Trott,* „. . . und lebe immer in Eurer Erinnerung“, a.a.O., S. 132

42. Die Denkschrift vom 7. 12. 1935 findet sich abgedruckt bei Max *Oppenheimer,* Das kämpferische Leben der Johanna Kirchner, Frankfurt a.M. 1974, S. 25—28

43. Pariser Tageblatt, 24. 1. 1936: „Für eine Saar-Amnestie“

44. Über eine fast vollständige Sammlung der „Nachrichten aus dem Saargebiet“ bzw. der „Nachrichten von der Saar“ verfügt der Verfasser; Hinweise auf Standorte bei Lieselotte *Maas,* Handbuch der deutschen Exilpresse 1933—1945, Bd. 1, München-Wien 1976, S. 376

45. Volksgerichtshofurteil vom 13. 4. 1942 gegen Heinrich Hünnekens, a.a.O.

46. Anklageschrift des Oberreichsanwalts vom 29. 7. 1943 gegen Hermann Petri, a.a.O.

47. Vgl. z. B. „Merkblatt für alle Versicherten, die in der Emigration leben“ vom 1. 4. 1935

48. Nachrichten von der Saar, Nr. 3, 10. 3. 1935

49. Volksgerichtshofurteil vom 13. 4. 1942 gegen Heinrich Hünnekens, a.a.O.

50. Vgl. *Redmer,* „Wer draußen steht, sieht manches besser“, a.a.O., S. 97 f.; vgl. auch *Maas,* Handbuch der deutschen Exilpresse, a.a.O., Bd. 1, S. 259 f.

51. Institut für Marxismus-Leninismus beim ZK der SED, Zentrales Parteiarchiv (IML-ZPA), Berlin (DDR): St. 3/946

52. *Maas,* Handbuch der deutschen Exilpresse, a.a.O., Bd. 1, S. 291

53. Vgl. Ernst *Kunkel,* Zur Geschichte der sozialdemokratischen Partei des Saarlandes 1935—1955. Dokumente, Erfahrungen und Bemerkungen, unveröffentlichtes

Manuskript, Dudweiler 1978, S. 15 f.

54. Volksgerichtshofurteil vom 13. 4. 1942 gegen Heinrich Hünnekens, a.a.O.
55. Informationen von Emigranten für Emigranten, Nr. 9, 1935: „Antifaschistische Flüchtlinge schließt die Einheitsfront“
56. Volksgerichtshofurteil vom 13. 4. 1942 gegen Heinrich Hünnekens, a.a.O.
57. Volksgerichtshofurteil vom 21. 4. 1944 gegen Johanna Kirchner, abgedruckt in: *Oppenheimer,* Das kämpferische Leben der Johanna Kirchner, a.a.O., S. 43.
58. Archiv der sozialen Demokratie (AdSD), Bonn: Bestand Emigration-SOPADE, Mappe 61
59. Ebenda, Mappe 62
60. IML-ZPA: P.St.3/946
61. IML-ZPA: St.3/394
62. Deutsche Informationen, Nr. 22, 28. 4. 1936: „Mißglückter Gestapo-Einbruch in Forbach“

IV. Paris

1. Zit. nach *Dertinger,* von *Trott,* „ . . . und lebe immer in Eurer Erinnerung“, a.a.O., S. 137
2. *Fabian, Coulmas,* Die deutsche Emigration in Frankreich, a.a.O., S. 34
3. Pariser Tageszeitung vom 4. 11. 1936: „Die Ernennungen zum Office Sarrois“
4. Rundschreiben der Vereinigung der Saaremigranten, Nr. 1
5. Informationen von Emigranten für Emigranten, Nr. 1, 1937: „Konstituierung des Office Sarrois“
6. Ebenda
7. Vgl. das bei *Herrmann,* Saarländische Emigration, a.a.O., S. 403 ff. dokumentierte Schreiben Max Brauns
8. Anklageschrift des Oberreichsanwalts vom 29. 7. 1943 gegen Hermann Petri, a.a.O.
9. Interview mit Frau Ruth Neher (Metz), 8. 10. 1985
10. Interview Frau Ruth Neher
11. *Langkau-Alex,* Volksfront für Deutschland?, a.a.O., S. 35
12. Ebenda, S. 39
13. AdSD: SOPADE-Emigration, Mappe 19
14. AdSD: SOPADE-Emigration, Mappe 72: Schreiben des SPD-Vorstandes vom 23. 11. 1939 an Johann Liebergall
15. AdSD: SOPADE-Emigration, Mappe 23
16. Max *Braun,* „Hitler ist der Krieg“, in: Deutsche Informationen vom 4. 8. 1936
17. Max *Braun,* „Hitlers Hand in Spanien“, in: Informationen von Emigranten für Emigranten, September 1936
18. Von Max Braun, Rudolf Breitscheid, Albert Grzesinski (SPD), Karl Böchel (Revolutionäre Sozialisten), Walter Ulbricht, Herbert Wehner, Willi Münzenberg (KPD), Walcher und Fröhlich (SAP) unterzeichneter Aufruf “Für den Sieg der spanischen

Demokratie", veröffentlicht in: Deutsche Informationen, Nr. 69, 15. 8. 1936

19. Pariser Tageszeitung vom 22. 1. 1937: „Neuer Spanien-Aufruf der deutschen Opposition"
20. BA Koblenz, R 58/586: Flugblatt „Hitler führt Krieg"; zur Verbreitung des Flugblattes in Berlin vgl. Gestapo-Information Nr. 4 vom 4. 2. 1937, in: ebenda
21. BDC: Best. Oberreichsanwalt beim Volksgerichtshof: Todesurteil des Volksgerichtshofs vom 27. 11. 1942 gegen Dr. Helmut Klotz
22. Zit. nach Max *Schäfer* (Hrsg.), Spanien 1936 bis 1939. Erinnerungen von Interbrigadisten aus der BRD, Frankfurt a.M. 1976, S. 140
23. Vgl. ebenda, S. 74
24. Zur Beteiligung der deutschen Linken am spanischen Bürgerkrieg vgl. Patrik von zur *Mühlen,* Spanien war ihre Hoffnung. Die deutsche Linke im Spanischen Bürgerkrieg 1936 bis 1939, Bonn 1983
25. Otto *Niebergall,* Über den Einsatz deutscher Antifaschisten im republikanischen Spanien, in: *Schäfer,* Spanien, a.a.O., S. 58—63
26. *Schäfer,* Spanien, a.a.O., S. 180
27. Ebenda, S. 127; vgl. den Bericht Brauns über diese Reise in: Informationen von Emigranten für Emigranten, 4. 12. 1936
28. IISG Amsterdam: Nachlaß Paul Hertz, Korrespondenz Georg Beyer: Schreiben Beyers vom 26. 9. 1963 an Paul Hertz
29. Pariser Tageszeitung vom 16. 4. 1937: „Deutsche Spanienkämpfer an die Volksfront-Konferenz"
30. Interview mit Herrn Ernst *Braun* (Gera/DDR) am 25. 10. 1985 in Saarbrücken
31. Maximilian *Scheer,* So war es in Paris, Berlin 1964, S. 133 f.
32. Vgl. *Langkau-Alex,* Volksfront für Deutschland?, a.a.O., S. 80
33. Willi *Jasper,* Heinrich Mann und die Volksfrontdiskussion, Bern und Frankfurt a.M. 1982, S. 139
34. Interview mit Willy Brandt am 1. 7. 1985 in Bonn
35. *Langkau-Alex,* Volksfront für Deutschland?, a.a.O., S. 76
36. Interview Willy Brandt
37. Max *Braun,* „Volksfront an der Saar", in: Das Freie Deutschland, September 1936, Nr. 14, S. 38 f.
38. IISG: Nachlaß Hertz, Korrespondenz Kirschmann: Schreiben Emil Kirschmanns vom 5. 2. 1936 an Paul Hertz. Kirschmann notiert hier, daß er sich rein verstandesmäßig zur Zusammenarbeit mit der KPD in der Emigration entschlossen habe: „Vielleicht kamen mir die Erfahrungen aus dem Abstimmungskampf im Saargebiet zu Hilfe. Wir haben den Entschluß, im Saargebiet mit den Kommunisten in der Einheitsfront zu marschieren, nicht zu bedauern. Die Schwierigkeiten, die sich hier und da im Zusammenspiel herausstellten, waren traditionell bedingt und nie so groß, daß ernsthafte Konsequenzen notwendig gewesen wären." „Bis heute habe ich noch keine Betrugsabsicht mir gegenüber feststellen können", schreibt Kirschmann an Hertz über seine gegenwärtigen Kooperationserfahrungen mit den Kommunisten.
39. Max *Braun,* „Ein Jahr nach dem Saarkampf", in: Neue Weltbühne, Jg. 32, 1936, Nr. 5, S. 155

40. Ders., „Volksfront an der Saar", a.a.O., S. 37

41. Franz *Dahlem,* Jugendjahre. Vom katholischen Arbeiterjungen zum proletarischen Revolutionär, Berlin (DDR) 1982

42. Klaus *Mammach* (Hrsg.), Die Brüsseler Konferenz der KPD (3.—15. Oktober 1935), Frankfurt a.M. 1975, S. 11

43. Ebenda

44. Institut für Marxismus-Leninismus beim ZK der SED (Hrsg.), VII. Kongreß der Kommunistischen Internationale. Referate und Resolutionen, Frankfurt a.M. 1975; vgl. zur Einordnung dieser Konferenz in die KPD-Politik Horst *Duhnke,* Die KPD von 1933 bis 1945, Köln 1972, S. 163

45. Mit einigen Ausnahmen — so dem Redebeitrag des „Genossen Blank" (i. e. Wilhelm Hermann aus Wiebelskirchen), der den Kurswechsel der KPD-Politik nicht mitgemacht hatte — sind die Referate und Redebeiträge der „Brüsseler Konferenz" dokumentiert bei *Mammach* (Hrsg.), Die Brüsseler Konferenz, a.a.O. Diese Konferenz war insofern bedeutsam, als die KPD hier nun offiziell von der Diffamierung der SPD als sozialfaschistisch abging und sich zur Einheitsfront auch „von oben", d. h. mit der SPD-Parteispitze, bekannte. Außerdem legte die KPD hier ein Bekenntnis zur demokratischen Republik und zur Arbeit in den NS-Massenorganisationen, d. h. zur Taktik des „trojanischen Pferdes", ab, wie sie Georgi Dimitroff auf dem VII. Weltkongreß der KOMINTERN formuliert hatte.

46. Vgl. *Duhnke,* Die KPD, a.a.O., S. 169 ff.

47. Vgl. Günther *Plum,* Volksfront, Konzentration und Mandatsfrage. Ein Beitrag zur Geschichte der SPD im Exil 1933—1939, in: Vierteljahreshefte für Zeitgeschichte, Jg. 18, 1978, S. 429

48. Sozialistische Aktion, Januar 1936: „Die Einheitsfront. Eine Aussprache zwischen Sozialdemokraten und Kommunisten"

49. *Plum,* Volksfront, Konzentration und Mandatsfrage, a.a.O., S. 435

50. Interview Willy Brandt

51. Zit. nach Wilhelm *Koenen,* „Christenverfolgung", in: Neue Weltbühne, Jg. 32, 1936, Nr. 11, S. 342

52. Pariser Tageblatt vom 23. 9. 1935: „Deutschland verletzt die Saar-Abkommen. Feststellungen aus einer Eingabe an den Völkerbund"

53. Ein Exemplar des u. a. von den beiden Saarländern Max Braun und Wilhelm Frisch (KPD) unterzeichneten Flugblatts mit dem Titel „Um die Olympiade" befindet sich u. a. im Bestand Sozialistische Arbeiter Internationale im IISG.

54. Zum Verlauf der Versammlung vgl. AdSD: SOPADE-Emigration, Mappe 190: „Notiz über die Besprechung in Paris am 26. 9. 1935 im Hotel Lutetia"; zit. auch bei *Jasper,* Heinrich Mann und die Volksfrontdiskussion, a.a.O., S. 139—141

55. Vgl. *Redmer,* „Wer draußen steht, sieht manches besser", a.a.O., S. 91

56. Das von Georg Decker, Emil Kirschmann und Max Braun vorgelegte Papier „Der Bund ‚Das kommende Deutschland'" ist als Dokument abgedruckt bei *Langkau-Alex,* Volksfront für Deutschland?, a.a.O., S. 167 f.

57. Vgl. *Jasper,* Heinrich Mann und die Volksfrontdiskussion, a.a.O., S. 145 f. Heinrich Mann schreibt in der Rückschau seiner Autobiographie: „Dem Comité der Volks-

front schulde ich Anerkennung, daß es mir meine vermittelnde Haltung zwischen den Parteien eher dankte als übelnahm. Ein Sozialdemokrat ging soweit, mir zu sagen, ich wüßte wohl nicht, daß ich das Ganze zusammenhalte?"

58. Zit. nach Karlheinz *Pech,* Die gesellschaftliche Situation in Frankreich und die Bedingungen für die antifaschistischen Emigranten, a.a.O., S. 92

59. Heinrich *Mann,* Verteidigung der Kultur. Antifaschistische Streitschriften und Essays, Berlin und Weimar 1973, S. 181 f.

60. IISG: Nachlaß Hertz, Korrespondenz Kirschmann: Schreiben Emil Kirschmanns vom 5. 2. 1936 an Paul Hertz

61. Bei den unterzeichnenden Sozialdemokraten handelte es sich um:
    Heinrich *Becker,* ehemaliger SPD-Reichstagsabgeordneter und Bezirksleiter des Bergbauindustriearbeiterverbandes Deutschlands;
    Emil *Klein,* 2. Vorsitzender und Kassierer des Bergbauindustriearbeiterverbandes Saargebiet;
    Hermann *Petri,* Landesratsabgeordneter des Saargebietes und Bezirksleiter des Bergarbeiterverbandes in Neunkirchen;
    Johann *Bernarding,* Bezirksleiter des Bergbauindustriearbeiterverbandes Bezirk Illingen;
    Richard *Kirn,* Vorstandsmitglied der SPD-Saar und Bezirksleiter des Bergbauindustriearbeiterverbandes Bezirk Sulzbach;
    Johann *Dreher,* Bezirksleiter des Bergbauindustriearbeiterverbandes Bezirk Saarlouis;
    Paul *Hoffmann,* Bezirksleiter St. Wendel und Kreistagsabgeordneter;
    Hugo *Brück,* Vorstandsmitglied der SPD-Saar;
    Thomas *Blank,* Vorstandsmitglied der SPD-Saar;
    Emil *Meyer,* SPD-Kreistagsabgeordneter;
    Heinrich *Hünnekens,* Bezirksleiter des Deutschen Arbeitnehmerverbandes für das Saargebiet.

62. AdSD: SOPADE-Emigration, Mappe 18: Schreiben saarländischer Sozialdemokraten vom 20. 12. 1935 an die SOPADE in Prag; eine Ungereimtheit ergibt sich bei diesem Dokument insofern, als eine Kopie dieses Schreibens im Amsterdamer IISG das Datum des 15. 12. 1935 trägt.

63. Zu den Vorurteilen Otto Wels' gegen Max Braun vgl. das Schreiben Victor Schiffs vom 9. 2. 1936 an Friedrich Stampfer, das dokumentiert ist in: Mit dem Gesicht nach Deutschland. Eine Dokumentation über die sozialdemokratische Emigration, Düsseldorf 1968, S. 264

64. Zit. nach Karlheinz *Pech,* Die gesellschaftliche Situation in Frankreich und die Bedingungen für die antifaschistischen Emigranten, a.a.O., S. 98

65. *Langkau-Alex,* Volksfront für Deutschland?, a.a.O., S. 153

66. *Pech,* Die gesellschaftliche Situation in Frankreich und die Bedingungen für die antifaschistischen Emigranten, a.a.O., S. 94

67. Zit. nach: Eine Aufgabe. Die Schaffung der deutschen Volksfront, hrsg. von der Deutschen Freiheitsbibliothek in Paris, Basel 1936, S. 29 f.

68. Ebenda, S. 53 f.; beide Aufrufe sind abgedruckt bei *Langkau-Alex,* Volksfront für Deutschland?, a.a.O., S. 209—212

69. Schreiben Victor Schiffs an Ernst Reuter vom 7./10. 1. 1936, in: Mit dem Gesicht

nach Deutschland, a.a.O., S. 255

70. IISG: Nachlaß Hertz, Korrespondenz Max Braun: Schreiben Max Brauns vom 30. 1. 1936 an Paul Hertz

71. Ebenda: undatiertes Beiblatt zu dem Schreiben Brauns an Hertz vom 30. 1. 1936; vgl. hierzu und zur Bedeutung der „Deutschen Informationen" auch Ursula *Langkau-Alex,* Deutsche Emigrationspresse. Auch eine Geschichte des „Ausschusses zur Vorbereitung einer deutschen Volksfront" in Paris, in: International Review of Social History, Vol. XV, 1970

72. Bruno *Frei,* „Die ‚Deutschen Informationen' — ein Kapitel praktischer Einheitsarbeit", in: Das Freie Deutschland, Nr. 14, 1936, S. 44

73. Ebenda

74. Ebenda, S. 43 f.

75. IML-ZPA, St.3/946

76. *Frei,* „Die ‚Deutschen Informationen' ", a.a.O., S. 45 f.

77. *Wehner,* Zeugnis, a.a.O., S. 178

78. Vgl. *Langkau-Alex,* Deutsche Emigrationspresse, a.a.O., S. 195 f.

79. Zit. nach Herbert E. *Tutas,* NS-Propaganda und deutsches Exil 1933—1939, Meisenheim/Glan 1973, S. 185

80. *Wehner,* Zeugnis, a.a.O., S. 175

81. Deutsche Volkszeitung, 24. 5. 1936

82. Deutsche Informationen, 21. 11. 1936: „Gegen den verschärften Terror"

83. Deutsche Informationen, 24. 12. 1936: „Aufruf der deutschen Opposition zu Spanien"

84. Deutsche Informationen, 21. 1. 1937: „Neuer Spanien-Aufruf der deutschen Opposition"

85. Vgl. Ursula *Langkau-Alex,* „Bildet die deutsche Volksfront! Für Frieden, Freiheit und Brot!" Zur Genesis des programmatischen Aufrufs des „Ausschusses zur Vorbereitung einer deutschen Volksfront" in Paris vom 21. Dezember 1936, in: Internationale Wissenschaftliche Korrespondenz zur Geschichte der Arbeiterbewegung, 21. Jg., 1985, H. 2, S. 183—203; dort findet sich auch der endgültig publizierte Aufruf abgedruckt

86. *Pech,* Die gesellschaftliche Situation in Frankreich und die Bedingungen der antifaschistischen Emigration, a.a.O., S. 104

87. Zit. nach Deutsche Informationen, 9. 1. 1937

88. *Mann,* Verteidigung der Kultur, a.a.O., S. 245

89. Deutsche Informationen, 13. 4. 1937

90. Vgl. Hans *Teubner,* Der deutsche Freiheitssender 29,8 als Führungsorgan der KPD im antifaschistischen Kampf, in: Beiträge zur Geschichte der deutschen Arbeiterbewegung, Jg. 6, 1964, H. 6, S. 1022—1036

91. BA Koblenz, R 58/725: Schreiben Richard Kirns vom 21. 5. 1937 an Bruno Süss

92. Vgl. zum „Fall Münzenberg" *Duhnke,* Die KPD, a.a.O., S. 256 ff.

93. *Wehner,* Zeugnis, a.a.O., S. 158, Zum Scheitern der Lutetia-Volksfront vgl. die von Max Braun zusammengestellte Materialsammlung „Der Briefwechsel der nicht-

kommunistischen Parteien und Gruppen der deutschen Volksfront mit dem ZK der KPD", die die wichtigsten Schreiben der Auseinandersetzung enthält, in: BA Koblenz, R 58/586

94. Zur „Deutschen Freiheitspartei" vgl. Beatrix *Bouvier,* Die Deutsche Freiheitspartei (DFP). Ein Beitrag zur Geschichte der Opposition gegen den Nationalsozialismus, Diss. phil. Frankfurt a.M. 1972

95. BA Koblenz, R 58/586: Schreiben Walter Ulbrichts an Heinrich Mann vom 6. 7. 1937

96. Vgl. Klaus *Mammach,* Widerstand 1933—1939. Geschichte der deutschen antifaschistischen Widerstandsbewegung im Inland und in der Emigration, Köln 1984, S. 248 und *Duhnke,* Die KPD, a.a.O., S. 251

97. BA Koblenz, R 58/586: Schreiben Heinrich Manns, Max Brauns, Prof. Bernhards, Prof. Denickes und Jakob Walchers an das ZK der KPD zu Händen von Wilhelm Pieck vom 1. 10. 1937. Dieser Brief ist abgedruckt bei Beatrix *Herlemann,* Die Emigration als Kampfposten, Königstein i.Ts. 1982, S. 217 f.

98. Ebenda

99. IISG: Nachlaß Hertz, Korrespondenz Kirschmann: Schreiben Emil Kirschmanns vom 8. 10. 1937 an Paul Hertz

100. Schreiben Heinrich Manns u. a. vom 1. 10. 1937 an Wilhelm Pieck, a.a.O.

101. Franz *Dahlem,* Am Vorabend des zweiten Weltkrieges. 1938 bis August 1939. Erinnerungen, Bd. 1, Berlin (DDR) 1977, S. 101

102. *Duhnke,* Die KPD, a.a.O., S. 252

103. Walter (*Ulbricht*), „Alles für die deutsche Volksfront", in: DVZ, 10. 10. 1937

104. BA Koblenz, R 58/586: Schreiben Walter Ulbrichts an die Mitglieder des Arbeitsausschusses zur Vorbereitung der Deutschen Volksfront vom 26. 10. 1937

105. Zit. nach Alfred *Kantorowicz,* Exil in Frankreich, Hamburg, 1983, S. 17 f.

106. BA Koblenz, R 58/586: Schreiben Heinrich Manns, Max Brauns, Prof. Bernhards, Prof. Denickes, Prof. Gumbels, Jakob Walchers und Dr. Sternbergs vom 13. 11. 1937 an das ZK der KPD

107. BA Koblenz, R 58/586: Schreiben Max Brauns vom 16. 11. 1937 an Wilhelm Pieck

108. Brief Wilhelm Piecks vom 16. 5. 1938 an Heinrich Mann, in: Wilhelm *Pieck,* Gesammelte Schriften und Reden, Bd. V, Berlin (DDR) 1972, S. 517—525

109. *Duhnke,* Die KPD, a.a.O., S. 252

110. BA Koblenz, R 58/725: Schreiben Richard Kirns vom 21. 5. 1937 an Bruno Süss

111. IISG Amsterdam: Nachlaß Hertz, Korrespondenz Kirschmann: Schreiben Emil Kirschmanns vom 8. 10. 1937 an Paul Hertz

112. Deutsche Freiheit, Nr. 10, 11. 3. 1938: „Deutsche Sozialisten zum Moskauer Prozeß"

113. DVZ, 20. 3. 1938: „Zum Moskauer Prozeß. Resolution der Versammlung der Vertreter der KPD-Emigration in Paris am 14. 3. 1938"

114. *Dahlem,* Am Vorabend des zweiten Weltkrieges, a.a.O., S. 293

115. BA Koblenz, R 58/586: Schreiben Joseph Wagners, Otto Niebergalls, Wilhelm Frischs und Hans (Konraths) vom 19. 10. 1937 an Rudolf Breitscheid

116. DVZ, 9. 1. 1938: „Zwei Briefe"

117. DVZ, 3. 7. 1938: „Offener Brief an Max Braun"

118. Max *Braun,* „Einige Feststellungen“, in: Deutsche Freiheit, Nr. 27, 8. 7. 1938

119. DVZ, 21. 8. 1938: „Von der Einheit der Erkenntnis zur Einheit der Tat“

120. Zur Veränderung der sowjetischen Außenpolitik und ihrer Bedeutung für die Politik der KPD vgl. *Wehner,* Zeugnis, a.a.O., S. 233 ff.; *Duhnke,* Die KPD, a.a.O., S. 279 ff. und S. 321 ff. sowie Max *Beloff,* The Foreign Policy of Soviet Russia, 2 Bde., London 1947

121. Zit. nach Babette *Gross,* Die Volksfrontpolitik in den 30er Jahren, in: Beilage zu Das Parlament, 24. 10. 1962, S. 546

122. Max *Braun,* „Erst Klarheit — dann Einheit“, in: Deutsche Freiheit, 21. 1. 1938

123. *Dahlem,* Am Vorabend des zweiten Weltkrieges, a.a.O., S. 247

124. Vgl.: Mit dem Gesicht nach Deutschland, a.a.O., S. 387

125. Ebenda, S. 387 f.; zum Thomas-Mann-Ausschuß vgl. auch Alexander *Abusch,* Der Deckname. Memoiren, Berlin (DDR) 1981, S. 444 f. und Willy *Brandt,* Links und frei, a.a.O., S. 149

126. Zum Ende der gemeinsamen Redaktionsarbeit vgl. *Langkau-Alex,* Deutsche Emigrationspresse, a.a.O., S. 198 ff. sowie Max *Braun,* „An unsere Abonnenten“, in: Deutsche Informationen, 18. 2. 1938 und BA Koblenz: R 58/584: Gestapo-Lagebericht für März 1938

127. Vgl. BA Koblenz, R 58/725: Schreiben Richard Kirns vom 21. 5. 1937 an Bruno Süss. Kirn zieht sich bereits im April nach der großen Gewerkschaftskonferenz im Pariser Gewerkschaftshaus von der gemeinsamen Arbeit zurück.

128. Zur Arbeit beider Gewerkschaftsorganisationen und zu den Demonstrationen der Lothringengänger vgl. Gerhard *Paul,* Verweigerung und Klassenkampf in der „Volksgemeinschaft“, unveröff. Manuskript, Wennigsen 1986

129. Deutsche Informationen, 9. 2. 1937: „Volksfront an der Saar“

130. Ebenda

131. Vgl. *Paul,* Verweigerung und Klassenkampf, a.a.O.

132. Bekannt sind die Namen folgender Teilnehmer an der Metzer Konferenz:
Max Braun, Friedrich Wilhelm Wagner, Prof. Denicke, Max Bock, Heinrich Hünnekens, Richard Schuler, Fritz Dobisch, Anselm Störk, Emil Kirschmann, Johanna Kirchner, Richard Kirn, Heinrich Becker, Hermann Petry, Ernst Roth, Adolf Ludwig, Willi Mellwig und Fritz Klein (alle SPD); Philipp Daub, Otto Niebergall, Joseph Wagner, Wilhelm Frisch, Franz Brass, Johann Mathieu, Heinrich Konrath (alle KPD); Toni Hauser, Otto Pick, Alois Herrmann, Nikolaus Fliegler (christliche Gewerkschafter).

133. IML-ZPA, St. 3/949

134. DVZ, 28. 2. 1937: „Volksfront-Aufruf an die Saarbevölkerung“

135. IML-ZPA, P.St. 3/81

136. Informationen von Emigranten für Emigranten, 1937, Nr. 1 Saar-Sondernummer: „Die Saar zwei Jahre unter Hitler“

137. *Mammach,* Widerstand 1933—1939, a.a.O., S. 245

138. BDC: Anklageschrift des Oberreichsanwalts beim VGH vom 2. 7. 1942 gegen Heinrich Becker

139. IISG Amsterdam: Nachlaß Hertz, Korrespondenz Kirschmann: Schreiben Emil

Kirschmanns vom 27. 3. 1938 an Paul Hertz

140. Ebenda

141. *Mammach,* Widerstand 1933—1939, a.a.O., S. 245

142. BDC: Anklageschrift des Oberreichsanwalts beim VGH gegen Heinrich Becker, a.a.O.

143. Schreiben Emil Kirschmanns vom 27. 3. 1938 an Paul Hertz, a.a.O.

144. IML-ZPA, St. 3/953; in einem Schreiben Kirschmanns an Paul Hertz vom 5. 8. 1938 im Nachlaß Hertz vermutet Kirschmann Richard Kirn hinter der Bildung der „Gruppe der SOPADE" im Raum Forbach. Max Braun habe Kirn zuwenig hofiert und ihm keinen Sitz im Vorstand der Landesgruppe angeboten. Kirn verhalte sich heute „wie ein ganz alter Sozialdemokrat, während er sich früher nicht genug in Kritik tun konnte".

145. IML-ZPA, St. 3/953

146. Ebenda

147. Vgl. Joseph *Buttinger,* Das Ende der Massenpartei. Am Beispiel Österreichs, Frankfurt a.M. 1972

148. Die Gruppe „Neu Beginnen", 1929 als kleiner Diskussionszirkel junger kritischer Kommunisten und oppositioneller Sozialdemokraten entstanden, hatte zum Ziel, die Spaltung der Arbeiterbewegung zu überwinden. Die Gruppe verstand sich als elitärer Kader von Berufsrevolutionären, der sich dem Konzept des demokratischen Zentralismus und der Diktatur des Proletariats verpflichtet fühlte. Anfang 1933 gehörten der Gruppe etwa 100 Personen an; etwa 200 zählten zum weiteren Sympathisantenumfeld. Trotz der geringen zahlenmäßigen Bedeutung der Gruppe wurde „Neu Beginnen" von der Sozialistischen Arbeiterinternationale als eigentliche Repräsentantin des Widerstandes in Deutschland angesehen. Nach Erscheinen der Programmschrift „Neu Beginnen" von Miles (i.e. Walter Löwenheim) kam es zum Konflikt zwischen der Gruppe und der SOPADE. Im Frühjahr 1936 wurde der illegale Apparat von „Neu Beginnen" in Deutschland von der Gestapo zerschlagen. Zu „Neu Beginnen" vgl. ausführlich: Kurt *Kliem,* Der sozialistische Widerstand gegen das Dritte Reich, dargestellt an der Gruppe „NEU BEGINNEN", Diss. phil. Marburg 1957

149. BA Koblenz, R 58/412: undatierter Gestapo-Bericht „Die marxistische Bewegung", der sich ausführlich der Zusammensetzung der Landesgruppe widmet

150. Zit. nach Deutscher Freiheit, Nr. 2, 14. 1. 1938: „Sozialistische Konzentration! Landeskonferenz der deutschen Sozialdemokraten in Frankreich"

151. Ebenda

152. Deutsche Freiheit, Nr. 2, 14. 1. 1938: „Ministerpräsident Negrin an die ‚Deutsche Freiheit'"

153. Deutsche Freiheit, Nr. 4, 24. 12. 1937„ „Thomas Mann an die ‚Deutsche Freiheit'"

154. Deutsche Freiheit, Nr. 1, 3. 12. 1937: „Der ‚Deutschen Freiheit' zum Gruß"

155. IISG Amsterdam: Nachlaß Hertz, Korrespondenz Kirschmann: Schreiben Emil Kirschmanns vom 30. 12. 1937 und vom 4. 2. 1938 an Paul Hertz

156. BA Koblenz, R 58/78: „Die marxistische Bewegung im Jahre 1937"

157. IML-ZPA, St. 3/946

158. IISG Amsterdam: Nachlaß Hertz, Mappe k: Paul Hertz, Erwägungen über unsere Vorschläge zur Konzentration (Entwurf vom 5. 2. 1938)

159. IISG Amsterdam: Nachlaß Hertz, Korrespondenz Kirschmann: Schreiben Emil Kirschmanns vom 18. 3. 1938 an Paul Hertz

160. Hans J. L. *Adolph,* Otto Wels und die Politik der deutschen Sozialdemokratie 1894—1939, Berlin (West) 1971, S. 319

161. AdSD Bonn: SOPADE-Emigration, Mappe 49: Schreiben H. R. Hansens vom 9. 3. 1938 an Kurt Geyer

162. IISG Amsterdam: Nachlaß Hertz, Korrespondenz Kirschmann: Schreiben Emil Kirschmanns vom 14. 11. 1938 an Paul Hertz

163. Deutsche Freiheit, Nr. 7, 18. 2. 1938: „Konzentration. Gemeinsame Versammlung der SPD, SAP und des ISK"

164. Deutsche Informationen vereinigt mit Deutschen Mitteilungen, 1. Jg., Nr. 14, 12. 3. 1938: „Gruß an die Wiener Arbeiter!" Vgl. hierzu die Antwort Bürckels in: Berliner Tageblatt, 26. 3. 1938: „Bürckel sprach zu den Wienern", der in seiner Ansprache in Wien ein Telegramm Max Brauns an den österreichischen Bundeskanzler Schuschnigg verlas.

165. Deutsche Informationen vereinigt mit Deutsche Mitteilungen, 3. 3. 1938: „Sozialistische ‚Achse' Berlin-Wien-Rom"

166. Zur Landesgruppentagung vom 24. 4. 1938 vgl. Deutsche Informationen vereinigt mit Deutsche Mitteilungen, 26. 4. 1938: „Zweite Landeskonferenz der deutschen Sozialdemokraten"; Deutsche Freiheit, Nr. 17, 29. 4. 1938: „2. Landeskonferenz der deutschen Sozialdemokraten in Frankreich" sowie zwei Gestapo-Berichte in: BA Koblenz, R. 58/590: Bericht der Saarbrücker Gestapo vom 3. 5. 1938 an das Gestapo-Amt in Berlin und den Gestapo-Spitzelbericht über die Landesgruppentagung

167. Deutsche Informationen vereinigt mit Deutsche Mitteilungen, 26. 4. 1938: „Zweite Landeskonferenz der deutschen Sozialdemokraten"

168. Max *Braun,* „Unsere Hoffnung", in: Deutsche Freiheit, Nr. 24, 17. 6. 1938

169. Brigitte *Seebacher-Brandt,* Ollenhauer. Biedermann und Patriot, Berlin (West) 1984, S. 195

170. Ebenda, S. 187

171. Ebenda, S. 193

172. Ebenda

173. Ebenda, S. 192 f.

174. Zit. nach dem Protokoll der SOPADE-Vorstandssitzung vom 10. 8. 1938 in: Mit dem Gesicht nach Deutschland, a.a.O., S. 339

175. *Seebacher-Brandt,* Ollenhauer, a.a.O., S. 196

176. Deutsche Freiheit, 12. 10. 1938: „Erklärung zur sozialdemokratischen Konzentration"

177. Vgl. Werner *Link,* Die Geschichte des Internationalen Jugend-Bundes (IJB) und des Internationalen Sozialistischen Kampfbundes, Meisenheim am Glan 1964, S. 261

178. Max *Braun,* „Heute an der Saar", in: Neue Weltbühne, Jg. 31, Nr. 27, 4. 7. 1935, S. 832

179. Max *Braun,* „Der Niedergang der Saar", in: Neue Weltbühne, Jg. 31, Nr. 29, 18. 7. 1935, S. 894

180. Max *Braun,* „1 Jahr Hitler an der Saar", in: Gegen-Angriff, Nr. 6, 8. 2. 1936

181. Max *Braun,* „Zum Jahrestag der Saarabstimmung", in: Pariser Tageblatt, 13. 1. 1936

182. Max *Braun,* „1 Jahr Hitler an der Saar", a.a.O.

183. Max *Braun,* „Die Volksfront der Saar", a.a.O., S. 41 f.

184. Max *Braun,* „Hitler rechtfertigt unseren Saarkampf. Zwei legale und zwei illegale Jahre saarländischer Volksfront", in: Informationen von Emigranten für Emigranten, 1937, Nr. 1 (Saar-Sondernummer)

185. Max *Braun,* „Die Rache an Pater Dörr", in: Deutsche Informationen, Nr. 224, 10. 8. 1937

186. Deutsche Informationen, Nr. 28, 8. 1. 1938

187. Max *Braun,* „Die sieben fetten und die sieben mageren Jahre", in: Deutsche Freiheit, 14. 1. 1938

188. BA Koblenz, R 58/446: Lagebericht der Saarbrücker Gestapo vom 29. 11. 1938 für den Monat November 1938

189. BA Koblenz, R 58/548: Lagebericht über die marxistische Bewegung im Oktober 1938

190. Max *Braun,* „Zu neuen Ufern", in: Deutsche Freiheit, 14. 10. 1938

191. Erklärung der Redaktion und des Verlags der „Deutschen Freiheit" vom 12. 10. 1938; vgl. *Maas,* Handbuch der deutschen Exilpresse, Bd. 1, a.a.O., S. 160 f.

192. Max *Braun,* „An alle Deutsche", in: Deutsche Freiheit, 9. 9. 1938

193. Max *Braun,* „Zu neuen Ufern", a.a.O.

194. So z. B. von der „Sozialistischen Front" in Hannover

195. Max *Braun,* „Morgen marschieren wir", in: Deutsche Freiheit, 28. 1. 1938

196. Max *Braun,* „August 1914 — August 1938", in: Deutsche Freiheit, 5. 8. 1938

197. Max *Braun,* „Im nächsten Krieg", in: Deutsche Freiheit, 20. 5. 1938

198. BA Koblenz, R 58/412: Die marxistische Bewegung (undatiert)

199. Max *Braun,* „An alle Deutsche", a.a.O.

200. Max *Braun,* „Masaryks Triumph über Hitler. Der Rubicon der NSDAP", in: Deutsche Freiheit, Nr. 3, März 1939

201. Ebenda

202. Max *Braun,* „August 1914 — August 1938", a.a.O.

203. Max *Braun,* „Masaryks Triumph über Hitler", a.a.O.

204. Max *Braun,* „An alle Deutsche", a.a.O.

205. Max *Braun,* „Carl von Ossietzky — Symbol des wahren Deutschlands", in: Deutsche Informationen, 17. 12. 1936

206. Max *Braun,* „Durch Einigkeit zur deutschen Freiheit", in: Deutsche Freiheit, 3. 12. 1937

207. Max *Braun,* „Masaryks Triumph über Hitler", a.a.O.

208. Erich *Matthias,* Sozialdemokratie und Nation. Ein Beitrag zur Ideengeschichte der sozialdemokratischen Emigration in der Prager Zeit des Parteivorstandes

1933—1938, Stuttgart 1952, S. 204

209. Ebenda, S. 206

210. Ebenda, S. 194

211. Ebenda, S. 188 f.

212. BA Koblenz, R 60 II/95: Anklageschrift des Oberreichsanwalts beim Volksgerichtshof vom 8. 9. 1942 gegen Dr. Helmut Klotz vgl. auch BA Koblenz, R 58/582: Lagebericht des Gestapa vom 31. 7. 1939 über die illegale kommunistische und marxistische Bewegung Deutschlands für das 2. Vierteljahr 1939

213. Ebenda

214. AdSD Bonn: SOPADE-Emigration, Mappe 23: Schreiben Max Brauns vom 25. 4. 1940 an Hans Vogel

215. BA Koblenz, R 58/590: Gestapo-Spitzelbericht vom 22. 4. 1939 über die Osterkonferenz der SPD-Landesgruppe

216. BA Koblenz, R 58/548: Lagebericht über die marxistische Bewegung (1. Vierteljahr 1939)

217. Eidesstattliche Versicherung Dr. Heinz Brauns vom 5. 7. 1961 für Herrn Arnold Vahsen

218. BA Koblenz, R 22/3390: Lagebericht des Oberreichsanwalts beim Volksgerichtshof vom 4. 4. 1940

219. BDC: Akte Käthe Fey: Schreiben des Spezialkommissars in Mühlhausen an den dortigen Sous-Präfekten vom 4. 6. 1940 (Übersetzung und Abschrift)

220. Manfred *Geis,* Politik aus dem Exil, in: Widerstand und Exil der deutschen Arbeiterbewegung 1933—1945, hrsg. von der Friedrich-Ebert-Stiftung, Bonn 1981, S. 545

221. Karl-Dietrich *Bracher,* Auf dem Wege zum 20. Juli 1944, in: Richard Löwenthal, Patrik von zur Mühlen (Hrsg.), Widerstand und Verweigerung in Deutschland 1933 bis 1945, Bonn 1984, S. 150

222. Deutsche Mitteilungen, 3. 8. 1939: „Militärische Krisenbereitschaft“

223. Deutsche Mitteilungen, 22. 8. 1939: „Die letzte große Chantage Hitlers: Der Theatercoup mit dem deutsch-russischen Nichtangriffspakt“

224. Vgl. Deutsche Mitteilungen, 10. 11. 1939: „Die Entscheidung ist gefallen! Ganzer und totaler Angriffseinsatz im Westen. Besetzung Hollands, Belgiens und Luxemburgs“

225. Vgl. Romedio Graf von Thun-Hohenstein, Widerstand und Landesverrat am Beispiel des Generalmajors Hans Oster, in: Schmädeke, Steinbach (Hrsg.), Der Widerstand gegen den Nationalsozialismus, a.a.O., S. 761. In einem Schreiben vom 26. 6. 1986 an den Verfasser hält Graf von Thun-Hohenstein eine Verbindungslinie von Oster über den holländischen und den belgischen Militärattache zum französischen Geheimdienst für den „wahrscheinlichsten“ Weg.

226. Zit. im Interview mit Frau Mathilde Sommer

227. Hauptstaatsarchiv (HStA) Düsseldorf: Best. Gestapo-Leitstelle Düsseldorf: Schreiben des Düsseldorfer Regierungspräsidenten an die Düsseldorfer Staatspolizeistelle vom 29. 3. 1935

228. Deutscher Reichsanzeiger und Preußischer Staatsanzeiger, 3. 12. 1936: „Bekanntmachung“

229. Saarbrücker Zeitung, 4. 12. 1936: „Saaremigranten sind ausgebürgert. Über 50 Volksverräter verlieren die deutsche Staatsangehörigkeit"

230. Pariser Tageszeitung, 5. 12. 1936: „Ehrenliste des deutschen Freiheitskampfes"

231. Deutsche Informationen, 5. 12. 1936: „Eine neue Saarabstimmung! Max Brauns Antwort auf seine Ausbürgerung durch die Hitlerregierung"

232. Max *Braun,* „Masaryks Triumph über Hitler", a.a.O.

233. HStA Düsseldorf: Gestapo-Leitstelle Düsseldorf, Dossier Max Braun: Schreiben der Staatspolizeistelle Düsseldorf vom 14. 5. 1934 an das Gestapo-Amt in Berlin

234. Ebenda

235. Ebenda: Schreiben des Neusser Oberbürgermeisters vom 23. 1. 1939 an die Gestapo Düsseldorf

236. HStA Düsseldorf: Gestapo-Leitstelle Düsseldorf: Dossier Theodor Stratmann

237. Ebenda, Dossier Josef Stratmann: Abschrift des Schreibens des Inspekteurs der Sûreté Quirin an den Zentralpolizeikommissar in Metz vom 25. 3. 1936

238. BA Koblenz, R 58/584: Lagebericht für März 1938

239. Ebenda: Lagebericht für April 1938

240. Deutsche Mitteilungen, 6. 5. 1940: „Gestapo-Komplott gegen die ‚Deutschen Mitteilungen' und ihren Herausgeber". Am nächsten Tag wird die inzwischen streng zensierte Korrespondenz Max Brauns das letzte Mal erscheinen.
Die Geschichte der Carmen Mory und die Ausspitzelung der Kuriere aus dem Saarland beschreibt auch Lenka *Reinerová,* Der Ausflug zum Schwanensee, Berlin und Weimar 1983, S. 127 f.

241. *Reinerová,* Ausflug zum Schwanensee, a.a.O., S. 129

242. Kurt R. *Grossmann,* Emigration. Die Geschichte der Hitlerflüchtlinge 1933—1945, Frankfurt a.M. 1969, S. 201 f.

243. BDC: Volksgerichtshofurteil vom 27. 11. 1942 gegen Dr. Helmut Klotz

244. *Brandt,* Links und frei, a.a.O., S. 148

245. BA Koblenz, R 60 I/419: Volksgerichtshofurteil vom 29. 10. 1943 gegen Hans Wilhelm von Zehl

246. Volksgerichtshofurteil vom 21. 4. 1944 gegen Johanna Kirchner, abgedruckt in: Max *Oppenheimer,* Das kämpferische Leben der Johanna Kirchner, Frankfurt a.M. 1974, S. 42

247. Wolfgang D. *Elfe,* Jan *Hans* (Hrsg.), Varian Fry. Auslieferung auf Verlangen. Die Rettung deutscher Emigranten in Marseille 1940/41, München-Wien 1986, S. 66

248. William L. *Shirer,* Der Zusammenbruch Frankreichs. Aufstieg und Fall der Dritten Republik, München-Zürich 1970, S. 913

249. Max *Braun,* Vor einem neuen 9. November . . . Handschriftlicher Teil, a.a.O., Bl. 12

250. Zit. nach: Der Spiegel, 4. Jg., Nr. 33, 17. 8. 1950

251. Heinz *Braun,* „Ein Vermächtnis": Max Braun, in: Volksstimme (undatierter Zeitungsausschnitt)

252. Der Spiegel, Jg. 4, Nr. 33, 17. 8. 1950

253. Schreiben Clifton J. Childs vom 2. 10. 1985 an den Verfasser; zum Erwerb der franzö-

sischen Staatsbürgerschaft durch Heinz Braun vgl. Der Spiegel, 4. Jg., Nr. 33, 17. 8. 1950

V. London

1. Vgl. Birgit *Leske*, Marion *Reinisch*, Exil in Großbritannien, in: Exil in der Tschechoslowakei, in Großbritannien, Skandinavien und in Palästina, Frankfurt a.M. 1981, S. 173 und 204 ff. sowie Werner *Röder*, Die deutschen sozialistischen Exilgruppen in Großbritannien, Hannover 1968, S. 117 ff.
2. *Röder*, Die deutschen sozialistischen Exilgruppen, a.a.O., S. 119
3. Demgegenüber saß Max Braun nach den Erinnerungen von Karl *Retzlaw*, Spartacus, a.a.O., S. 403 gemeinsam mit Dr. Victor Altmann mehrere Wochen im Gefängnis Pentonville ein.
4. Zit. nach *Leske, Reinisch*, Exil in Großbritannien, a.a.O., S. 204
5. Sozialistische Mitteilungen, Nr. 18, 1. 10. 1940
6. Zit. nach: Zur Politik deutscher Sozialisten. Politische Kundgebungen und programmatische Richtlinien der Union deutscher sozialistischer Organisationen in Großbritannien, London 1945, S. 26
7. IML-ZPA, St. 3/946
8. Karl *Rohe*, Das Reichsbanner Schwarz-Rot-Gold, Düsseldorf 1966, S. 471
9. Vgl. ebenda, S. 470 f.
10. Vgl. *Röder*, Die deutschen sozialistischen Exilgruppen, a.a.O., S. 31 f.
11. AdSD Bonn: SOPADE-Emigration, Mappe 55: Schreiben Karl Höltermanns vom 21. 2. 1942 an Hans Vogel
12. AdSD Bonn: SOPADE-Emigration, Mappe 80: Schreiben Erich Ollenhauers vom 1. 8. 1942 an E. Stahl
13. Ebenda
14. Max *Braun*, Vor einem neuen 9. November . . . Handschriftlicher Teil, a.a.O., Bl. 7
15. Erklärung der „Gruppe der Parlamentarier“ (ohne Ort, ohne Datum): Bestandteil des vom Saarländischen Rundfunk erworbenen Max-Braun-Nachlasses
16. Zum Artikel im „Sunday Dispatch“ vgl. *Röder*, Die deutschen sozialistischen Exilgruppen, a.a.O., S. 130
17. Erklärung der Union deutscher sozialistischer Organisationen in Großbritannien (London) vom Februar 1942, abgedruckt in: Mit dem Gesicht nach Deutschland, a.a.O., S. 535 ff.
18. Die Zeitung, 13. 2. 1942: „Freie Deutsche“
19. Zu Sefton Delmer vgl. die Titelgeschichte im „Spiegel“ 8. Jg., Nr. 37, 8. 9. 1954, S. 16 ff.; zur Professionalisierung des Ätherkrieges durch Delmer vgl. Conrad *Pütter*, Deutsche Emigranten und britische Propaganda. Zur Tätigkeit deutscher Emigranten bei britischen Geheimsendern, in: Gerhard *Hirschfeld* (Hrsg.), Exil in Großbritannien. Zur Emigration aus dem nationalsozialistischen Deutschland, Stuttgart 1983, S. 120 ff.
20. Sefton *Delmer*, Die Deutschen und ich, Hamburg 1961, S. 445 f.

21. *Pütter,* Deutsche Emigranten und britische Propaganda, a.a.O., S. 125
22. *Delmer,* Die Deutschen und ich, a.a.O., S. 457
23. Ellic *Howe,* Die schwarze Propaganda. Ein Insider-Bericht über die geheimsten Operationen des britischen Geheimdienstes im 2. Weltkrieg, München 1983, S. 125; dies bestätigt auch Clifton J. Child in einem ausführlichen Schreiben vom 2. Oktober 1985 an den Verfasser.
24. *Delmer,* Die Deutschen und ich, a.a.O., S. 457
25. Schreiben C. J. Childs vom 2. 10. 1985 an den Verfasser
26. Ebenda
27. Ebenda
28. *Pütter,* Deutsche Emigranten und britische Propaganda, a.a.O., S. 120 f.
29. Schreiben Egon Larsens (London) vom 9. 7. 1985 an den Verfasser
30. Schreiben C. J. Childs vom 2. 10. 1985 an den Verfasser
31. Ernst *Kunkel,* Zur Geschichte der Sozialdemokratischen Partei des Saarlandes 1935—1945. Dokumente, Erfahrungen und Bemerkungen, unveröff. Manuskript, Dudweiler 1980, S. 33
32. *Retzlaw,* Spartacus, a.a.O., S. 403
33. Zit. nach Heinz *Braun,* „Zum Todestag von Max Braun", in: Volksstimme, 3. 7. 1947
34. Interview Frau Mathilde Sommer und „Bei Justizminister Dr. Heinz Braun" (undatierter Zeitungsausschnitt)
35. Mündliche Auskunft von Herrn Heinz Grandmontagne (Saarbrücken) vom 9. 10. 1985

VI. Epilog

1. Vgl. *Kunkel,* Zur Geschichte der sozialdemokratischen Partei des Saarlandes, a.a.O., S. 34 ff.
2. Ebenda, S. 42
3. *Retzlaw,* Spartacus, a.a.O., S. 429
4. *Kunkel,* Zur Geschichte der Sozialdemokratischen Partei des Saarlandes, a.a.O., S. 55
5. Zit. ebenda, S. 58
6. Ebenda, S. 59
7. Ebenda, S. 66
8. Zit. ebenda, S. 59
9. Ebenda, S. 56
10. Vgl. Frank *Dingel,* Die Sozialdemokratische Partei des Saarlandes (SPS), in: Richard *Stöss* (Hrsg.), Parteien-Handbuch. Die Parteien der Bundesrepublik Deutschland 1945—1980, Bd. 2, Opladen 1984, S. 2231 ff.
11. Vgl. Robert H. *Schmidt,* Saarpolitik 1945—1957, Bd. 2, Berlin (West) 1960, S. 641
12. Richard Kirn auf dem 8. SPS-Parteitag 1952, zit. nach *SPS* (Hrsg.), Sozialdemokratie — Saarfrage — Saarwirtschaft — Sozialpolitik, Saarbrücken 1955, S. 29

13. Vgl. Friedrich *Regitz*, Der Weg der SPD im Saarland, in: Klaus *Altmeyer* u. a. (Hrsg.), Das Saarland. Ein Beitrag zur Entwicklung des jüngsten Bundeslandes in Politik, Kultur und Wirtschaft, Saarbrücken 1958, S. 169—176; vgl. auch *Dingel*, Die SPS, a.a.O., S. 2228 ff.

14. Zit. nach Volksstimme, 4. 7. 1955: „Dem Gedenken des Freiheitskämpfers Max Braun"; vgl. auch den Bericht in der Saarbrücker Zeitung, 4. 7. 1955: „‚Der Endsieg wird der Freiheit gehören'"

Quellen und Literatur

1. Archive

Bundesarchiv Koblenz
Hauptstaatsarchiv Düsseldorf
Landesarchiv Saarbrücken
Politisches Archiv des Auswärtigen Amtes, Bonn
Berlin Document Center
Stadtarchiv Neuss
Stadtarchiv Saarbrücken
Archiv der sozialen Demokratie, Bonn
Institut für Marxismus-Leninismus beim ZK der SED, Zentrales Parteiarchiv, Berlin (DDR)
Internationales Institut für Sozialgeschichte, Amsterdam
Dokumentationsarchiv des deutschen Widerstandes, Frankfurt a.M.
Mikrofilmarchiv des Otto-Suhr-Instituts der Freien Universität, Berlin

2. Zeitungen

Deutsche Freiheit, Saarbrücken 1933—1935
Deutsche Freiheit, Paris 1937—1939
Deutsche Informationen, Paris 1936—1939
Deutsche Informationen vereinigt mit Deutsche Mitteilungen, Paris 1938—1940
Deutsche Volkszeitung, Paris 1936—1938
Das Freie Deutschland, Paris 1936
Der Freie Sprecher, Neuss 1919—1922
Informationen von Emigranten für Emigranten, Paris 1935—1937
Nachrichten von der Saar, Forbach 1935—1936
Neuer Vorwärts, Prag 1933—1938
Neue Weltbühne, Prag und Paris 1935—1936
Pariser Tageblatt, Paris 1935—1936
Pariser Tageszeitung, Paris 1936—1937
Rundschau über Politik, Wirtschaft und Arbeiterbewegung, Basel 1935—1938
Sozialistische Aktion, Karlsbad 1935—1936
Volksstimme, Saarbrücken 1922—1935
Zeitschrift für Sozialismus, Karlsbad 1935

3. Interviews

Willy Brandt, Bonn, 1. 7. 1985

Johanna und Ernst Braun, Gera/DDR, 25. 10. 1985

Else und Walter Fuchs, St. Wendel, 9. 10. 1985

Bernhard Güth, Saarbrücken, 9. 10. 1985

Ruth Neher, Metz, 8. 10. 1985

Mathilde Sommer, Winterthur, 2. 4. 1985

4. Literatur

Abusch, Alexander, Der Deckname. Memoiren, Berlin (DDR) 1981

Adolph, Hans J. L., Otto Wels und die Politik der deutschen Sozialdemokratie 1894—1939, Berlin (West) 1971

Bungert, Gerhard, *Mallmann,* Klaus-Michael, Der Bergarbeiterstreik 1923, in: Der Arbeitnehmer, 26. Jg., 1978, S. 333—338

Bouvier, Beatrix, Die Deutsche Freiheitspartei (DFP). Ein Beitrag zur Geschichte der Opposition gegen den Nationalsozialismus, Diss. phil. Frankfurt a.M. 1972

Brandt, Willy, Links und frei. Mein Weg 1930—1950, Hamburg 1982

Braun, Max, Unsere Hoffnungen und Ziele, in: Fritz Kloevekorn (Hrsg.), Das Saargebiet, seine Struktur, seine Probleme, Saarbrücken 1929, S. 549—555

Ders., Saar und Völkerbund, in: Georg Wilhelm Sante (Hrsg.), Die Saarfrage, Saarbrücken 1931, S. 77—84

Ders., „Vor einem neuen 9. November . . .“ Erinnerungen, unveröffentlichtes Manuskript, o.O. o.J. (London 1943)

Dahlem, Franz, Am Vorabend des zweiten Weltkrieges. 1938 bis August 1939, Berlin (DDR) 1977

Delmer, Sefton, Die Deutschen und ich, Hamburg 1961

Dertinger, Antje, von *Trott,* Jan, „ . . . und lebe immer in Eurer Erinnerung“. Johanna Kirchner — Eine Frau im Widerstand, Berlin (West) — Bonn 1985

Dingel, Frank, Die Sozialdemokratische Partei des Saarlandes (SPS), in: Richard Stöss (Hrsg.), Parteien-Handbuch. Die Parteien der Bundesrepublik Deutschland 1945—1980, Bd. 2, Opladen 1984, S. 2217—2240

Duhnke, Horst, Die KPD von 1933 bis 1945, Köln 1972

Mit dem Gesicht nach Deutschland. Eine Dokumentation über die sozialdemokratische Emigration. Aus dem Nachlaß von Friedrich Stampfer, hrsg. im Auftrag der Kommission für die Geschichte des Parlamentarismus und der politischen Parteien von Erich Matthias, bearbeitet von Werner Link, Düsseldorf 1968

Elfe, Wolfgang D., *Hans,* Jan (Hrsg.), Varian Fry. Auslieferung auf Verlangen. Die Rettung deutscher Emigranten in Marseille 1940/41, München-Wien 1986

Entner, Gottfried (Hrsg.), Neuss am Rhein, Düsseldorf 1926

Fabian, Ruth, *Coulmas,* Corinna, Die deutsche Emigration in Frankreich nach 1933, München-New York-London-Paris 1978

Geis, Manfred, Politik aus dem Exil, in: Friedrich-Ebert-Stiftung (Hrsg.), Widerstand und Exil der deutschen Arbeiterbewegung 1933—1945, Bonn 1981, S. 525—648

Glaser, Georg, Geheimnis und Gewalt, Düsseldorf 1969

Grossmann, Kurt R., Emigration. Die Geschichte der Hitlerflüchtlinge 1933—1945, Frankfurt a.M. 1969

Herlemann, Beatrix, Die Emigration als Kampfposten. Die Anleitung des kommunistischen Widerstandes in Deutschland aus Frankreich, Belgien und den Niederlanden, Königstein i.Ts. 1982

Herrmann, Hans-Walter, Beiträge zur Geschichte der saarländischen Emigration 1935—1939, in: Jahrbuch für westdeutsche Landesgeschichte, 4. Jg., 1978, S. 357—412

Howe, Ellic, Die Schwarze Propaganda. Ein Insider-Bericht über die geheimsten Operationen des britischen Geheimdienstes im Zweiten Weltkrieg, München 1983

Jasper, Willi, Heinrich Mann und die Volksfrontdiskussion, Bern und Frankfurt a.M. 1982

Kantorowicz, Alfred, Exil in Frankreich, Hamburg 1983

Kiefer, Rolf, Sozialdemokratische Arbeiterbewegung in der Stadt Neuss vom Sozialistengesetz bis zum Ersten Weltkrieg, Reinbek 1982

Krieg um die Saar, o.O. o.J. (1934)

Kunkel, Ernst, „Für Deutschland — gegen Hitler". Die Sozialdemokratische Partei des Saargebietes im Abstimmungskampf 1933—1935, Saarbrücken 1968

Ders., Zur Geschichte der Sozialdemokratischen Partei des Saarlandes 1935—1955. Dokumente, Erfahrungen und Bemerkungen, unveröffentlichtes Manuskript, Dudweiler 1980

Langkau-Alex, Ursula, Deutsche Emigrationspresse. Auch eine Geschichte des „Ausschusses zur Vorbereitung einer deutschen Volksfront" in Paris, in: International Review of Social History, Bd. 15, 1970, S. 167—201

Dies., Volksfront für Deutschland? Bd. 1: Vorgeschichte und Gründung des „Ausschusses zur Vorbereitung einer deutschen Volksfront" 1933—1936, Frankfurt a.M. 1977

Dies., „Bildet die deutsche Volksfront! Für Frieden, Freiheit und Brot!" Zur Genesis des programmatischen Aufrufs des „Ausschusses zur Vorbereitung einer deutschen Volksfront" in Paris vom 21. Dezember 1936, in: Internationale Wissenschaftliche Korrespondenz zur Geschichte der Arbeiterbewegung, 21. Jg., H. 2, 1985, S. 183—203

Lehnert, Detlef, Vom Widerstand zur Neuordnung?, in: Jürgen Schmädecke, Peter Steinbach (Hrsg.), Der Widerstand gegen den Nationalsozialismus. Die deutsche Gesellschaft und der Widerstand gegen Hitler, München 1985, S. 497—519

Lempert, Peter, „Das Saarland den Saarländern!" Die frankophilen Bestrebungen im Saargebiet 1918—1935, Köln 1985

Leske, Birgit, *Reinisch,* Marion, Exil in Großbritannien, in: Exil in der Tschechoslowakei, in Großbritannien, Skandinavien und in Palästina, Frankfurt a.M. 1981, S. 147—308

Löwenthal, Richard, von zur *Mühlen,* Patrik (Hrsg.), Widerstand und Verweigerung in Deutschland 1933—1945, Bonn 1984

Maas, Lieselotte, Handbuch der deutschen Exilpresse 1933—1945, 3 Bde., München-Wien 1976

Mallmann, Klaus-Michael, Die Anfänge der Bergarbeiterbewegung an der Saar (1848—1904), Saarbrücken 1981

Mammach, Klaus (Hrsg.), Die Brüsseler Konferenz der KPD, Frankfurt a.M. 1975

Ders., Widerstand 1933—1939. Geschichte der deutschen antifaschistischen Widerstandsbewegung im Inland und in der Emigration, Köln 1984

Mann, Klaus, Verteidigung der Kultur. Antifaschistische Streitschriften und Essays, Berlin und Weimar 1973

Matthias, Erich, Sozialdemokratie und Nation. Ein Beitrag zur Ideengeschichte der Emigration in der Prager Zeit des Parteivorstandes 1933—1938, Stuttgart 1952

von zur *Mühlen,* Patrik, „Schlagt Hitler an der Saar!“ Abstimmungskampf, Emigration und Widerstand im Saargebiet 1933—1935, Bonn 1979

Ders., Spanien war ihre Hoffnung! Die deutsche Linke im Spanischen Bürgerkrieg 1936—1939, Bonn 1983

Oppenheimer, Max, Das kämpferische Leben der Johanna Kirchner, Frankfurt a.M. 1974

Paul, Gerhard, „Deutsche Mutter — heim zu Dir!“ Warum es mißlang, Hitler an der Saar zu schlagen. Der Saarkampf 1933—1935, Köln 1984

Ders., Die „NSDAP des Saargebietes“ 1920—1935, Saarbrücken 1987

Ders., Verweigerung und Klassenkampf in der „Volksgemeinschaft“, unveröffentlichtes Manuskript, Wennigsen 1986

Pech, Karlheinz, Die gesellschaftliche Situation in Frankreich und die Bedingungen für die antifaschistische Emigration, in: Dieter Schiller, Karlheinz Pech, Regine Herrmann, Manfred Hahn, Exil in Frankreich, Frankfurt a.M. 1981, S. 19—126

Pieck, Wilhelm, Gesammelte Schriften und Reden, Bd. V, Berlin (DDR) 1972

Plum, Günther, Volksfront, Konzentration und Mandatsfrage. Ein Beitrag zur Geschichte der SPD im Exil 1933—1939, in: Vierteljahreshefte für Zeitgeschichte, Jg. 18, 1978, S. 410—442

Protokolle über die Verhandlungen der Parteitage der SPD 1920, 1921, 1922, 1927, 1929

Pütter, Conrad, Deutsche Emigranten und britische Propaganda. Zur Tätigkeit deutscher Emigranten bei britischen Geheimsendern, in: Gerhard Hirschfeld (Hrsg.), Exil in Großbritannien. Zur Emigration aus dem nationalsozialistischen Deutschland, Stuttgart 1983, S. 106—137

Redmer, Axel, „Wer draußen steht, sieht manches besser“. Biographie des Reichstagsabgeordneten Emil Kirschmann, unveröffentlichtes Manuskript, Idar-Oberstein o.J.

Regitz, Friedrich, Der Weg der SPD im Saarland, in: Klaus Altmeyer u. a. (Hrsg.), Das Saarland, Saarbrücken 1958, S. 169—176

Reinerova, Lenka, Der Ausflug zum Schwanensee, Berlin und Weimar 1983

Retzlaw, Spartacus. Aufstieg und Erinnerungen eines Parteiarbeiters, Frankfurt a.M. 1971

Röder, Werner, Die deutschen sozialistischen Exilgruppen in Großbritannien, Hannover 1968

Schäfer, Max (Hrsg.), Spanien 1936—1939. Erinnerungen von Interbrigadisten aus der BRD, Frankfurt a.M. 1976

Scheer, Maximilian, So war es in Paris, Berlin 1964

Schmidt, Robert H., Saarpolitik 1945—1957, 3 Bde., Berlin (West) 1959, 1960, 1963

Schneider, Marc Dieter, Max Braun, in: Peter Neumann (Hrsg.), Saarländische Lebensbilder, Bd. 2, Saarbrücken 1984, S. 307—335

Seebacher-Brandt, Brigitte, Ollenhauer. Biedermann und Patriot, Berlin (West) 1984

Schirer, William L., Der Zusammenbruch Frankreichs. Aufstieg und Fall der Dritten Republik, München-Zürich 1970

Siegmann, Paul, Vor 40 Jahren. Der Kampf um den 13. 1. 1935. Tagebuch-Auszüge, in: Zeitschrift für die Geschichte der Saargegend, 22. Jg., 1974, S. 224—325

Tutas, Herbert E., NS-Propaganda und deutsches Exil 1933—1939, Meisenheim/Glan 1975

Wehner, Herbert, Zeugnis. Hrsg. von Gerhard Jahn, Köln 1982

Zenner, Parteien und Politik im Saargebiet unter dem Völkerbundsregime 1920—1935, Saarbrücken 1966

Verzeichnis der Abbildungen

geschichte, Amsterdam

26. Abrechnungsdrohung: Stadtarchiv Saarbrücken, Nachlaß Emil Schuler
27. Status quo-Begräbnis, aus: L'Illustration vom 19. 1. 1935
28. Emigranten verlassen das Saargebiet, aus: Arbeiter-Illustrierte-Zeitung vom 31. 1. 1935
29. Saarländische Emigrantengruppe am 20. 1. 1935 in Toulouse: Bilderdienst Süddeutscher Verlag, München
30. Titelblatt der „Nachrichten von der Saar" vom 7. 8. 1935: Archiv der sozialen Demokratie, Bonn
31. Flugblatt der Lutetia-Volksfront „Hitler führt Krieg": Bundesarchiv Koblenz
32. Hotel Lutetia in Paris: Archiv der Akademie der Künste, Berlin (West)
33. Max Braun 1936 am Strand von Nizza: Elmar Duhl, Homburg (Saar)
34. Schaubild der „Deutschen Volksfront" (1937): Dokumentationsarchiv des deutschen Widerstandes, Frankfurt a.M.
35. Aufruf des „Ausschusses zur Vorbereitung einer deutschen Volksfront" vom 21. 12. 1936: Institut für Marxismus-Leninismus beim ZK der SED, Zentrales Parteiarchiv, Berlin (DDR)
36. Rudolf Breitscheid (SPD): Archiv der sozialen Demokratie, Bonn
37. Emil Kirschmann (SPD): Axel Redmer (Idar-Oberstein)
38. Willi Münzenberg (KPD): Ullstein Bilderdienst, Berlin (West)
39. Heinrich Mann: Bildarchiv Preußischer Kulturbesitz, Berlin (West)
40. Titelblatt der „Deutschen Informationen" vom 15. 6. 1937: Deutsche Bibliothek, Abteilung Exilliteratur, Frankfurt a.M.
41. Aufruf der Saarvolksfront, in: Freiheit-Korrespondenz, Sondernummer, 11. 2. 1937: Sammlung Gerhard Paul
42. Aufruf „An alle Deutsche", in: Deutsche Freiheit, 9. 9. 1938: Internationales Institut für Sozialgeschichte, Amsterdam
43. Ausbürgerungsliste vom 3. 12. 1936: Rheinische Landeszeitung vom 4. 12. 1936
44. Karl Höltermann: Archiv der sozialen Demokratie, Bonn
45. Sefton Delmer, aus: Carl Brinitzer, Hier spricht London, Hamburg 1969
46. Max und Heinz Braun: Robert Schulte, (Saarbrücken)

Personenregister